中央编译局文库出版工作领导小组（编委会）

主　　任：贾高建

副 主 任：魏海生　陈和平　柴方国　季正聚

委　　员：崔友平　沈红文　杨雪冬　冯　雷　陈家刚

　　　　　赖海榕　郝卫东　张文成　葛海彦

中央编译局文库出版工作领导小组办公室

主　　任：薛晓源

成　　员：徐向梅　苗永姝

中央编译出版社文库编辑中心编辑小组

　　　　　葛海彦　贾宇琰　董　巍　苗永姝
　　　　　杜永明　李媛媛　盛菊艳　薛迎春

国家"十二五"重点图书

国际共产主义运动历史文献
第26卷

主　编　王学东
副主编　戴隆斌（常务）　童建挺

第二国际第九次（巴塞尔）（非常）代表大会文献

本卷主编　童建挺

《国际共产主义运动历史文献》顾问委员会

贾高建　俞可平　顾锦屏　高　放　张中云　胡文建
宋洪训　顾家庆　洪肇龙　沈志华　杨光远

《国际共产主义运动历史文献》编辑委员会

主　　编：王学东
副 主 编：戴隆斌（常务）　童建挺
编　　委：（以姓氏笔画为序）

王　瑾　吕瑞林　邢艳琦　许宝友　张文成　张文红
陈新明　林德山　胡振良　姚　颖　彭萍萍　薛晓源

参加本卷译校工作的有

史　集　曹青林　刘　波　晏　荣

参加本卷编辑出版工作的有

苗永姝　盛菊艳　贾宇琰

总　序

国际共产主义运动，是由以马克思主义为指导的无产阶级政党领导的国际性的无产阶级革命运动，其宗旨是推翻资产阶级统治和一切剥削制度，建立和发展社会主义制度，进而最终实现人的彻底解放，建立共产主义社会。

国际共产主义运动迄今已有一百六十多年的历史。19世纪40年代，马克思、恩格斯在创立科学社会主义理论的同时，努力把它与当时西欧无产阶级的革命实践相结合，于1847年6月创建了第一个国际性的无产阶级政党——共产主义者同盟，亲自拟定并于1848年2月公开发表了同盟纲领《共产党宣言》。这标志着国际共产主义运动的兴起。

自从共产主义者同盟建立以来，历经第一国际（国际工人协会）、第二国际、第三国际（共产国际），国际共产主义运动由小到大、由弱到强，从西方推进到东方、从欧洲扩展到全球，终于突破资本主义链条上一个又一个薄弱环节，取得了社会主义由一国到多国的胜利。二战后社会主义阵营的建立、民族解放运动的胜利进军、社会主义国家革命与建设的重大成就，为国际共产主义运动史书写了辉煌的篇章。20世纪末，由于东欧剧变、苏联解体，国际共产主义运动遭遇了严重挫折。但是，历史并没有因此而终结。由《共产党宣言》奠基的国际共产主义运动仍在曲折中前进。各资本主义国家中的共产党、工人党仍在不断探索无产阶级取得解放的道路；中国等社会主义国家仍继续高举社会主义伟大旗帜，为完善社会主义、最终实现共产主义而不懈奋斗。

国际共产主义运动一百六十多年跌宕起伏的发展历程，积累了卷帙浩繁的文献档案，留下了丰富的历史遗产。深入发掘和充分利用这些文献档案，对于我们准确地了解和把握国际共产主义运动的发展进程及各个时期的特点，科学地研究和总结国际共产主义运动丰富且宝贵的经验教训，具有极其重要的意义。特别是无产阶级国际组织，作为国际共产主义运动的重要载体，其文献档案对于国际共产主义运动史研究更是具有特殊的重要意义。

早在1984年春，中国国际共产主义运动史学会就发起编辑出版《国际共产主义运动史文献》。当时由中共中央编译局、中国社会科学院马列主义毛泽东思想研究所和近代史研究所、中共中央党校和中国人民大学等单位共同组建了编辑委员会。编委会商定：这套文献主要收编共产主义者同盟、第一国际、第二国际、第三国际、共产党和工人党情报局这五个国际组织已发表的全部文献档案，包括历次代表大会、代表会议和其他重要会议的记录、决议和有关文件；收编材料力求齐全；凡外国有选编完整的版本者，根据外国版本翻译；凡文件散见于外国不同出版物者，尽力搜集完整，组织力量统一编译；文件完全按照原件翻译，译文力求准确，不作修改删节，以便读者根据完整、准确的第一手材料了解这些国际组织的历史。在当时代管全国哲学社会科学基金的中国社会科学院科研局的资助下，经过编辑委员会、编译工作者和中国人民大学出版社的共同努力，这套文献于1986年开始陆续出版，截至1997年共出版了21卷。

到上世纪末，文献的编辑出版工作遇到了巨大困难。首先是编委会发生了重大变故，主编林基洲、副主编王颖和校纪英相继谢世；其次是出版经费难以为继。为继续出版这套文集，中国国际共产主义运动史学会多方努力，组成以会长顾锦屏为主编的新编委会，从全国哲学社会科学规划办公室争取到一笔资助，于1999—2001年又出版了两卷。此后，因缺乏经费，编辑出版工作完全陷于停顿。

2010年，在中共中央编译局和中国国际共产主义运动史学会的鼎力支持下，中央编译出版社以这套文献申报国家出版基金项目，获得立项资助。中共中央编译局对此项目高度重视，在国家出版基金资助的基础上，给予了相应的资金支持，组建了新编委会，成立了专门机构负责文献整理和编辑工作，并将这套文献纳入"中央编译局文库"出版规划。

经新编委会研究决定，这套文献定名为《国际共产主义运动历史文献》，在其前身《国际共产主义运动史文献》的基础上重新编辑出版。通过进一步广泛搜集资料和适当改变编辑方式，新《文献》的资料更详尽、收文更齐全。例如，在原《文献》的某些卷次中，对已出版的马克思主义经典著作中译本只列目录，不收正文，而新《文献》则全部依据最新的中译本收录，以方便读者查阅。此外，《国际共产主义运动历史文献》扩大了文献资料的搜集和选材范围，采用开放式结构，规模暂定60卷，约2500万字。

中共中央编译局和中国国际共产主义运动史学会对这套文献的编辑出版工作给予了强有力的支持，中央编译出版社为这套文献的立项和出版做了大量艰苦细致的工作，文献的前两任编委会和编译工作者在十分困难的条件下为这套文献奠定了良好的基础，中国人民大学出版社为这套文献的重新编辑出版提供了帮助，在此一并表示衷心感谢。

《国际共产主义运动历史文献》
编辑委员会
2011年12月20日

编辑说明

第二国际第九次代表大会于1912年11月24—25日在瑞士巴塞尔布尔格沃格泰大厅举行，其正式名称是国际社会党非常代表大会。参加大会的有23个国家的555名代表。

1912年10月巴尔干战争爆发后，国际形势空前紧张。社会党国际局根据哥本哈根代表大会关于反对军国主义和战争的决议精神，决定于同年11月召开非常代表大会，以组织有关国家的工人政党协商防止战争的共同活动。

大会议程只有一个，即"国际局势和反对战争的统一行动"。开幕时举行了大规模的群众示威活动。大会一致通过了《国际局势和社会民主党反对战争危险的统一行动的决议》，通称《巴塞尔宣言》。宣言分析了上次大会以来的国际局势，揭露两大帝国主义集团正在疯狂扩军备战，提醒各国社会党警惕它们发动世界战争的阴谋，号召各国社会党采取一切必要手段反对战争，并为不同国家的社会党规定了具体的任务和策略，一旦大战爆发，应利用战争引起的经济和政治危机把帝国主义战争变为社会主义革命。列宁认为这个宣言"总结了各国大量的反战宣传鼓动文献，最确切而全面地、最庄严而正式地阐述了社会党人对战争的观点和策略"（《列宁全集》中文第2版第26卷第224—225页）。

但是第一次世界大战爆发后，交战国绝大多数社会民主党却背叛了宣言，支持本国政府进行帝国主义战争，导致第二国际瓦解。这次大会成为国际的最后一次代表大会。

本卷收录的内容包括三个部分：（1）代表大会邀请信；（2）代表大会法文版和德文版会议记录；（3）附录，包括"向战争宣战"、"未开成的代表大会"和四个附件。其中，大会邀请信译自《社会党国际局定期公报》1912年第9号上刊登的《巴塞尔国际社会党代表大会（1912年11月24—26日）邀请信》（Invitation to the International Congress of Basel. 1912 November 24, 25 and 26）；大会法文版会议记录译自《社会党国际局定期公报》1912年第10号刊载的《巴塞尔国际社会党非常代表大会报告》（Compte Rendu Analytique du Congrès Socialiste International Extraordinaire tenu a Bale les 24 et 25 Novembre 1912）；德文版会议记录译自柏林前进出版社1912年出版的《巴塞尔国际社会党非常代表大会会议记录》（Außerordentlicher Internationaler Sozialisten-Kongreß zu Basel am 24. und 25. November 1912, Buchhandlung Vorwärts, Berlin, 1912）；附录中的"向战争宣战"根据法国社会党1913年于巴黎出版的小册子（Guerre à la Guerre）翻译；"未开成的代表大会"和四个附件译自1965年弗朗索瓦·马斯佩罗公司出版、乔治·豪普特编著的《未开成的代表大会——第一次世界大战前夕的国际》（Le Congrès manqué. l'internationale à la veille de la première guerre mondiale, François Maspero, Paris, 1965）中收录的法文文献。

本卷主编依据中共中央编译局编译马克思主义经典著作的标准统一了人名、地名、组织机构名、报刊名等专用名，增加了对原书中一些名词和引语的注释。书中文献的脚注，凡未加说明的都是原文本编者所注；中文本译者或编者所加的注，均注明"——译者注"或"——编者注"。

目　录

代表大会邀请信 ………………………………………………………… 1
　巴塞尔国际社会党非常代表大会（1912年11月24—26日）邀请信 … 3

巴塞尔国际社会党非常代表大会会议记录
　（1912年11月24—25日）……………………………………………… 9
　巴塞尔国际社会党非常代表大会报告（法文版）
　　（1912年11月24—25日）…………………………………………… 11
　　国际社会党历次代表大会 ………………………………………… 11
　　巴塞尔代表大会的筹备工作 ……………………………………… 13
　　开幕会（1912年11月24日，星期天）…………………………… 15
　　游行示威活动 ……………………………………………………… 24
　　大教堂的集会 ……………………………………………………… 25
　　第二天的会议（1912年11月25日，星期一）…………………… 58
　　国际巴塞尔非常代表大会代表人数 ……………………………… 87
　　国际巴塞尔非常代表大会代表名单 ……………………………… 88
　　国际巴塞尔非常代表大会收到的贺信贺电 ……………………… 117

巴塞尔国际社会党非常代表大会会议记录（德文版）
 （1912年11月24—25日） …………………………… 122
 大会第一天（1912年11月24日，星期日） ………… 122
 大会第二天（1912年11月25日，星期一） ………… 148
 附　录………………………………………………… 175

附　录 ……………………………………………… 193
 向战争宣战………………………………………… 195
  国际的游行示威活动…………………………… 196
  巴黎全国反战非常代表大会…………………… 200
  国际巴塞尔非常代表大会……………………… 202
 未开成的代表大会
  ——第二国际第十次（维也纳）代表大会文件 … 219
  前　言……………………………………………… 219
  各委员会的报告…………………………………… 220
 附　件……………………………………………… 328
  一、警察局关于1914年6月29日德国社会民主党执行委员会
   会议的记录…………………………………… 328
  二、1914年7月23日奥地利德意志社会民主工党书记处
   致社会党国际局的备忘录…………………… 331
  三、社会党国际局书记处1913年工作报告 ……… 333
  四、1914年卡米耶·胡斯曼在伦敦的演说 ……… 337

代表大会邀请信

巴塞尔国际社会党非常代表大会
（1912年11月24—26日）邀请信[*]

为反对巴尔干冲突扩大

将于11月17日在欧洲各大城市举行示威游行；

将于11月24日至25日，可能的情况下至26日，在瑞士巴塞尔召开非常代表大会并举行国际群众大会。

社会党国际局书记处

1912年11月9日

于布鲁塞尔人民之家

致各社会主义政党和团体

致全体工人阶级、工会及合作组织

鉴于当前的危险，并且为了声援我们的奥地利同志于11月10日举行的反对扩大战争的大规模示威，**社会党国际局决定**于11月17日在欧洲各大城市组织国际群众大会。此外，书记处决定提前举行原定于1913年在维也纳召开的国际代表大会，并**在1913年1月1日之前召开一次非常代表大会**。

---

[*] 刊载于《社会党国际局定期公报》1912年第9号。——编者注

在这种情况下，维也纳代表大会延至1914年举行，执行委员会愉快地接受了巴塞尔社会主义组织在该市举行**1912年非常代表大会**的提议。

这次代表大会将于11月24日至25日，可能的情况下至26日，在布尔格沃格泰大厅举行。

根据伦敦代表大会（1896年）通过、巴黎代表大会（1900年）予以确认的决议，国际局邀请：

1. 一切拥护如下社会主义基本原则的协会：生产手段和交换手段的社会化，工人的国际联合与国际斗争，由组织成为阶级政党的无产阶级夺取社会权力；
2. 一切虽不以直接的方式参加政治运动，但置身于阶级斗争舞台上并声明承认政治斗争、立法斗争和议会斗争的必要性的工会组织。（1900年巴黎代表大会）①

如果贵组织拥护上述原则，社会党国际局请您将**贵组织参加巴塞尔代表大会的事宜**列入你们下次会议的议程。

议事日程

书记处在1912年10月28—29日召开的上一次会议上决定了以下议事日程：国际局势和商定采取反对战争的统一行动。

建　议

为确保代表大会成功举行，执行委员会请您于**11月20日**之前将有

---

① 这实际上是1899年5月27—28日为筹备1900年巴黎代表大会而在布鲁塞尔召开的预备会议作出的决议。参见本书第19卷第28—29页。——编者注

关上述问题的一切决议草案文本寄送到布鲁塞尔人民之家国际局书记处。

这些文本将会被提交给一个由来自德国、英国、法国、俄国、奥地利等国代表组成的专门委员会，该委员会将向代表大会作报告，并提交最终草案。

最后，我们提请你们注意下面的规定：

1. 各国家或民族的组织在巴塞尔必须组成一个支部，该支部将就是否允许该国或该民族的一切政党及组织出席代表大会给出自己的意见；

2. 各正式成员支部的表决票数分配如下，这种分配方法经国际局通过，但允许可能的变动：

20 票：德国，奥地利—波西米亚，法国，英国，俄国。

15 票：意大利。

14 票：美国。

12 票：比利时，瑞典。

10 票：丹麦，波兰，瑞士。

8 票：芬兰，荷兰，匈牙利—克罗地亚。

6 票：西班牙，挪威。

5 票：土耳其—亚美尼亚。

4 票：阿根廷，保加利亚，罗马尼亚，塞尔维亚。

2 票：卢森堡，波斯尼亚和黑塞哥维那，加拿大。

3. 按照规定，本邀请信必须由**各支部的全国委员会**转交给各社会主义组织和工人组织；如果没有全国委员会，则由**所属各党书记**转交。

4. 请国际所属各党书记通过邮件将其代表人数通知巴塞尔彼得堡

29 号国际局秘书兼编辑弗雷同志,他是当地委员会秘书,受托负责酒店的分配。

我们诚挚地恳请一切社会党人和工人的报纸和刊物对此通告进行宣传,使之尽可能广为人知。我们希望巴塞尔代表大会能够无愧于国际社会民主党日益增长的力量。请亲爱的同志们接受我们的最诚挚的兄弟般的问候。

社会党国际局

英国:哈·奎尔奇,基尔·哈第,拉·麦克唐纳

德国:奥·倍倍尔,胡戈·哈阿兹,赫·莫尔肯布尔

阿根廷:阿·康比埃,曼·乌加特,E. 迪克曼

奥地利:维·阿德勒博士,斐·斯卡雷特,恩·佩尔讷斯托弗

波西米亚:安·涅梅茨,弗·苏古普,A. 布鲁哈

波斯尼亚和黑塞哥维那:B. 希沙弗维奇,S. 亚克希奇

保加利亚:扬·萨卡索夫,格·基尔科夫

丹麦:托·奥·斯陶宁格,F. 马森

美国:丹·德莱昂,维克多·伯杰,凯特·理查兹,奥黑尔

西班牙:帕·伊格列西亚斯,法布拉·里瓦斯,F. 莫拉

芬兰:爱·瓦尔帕斯,W. 库西宁,韦伊内·坦纳

法国:让·饶勒斯,爱·瓦扬,茹·盖得,马·桑巴

荷兰:彼·特鲁尔斯特拉,亨·范科尔,K. 特尔·拉恩

匈牙利—克罗地亚:雅·韦尔特纳,V. 布克塞格

意大利:康·拉查理,安·巴拉巴诺娃,I. 阿尼尼

卢森堡:韦尔特博士,J. 普罗布斯特

挪威:雅·维德内斯,马·尼尔森,E. 尼森

波兰：迪阿曼德博士，罗·卢森堡

罗马尼亚：克·拉柯夫斯基，伊·C. 弗里穆

俄国：乌里扬诺夫①，普列汉诺夫，伊·鲁巴诺维奇，波克罗夫斯基

瑞士：卡·穆尔，F. 施图杰尔，海尔曼·格罗伊利希

塞尔维亚：卡斯莱罗维奇，D. 波波维奇，P. 帕夫洛维奇

瑞典：亚·布兰亭，弗·施特勒姆，E. 瑟德贝里

土耳其：M. 瓦兰蒂安，S. 纳胡姆

社会党国际局执行委员会

爱德华·安塞尔

莱昂·弗尔内蒙

埃米尔·王德威尔得

卡米耶·胡斯曼（书记）

---

① 即列宁。——编者注

巴塞尔国际社会党非常代表大会会议记录

(1912年11月24—25日)

巴塞尔国际社会党非常代表大会报告(法文版)[*]

(1912年11月24—25日)

国际社会党历次代表大会

一、第一国际历次代表大会

1866年 国际工人协会第一次代表大会,9月3—6日在日内瓦举行。
1867年 国际工人协会第二次代表大会,9月2—8日在洛桑举行。
1868年 国际工人协会第三次代表大会,9月6—13日在布鲁塞尔举行。
1869年 国际工人协会第四次代表大会,9月5—12日在巴塞尔举行。
1872年 国际工人协会第五次代表大会,9月2—7日在海牙举行。

二、过渡时期历次代表大会

1873年 国际工人协会第六次代表大会,9月1—6日在日内瓦举行。

---

[*] 刊载于《社会党国际局定期公报》1912年第10号。——编者注

1874年 国际工人协会第七次代表大会，9月7—13日在布鲁塞尔举行。

1876年 国际工人协会第八次代表大会，10月26—30日在伯尔尼举行。

1877年 第九次世界社会主义代表大会，9月9—16日在根特举行。

1881年 第十次国际社会主义代表大会，9月2—7日在库尔举行。

1883年 国际工人代表会议，10月在巴黎举行。

1886年 国际工人代表会议，8月23—29日在布鲁塞尔举行。

1888年 国际工会代表大会，11月6—10日在伦敦举行。

三、新国际①历次代表大会

1889年 国际社会党第一次代表大会，7月15—20日在巴黎举行。②

1891年 国际社会党第二次代表大会，8月16—23日在布鲁塞尔举行。

1893年 国际社会党第三次代表大会，8月6—12日在苏黎世举行。

1896年 国际社会党第四次代表大会，7月27—31日在伦敦举行。

1900年 国际社会党第五次代表大会，9月23—27日在巴黎举行。

1904年 国际社会党第六次代表大会，8月14—20日在阿姆斯特丹举行。

1907年 国际社会党第七次代表大会，8月16—24日在斯图加特举行。

---

① 指第二国际。——编者注
② 法文原文中的"代表大会"一词用的是复数，包括了马克思主义派和可能派的代表大会。——编者注

1910年 国际社会党第八次代表大会，8月28日—9月3日在哥本哈根举行。

1912年 国际社会党非常代表大会，11月24—25日在巴塞尔举行。

巴塞尔代表大会的筹备工作

1912年11月28—29日，为了提高抗议活动和反战斗争的统一性和针对性，社会党国际局召开会议，决定尽快在瑞士召开国际非常代表大会。与此同时，社会党国际局把维也纳国际代表大会推迟到1914年举行。

巴塞尔的同志们向会议指出，早在1869年，旧国际①就已经在巴塞尔举行过代表大会。应他们的请求，在和瑞士社会民主党取得一致意见后，社会党国际局执行委员会决定，将于11月24日至25日，可能的情况下至26日，在巴塞尔举行代表大会。

社会党国际局（于10月28—29日）作出决议，决定成立一个专门委员会。委员会由德国、英国、奥地利、法国和俄国等国代表组成，社会党国际局主席主持，专门负责就列入大会议程的唯一议题——**国际局势和商定采取反对战争的统一行动**——起草一个决议草案。公民倍倍尔（德国）、基尔·哈第（英国）、阿德勒（奥地利）、饶勒斯（法国）和普列汉诺夫（俄国）等被任命为专门委员会委员。

23日，专门委员会在巴塞尔召开全天会议，并起草了下列报告中所附的决议（专门委员会主席因身体不适，由社会党国际局书记代行委员会主席一职）。

为使各党能够对各国所开展的反战斗争作出判断，社会党国际局书

---

① 指第一国际。——编者注

记处为巴塞尔代表大会发布了第 9 号《定期公报》（含两个增刊）。这份材料已经分发给所有代表，其中包含有各个党派发出的反战宣言、历次国际社会党代表大会所通过的各项反对军国主义的决议以及萨卡索夫（保加利亚）和拉普切维奇（塞尔维亚）等同志的报告和讲话。

书记处在和地方委员会取得一致意见后，制定了代表大会的日程安排。大会日程安排如下：

11 月 24 日，星期天
（布尔格沃格泰大厅）

上午 9 点：
社会党国际局和负责起草决议草案的专门委员会会议。

上午 10 点：
代表大会开幕；
武尔施勒格尔同志代表瑞士和巴塞尔各组织致欢迎辞；
社会党国际局主席致答谢辞；
成立代表大会主席团，把临时入场券换成正式入场券。

下午 3 点：
代表大会和瑞士各工人组织在大教堂和大教堂广场举行游行示威活动。
世界各国代表发言。

11 月 25 日，星期一
（布尔格沃格泰大厅）

上午 9 点：
社会党国际局会议。

上午 10 点：

代表大会。大会议程：国际局势和商定采取反对战争的统一行动。

1912 年 11 月 26 日，星期二

（布尔格沃格泰大厅）

讨论结束后可能安排的活动。

开幕会

（1912 年 11 月 24 日，星期天）

布尔格沃格泰大厅装饰典雅。在主席台上，悬挂着一面巨大的横幅，横幅上面写着"全世界无产者，联合起来！""向战争宣战！"等标语。在大厅的走廊上，悬挂着一面面瑞士各工人组织的红旗。墙上悬挂着马克思、恩格斯和拉萨尔的肖像。大会开幕前，大厅里和走廊上就早已挤满了人。代表们陆续入场。社会党国际局成员到主席台就座。巴塞尔的"前进"合唱团马上开始演唱乌特曼的《自由颂》，向国际代表大会表示欢迎。

在王德威尔得缺席的情况下，**安塞尔**（根特）代主席宣布国际社会党非常代表大会开幕。

列入大会议程的唯一议题是：

国际局势和商定采取反对战争的统一行动

按照大会程序，安塞尔主席请瑞士代表发言。

武尔施勒格尔（巴塞尔州政府主席）：各位亲爱的公民们！我谨代

表瑞士社会民主党、巴塞尔工人联合会和社会民主党以及专门负责大会筹备工作的地方中央委员会,向你们表示热烈的欢迎。祝愿各位在和我们一起的这段日子里感到心情愉快!不过,我首先要祝愿各位的讨论——备受文明世界关注的讨论——能够朝着好的方向发展,并希望各位能通过符合成千上万有识之士和热心人的殷切盼望的决议。各位选择瑞士巴塞尔召开代表大会,对我们来说,是莫大的荣幸。为此,我们要向各位表示感谢。

由于发生了一些特殊事件,我们不得不匆忙召集特别代表大会。因此,我们中央委员会只有两周时间来进行必要的筹备工作。如有考虑不周之处,请大家能够考虑到时间因素,敬请谅解。我们诚心可鉴。

社会主义国际在瑞士的土地上召开会议,已经不是第一次了。早在1893年,社会主义国际在我们这个弹丸之国里的最大城市——苏黎世——召集了例行代表大会。如今,我们在巴塞尔汇聚一堂。这是瑞士的第二大城市,位于德国边境。但是,更早以前,在1869年9月——也就是在43年前,旧国际就曾经在巴塞尔召开代表大会。当时,巴塞尔毗邻莱茵河左岸,还与法国接壤。9个月以后,法德战争爆发。战争在法德两国乃至整个欧洲的政治和经济生活中留下了深深的印记。

提起1869年的代表大会,我们感到对多位伟大的逝者记忆犹新,我们要永远铭记他们。(全体起立)我们仅列举几位:德国人威廉·李卜克内西、法国人瓦尔兰、比利时人德巴普、瑞士人查理·毕尔克利和瑞士籍德国人约翰·菲力浦·贝克尔。在这一次代表大会的幸存者中,我们的元老海尔曼·格罗伊利希(全场响起热烈的掌声)无疑是今天唯一坐在我们中间的人。

真可谓今非昔比、物是人非啊!

想当年,国际还只不过是一个概念而已。现如今,国际已经拥有自己的传统,已经成为一支伟大的现实力量!

工人阶级已经学会——而且每天都在学习——把力量集中在政治组织、工会组织和合作组织里,并在当前严于律己地运用这些力量来开展卓有成效的工作,朝着未来的伟大目标迈进。

工人阶级对经济和社会关系的理解越来越深广,从而成为改变人类社会的力量。

工人阶级高举本国和国际社会主义旗帜,现实感和对未来的信念已经在工人阶级中凝结成密不可分的整体。在旧国际时代,理想仅仅唤醒了数千人。而在新国际时代,理想却已经成为数百万追随者的共同事业。

面对所有那些谨小慎微的人、那些粗俗无知的人、那些洋洋自得的中庸之道的传播者和那些平庸的冷嘲热讽者,生机勃勃、充满青春活力的社会主义运动呐喊道,它所追求的目标是多么崇高啊。(会场内响起经久不息的掌声)

各位亲爱的公民们!你们所处的巴塞尔是一片充满历史的土地。由于其所处的地理位置交通便利,昔日的巴塞尔经常是——如今依然是——各德语国家和罗曼语国家之间的中心,是一些值得纪念的会议的所在地。自1431—1448年以来,主教会议在巴塞尔召开快五个世纪了。① 因此,和你们的代表在这里的时间几乎相当。主教会议尽管拥有这样的时间,但是未能整顿当时基督教世界所面临的混乱局面。我预祝你们的代表大会——尽管时间有限——能够完成卓有成效的工作!

诚然,工人国际还远没有那么强大。对自己的战斗力量,工人国际

---

① 指巴塞尔—费拉拉—佛罗伦萨主教会议,第十七次公会议。由教皇马丁五世(1417—1431年在位)提议在巴塞尔召开,但他在开会前死去,由新教皇尤金四世(1431—1447年在位)主持。与会者有神圣罗马帝国皇帝西吉斯孟等西欧君主及各国主教。会议的目的是要通过批准会议对教皇权力的至高地位来巩固教会权力。——译者注

自己再清楚不过了。但是，工人国际是一支强大、现实而理想的力量，值得倾听，也懂得如何让人倾听。甚至连世界上最有权势的人物——尽管他们当然不愿意承认——都不得不对工人国际予以重视。他们也不得不重视你们将要讨论的问题，那就是：国际局势和商定采取反对战争的统一行动。

日常外交未能避免巴尔干危机，也未能避免战争狂热蔓延到西欧各国的危险。这再一次证明，日常外交无法解决重大问题。

对各国人民极尽煽动之能事的沙文主义和唯利是图的资本主义再次凌驾于外交之上。（会场内一片赞许声）

工人国际应当竭尽全力和这些人类文明的头号敌人作斗争。巴尔干战争已是既成事实，我们无能为力。但是，如果战争蔓延到其他国家、波及其他民族，那么这将是莫大的罪行，必将受到世界历史的谴责。我们要千方百计地阻止这一罪行。（会场内爆发出暴风雨般的掌声）

国际正在强力推进此事。显然，工人阶级饱受战争暴行之苦。国际不但会为整个工人阶级的利益服务，而且它已经成为和平的倡导者，为城市和乡村中许多其他领域的人民群众倡导和平。这些领域的人民群众完全有理由反对把他们变成炮灰，为麻木不仁的剥削者和沙文主义分子服务。（会场内再次响起掌声）

从这个角度讲，从所征集到的各方面意见看，我敢肯定，在巴塞尔，你们的代表大会也会赢得各阶层人士的好感，甚至包括那些思维方式和认知方式与社会民主主义工人阶级还没有多少共同点的阶层。或许，正是基于这种好感，大家才得以能够使用我们这座古老的大教堂，来举行今天下午的大型示威活动。（会场内响起掌声）

巴塞尔市政府给代表大会发来了贺词，主要也应当归功于这种好感。你们的代表大会所表达的将是文明人类自觉和不自觉地推动世界和平的心愿。

今天下午的盛大示威活动将使文明人类更加坚定地完成这一崇高使命。

和本次代表大会的举办城市具有国际性的特点——人员构成混杂多样而又不失瑞士的印记——一样，这次盛大示威活动必将是国际性的。巴登、阿尔萨斯和瑞士的同志们以及大批苏黎世、伯尔尼和瑞士其他地区及国外的同志们将和巴塞尔的工人阶级汇聚一堂。

在代表大会和盛大示威活动的推动下，预祝各国人民神圣的和平事业取得圆满成功！

"让我们向那些贪婪追逐利润和权力的人们宣战，向人类大屠杀宣战！""为争取人民自由和人类福祉的斗争万岁！"让这几句话成为我们的口号吧！（会场内爆发出暴风雨般的掌声）

在这个意义上，我请你们同我一起三次高呼社会主义工人国际万岁！

高呼声三次响彻大厅。

在伯尔尼律师布吕斯特兰和布鲁塞尔的德曼等同志对其讲话作出翻译之后，武尔施勒格尔再次讲话，宣读了巴塞尔州政府发给国际社会主义代表大会的贺词：

1912 年 11 月 20 日于巴塞尔

巴塞尔州政府和市政府委员会致巴塞尔国际社会党代表大会

你们决定在我市举行的代表大会，旨在共同维护和平。你们来自世界各国，在我市汇聚一堂。面对东欧爆发的血腥战争，你们宣告：工人阶级一致认为，应当结束敌对行动，无论如何都要把战争限定在当前的国家里。你们追求的崇高目标是，防止巨大灾难的发生，以使各国避免因战争而造成生灵涂炭。通过游行示威活动，你们希望能够唤醒良知，以免各国人民的命运受到权力欲和战争狂热的支配。

你们选择进行此次示威活动的城市的市政府，衷心祝愿你们实现目标，并向你们表示衷心的问候。

主席：**布洛歇尔**博士
秘书：**伊姆霍夫**博士

贺词宣读完毕后，会场内爆发出经久不息的欢呼声。

安塞尔主席：我谨代表社会党国际局，首先向巴塞尔州政府表示问候，感谢巴塞尔州政府所作的大胆而勇敢的声明。（会场内响起掌声）

其次，我要感谢巴塞尔和瑞士那些热情接待我们、在这么短的时间内出色地完成了代表大会组织工作的同志们。我还要斗胆祝贺国际自身如此迅速而一致地完成了这一重大代表大会的筹备工作，大会能够召开本身就已经预示着本次代表大会必将取得杰出的成就。11月17日①和24日必将成为国际历史上辉煌的日子。这两个日子必将有助于反战斗争策略的统一，必将有助于我们进行伟大的解放斗争。假如各国所采取的策略还无法完全统一起来，我们都认为，那么，情感和思想应该统一起来；而在此基础上，要实现斗争方法的统一，我们就要把无产阶级团结起来，和沉瀣一气的资本主义作斗争。（会场内响起一片喝彩声）

最近，事情一件接着一件，举世震惊。

无产阶级不要再为走马灯似的事件而感到惊讶，这种情况不会再有了。我们应该准备对资本主义的暴力事件进行防御，并准备发动进攻，

---

① 国际和平示威活动日。

以战胜资产阶级国家。（会场内爆发出暴风雨般的掌声）

从今天起，所有有思想的人都要把无产阶级视为世界和平的使者。因为无产阶级呼吁巴尔干半岛和平，呼吁巴尔干各国人民共和自治，呼吁废除本身蕴含着新战争萌芽的各项条约和各种外交阴谋。（会场内响起掌声）

奥匈帝国不会要求巴尔干半岛各国人民放弃他们的胜利果实。如果俄国介入，俄国无产阶级就会揭竿而起；而全世界无产阶级则会满怀热情和钦佩之心，为俄国无产阶级提供坚强的后盾。

法国和德国已经到该达成谅解的时候了。德法之间不能再爆发战争了。（会场内表示一致赞同，气氛热烈。）和平谅解的方法多种多样，只要运用起来，就能取得成功。

英国和德国将不会准备进行军备竞赛了，因为战争只会将它们搜刮干净；它们要准备消除贫困和压迫。它们将团结起来，不是为了互相伤害，而是为了提升两国人民的生活水平，实现人民幸福。

国际完全有实力以这种指挥的口吻和各国领导者讲话，（会场内爆发出暴风雨般的掌声）在必要时，言必出、行必果。让我们向战争宣战，维护世界和平！工人国际万岁！（会场内爆发出经久不息的欢呼声）

塞尔维亚的同志们来信向社会党国际局表示，他们不能来参加代表大会了。国际局书记胡斯曼宣读了这封来信。来信内容如下：

"亲爱的同志们：

在当前形势下，我党完全不可能参加巴塞尔国际代表大会。无法和全世界的同志们一起参加代表大会，我们感到非常难过。他们和我们一样，所追求的共同的社会主义目标是，把工人大众从当今世界难以忍受的恶劣环境中解放出来。原因很简单：几乎所有同志——包括领袖们和积极分子——都已枕戈待旦，只有我和其他几位同志，因为年事已高，或者体力不支，而不需要再服兵役了。

我们必须留在这里，因为我们要保卫党和各工会的档案资料和财产，编写每天的报纸，关心同志们的家庭状况，收留伤残人员并在经济上资助他们——他们中很多都是党员。

现在，你们肯定明白了，我们为什么无法离开人民出版社了；这是我们唯一的避风港，而且随时可能召集议会。和整个国际一样，我党也非常关心这项工作。

所以，我们要向参加国际代表大会的各位社会党代表表示问候。我们要感谢他们代表国际所给予我们的道义上的支持，感谢他们对巴尔干半岛的社会党人所作出的无产阶级要团结起来的表示；并坚信，为结束流血事件和避免发生冲突——其影响和后果会推迟社会主义最终取得胜利，我们已经竭尽全力了。

还有一点：

反抗诸列强殖民政策和帝国主义的斗争越成功，我们就越能和资产阶级政策进行积极的斗争，从而有利于无产阶级的事业。

各资本主义国家所奉行的殖民政策让各国感到窒息，感到被榨干了血。殖民政策阻碍了民主化进程和各项改革。殖民政策尤其对无产阶级伤害至深，给军国主义、海上霸权主义、君主主义和资本主义带来了很大的好处，而宗主国则不堪重负。殖民政策促使所有弱小和强大的竞争者都像弱小国家那样，给人民——特别是工人阶级——课以重税，导致生活费用愈加昂贵。至于诸列强之帝国主义，巴尔干半岛各国政府则视其为幽灵，视其为剥削人民的幌子，视其为继续执行反革命计划的托词。

毋庸赘言，帝国主义政策使得穷人的处境每况愈下。因为帝国主义政策使得社会贫困蔓延，使得反革命在世界各地站稳脚跟，危害无产阶级的斗争，推迟无产阶级的事业。

在塞尔维亚，各国政府因惧怕奥地利这个教权国家和农业国家的帝国主义的步步进逼，投入了沙皇俄国的怀抱。正因为如此，我国的军备会达到如此的规模，以至于不再和本国的经济实力相称了，债务和苛捐杂税不断增多，预算毫无节制地增加，生活费用愈加昂贵，工业发展陷入瘫痪，人民的抵抗力量大大削弱。

出于这个原因，我们的工人大批移居国外，我们的劳动条件和斗争条件异常艰难。

殖民政策对世界无产阶级是灾难性的，对于统治阶级奉行殖民政策的国家是灾难性的。各国自治进程的停止和对底层抵抗运动的压迫必然使无产阶级斗争陷入瘫痪。那么，谁在抵制自觉自醒、渴望自治的各民族的复兴和人民群众的文明化和民主化趋势呢？是奥地利和俄国在巴尔干半岛扮演了这个令人鄙夷的角色。欧洲各国政府想要以罪恶的方式利用巴尔干半岛的局势，它们目前所持的态度蕴含着发生全面战争的危险，而大规模战争将给所有国家带来灾难，并破坏很多人类的文化成果。或者，即使不会爆发世界大战，战争也必将威胁到巴尔干半岛各国的平等和自治成果，阻碍社会主义运动，而社会主义者所追求的目标是：巴尔干半岛各国人民结成联邦，成立民族共和国和全国性共和国。

我们恳请同志们重视以上所述。而至于我们，我们要声明，我们要一如既往地履行我们的国际义务。我们坚信，只有这样，我们才能更好地为无产阶级的解放事业作出贡献。

国际无产阶级万岁！

致力于人类解放事业的社会民主党万岁！

国际万岁！

塞尔维亚社会民主党代表
德拉吉沙·拉普切维奇"

另外，塞尔维亚的同志们还发来了电报。电报内容如下：

"正当我们的同志在巴尔干战场上抛头颅洒热血、成千上万的生命牺牲时，塞尔维亚社会民主党向国际社会党代表大会表示问候，希望其他国家远离我们如今在巴尔干半岛所遭受的一切暴行，祝愿世界和平能够成为世界革命的基础。"

德拉吉沙·拉普切维奇"

萨洛尼卡的同志们也发来了类似的电报。美国社会党人请原谅他们因为无法及时赶到而缺席。王德威尔得因健康原因而未能参加代表大会，特向社会党国际局表示深深的遗憾。社会党国际局向他致电，祝愿他早日康复。

接着，书记就发给代表大会的大量电报和贺词作了总结。[①]

社会党国际局提议，任命海尔曼·格罗伊利希公民为代表大会主席（会场内爆发出暴风雨般的掌声），任命瓦扬（法国）、佩尔讷斯托弗（奥地利）、哈阿兹（德国）和萨卡索夫（保加利亚）等公民为大会副主席，以此向巴尔干半岛的同志们为反对战争而进行的英勇抵抗表示敬意。

代表大会全体通过了这项议案。

下次会议将于 25 日（周一）上午 10 点举行。

中午，会议结束。

游行示威活动

周日上午的火车不仅运来许多国家的最后一批代表，还运来了大批客人。巴登、阿尔萨斯和瑞士各地的工人阶级蜂拥涌向巴塞尔。在苏黎世和伯尔尼之间，甚至还加开了专列。阶级觉悟被唤醒的工人阶级感到有责任加入游行队伍，从而长久地表达了他们要维护各国人民之间和平的决心。

下午 2 点，游行队伍从营房大院出发。走在队伍最前面的是"团结"工人自行车竞技协会和青少年队伍。他们身穿白色服装，手里拿着象征和平的棕榈枝。旗帜上写着和平主义标语："宁可擦干眼泪，也不流干热血。"后面是社会党国际局的人。再后面是各国内团体，他们高

[①] 参见报告后面所附的名录。

唱着各自的党歌：奥地利人高唱《劳动之歌》，法国人高唱《国际歌》，等等。接着走来的是各政治组织和工会组织。走在游行队伍最后面的是巴塞尔的工人阶级。在游行队伍中，还有一辆花车，上面装饰着漂亮的花冠。在花车上，有一群青年女子，身穿白色服装，和平王后端坐在她们中间。四位同志一起拿着一本巨大的红皮书，上面写着："放下武器！"在游行队伍中，有很多音乐团体。队伍里，无数红旗迎风飘扬，哗哗作响。游行队伍行进了半个小时。

下午3点，游行队伍抵达大教堂。

大教堂的集会

在教堂的顶端，有成千上万盏灯在闪烁，微弱的灯光照在巨大的厅堂里，半明半暗。在那里，人山人海。古老的彩绘玻璃窗，色彩协调，魔法般地把闪烁的光线投射到地面上。每张桌子上都有指示牌，指明给大会议、民事会议、主教会议、教会会议、大会代表、外国演讲人和新闻界安排的坐席。游行队伍来到大教堂前面时，教堂的钟敲响了。钟声响彻云霄，仿佛要举行一个盛大仪式。当一面面国际的红旗缓缓进入大殿时，管风琴开始演奏贝多芬的《和平颂》。这是一个激动人心的时刻，在场的同志们将终生难忘。红旗都插在祭台区大吊灯和彩绘玻璃窗的下面。有成千上万人在教堂里没有找到座位，只好聚集在大教堂周围的广场上。在那里，已经设立了四个看台，巴塞尔工人合唱团的同志们唱起了雄浑的合唱曲《自由》！

政府主席**布洛歇尔**第一个走上主席台。他说：

"先生们，亲爱的同志们！受国际社会党代表大会组委会的委托，我谨代表大会组委会，非常荣幸地向各位致以最诚挚的问候。首先，我要向我们的外国来宾、社会党国际局成员、各国政党的正式代表以及那些同意在示威活动中发言的杰出人士表示问候。我还要向那些没有正式任命、匆忙赶来参加会议的境外同志们表示问候。最后,我要向成千上万在我们的感召下从附近和从远道来到巴塞尔的同志们表示问候。社会党国际局明确选定巴塞尔作为代表大会的举办城市,对此,我们这些巴塞尔的社会民主党人感到莫大的荣幸。本次代表大会召开之际正值多事之秋。大会宗旨在于推动所有欧洲国家的社会民主党达成共识,共同行动,以应对欧洲爆发战争的威胁。我们城市和我们的党有这样的荣幸,我们感到无比自豪。但是,在感到自豪的同时,我们是否有资格完成这一项伟大任务,我们是否有足够的人力、物力和能力,以应有的方式来做好大家交给我们的工作,对此,我们曾经不无担心。在得到教会方面的关照后,我们就不那么担心了。在此,我们要再次表示感谢,感谢我们的示威活动能够在这所古老的大教堂举行。这是我们这个城市能够提供的最美丽、最高贵的场所。因此,从一开始,我们的组织筹备工作就有了一个与其私密特点相匹配的环境作保证。我们非常乐意把教会方面的关照理解为,教会方面对我们代表大会所肩负的伟大而神圣的使命是抱有同感的。在这里,我们也很乐意回顾一下,我们为之献身并希望实现的社会主义理想源自同样给基督教历史留下深刻印记的思想界和情感界。(会场内响起掌声)

亲爱的同志们!我们举行游行示威,其使命何在,其意义何在?示威活动必将给明天即将开始的大会讨论增色不少。示威活动将证明,大会讨论过程中所表达的情感、信念和决心不仅仅是20个国家和人民的那几百名男女代表的情感、信念和决心,而是最广大人民群众的情感、信念和决心。毋庸置疑,今天在巴塞尔参加反战游行、和平示威活动的成千上万人背后,此时此刻,有着几十万、几百万人在支持你们,与你们同心同德,和我们同呼吸、共命运。如果大家没有选择巴塞尔,而是德国、法国、奥地利或者意大利的其他某个城市,场面将同样壮观:工人阶级怀着深深的信念，厌恶战争，盼望着那些可信赖的人举全欧洲工人阶级之力，以抵制诸列强在统治欲的驱使下发动欧洲战争。（会场内响起一片喝彩声）

亲爱的同志们！我们都知道，各国人民的和平事业不是某个政党的事业，而是全体人民的事业。我们同样清楚，在这个暴行累累的世界，和平事业要想取得成功，只能依靠背后的一支力量，依靠一支有组织、自觉奔向目标和时刻准备行动的力量。而现如今，这支力量只能是社会主义工人阶级。只有工人阶级摆脱了各种经济、社会和政治利益的诱惑，而对经济、社会和政治利益的渴望以及由此产生的对立正是战争危险的根源所在。只有工人阶级摆脱了这些民族主义和沙文主义派别的影响，而其他阶级则深受其害。只有工人阶级，不但其理想和经济与社会地位之间不存在对立，而且，假如他们不想就此消亡的话，就必须去实现其理想。如今，也只有工人阶级由于人数众多、组织严密、纪律严明，从而构成了一支权贵集团不可忽视的力量。（会场内响起掌声）

战争的阴影笼罩着欧洲。欧洲社会民主党厌恶战争，但不惧怕战争。在爆发全面战争时，假如欧洲有一支力量不需要惧怕而要大力争取的话，那就是社会民主党。欧洲战争很可能会导致剧烈的运动和动荡，并加速如今工人阶级深受其害的经济制度的崩塌。但是，我们不希望文明的进步走上这条残酷而恐怖的道路。（有人喊道：'千真万确！'）我们知道，当今社会经济秩序的内部力量仍然可以引导我们走向胜利，而不会造成欧洲战争这样的灾难。但是，对于那些今天在把玩世界大战这一罪恶游戏的人，那些将公众舆论引入歧途、使公众舆论感到惶惶不安的人，那些可能挑动各国人民自相残杀的人，他们会知道，欧洲社会民主党厌恶并鄙视他们的所作所为，但不惧怕。假如他们因为荒唐和糊涂而禁不住点燃把玩了几周、几个月的火种的话，那么，他们必将亲自验证这样一句话，那就是：'世界历史即世界正义！'（会场内爆发出暴风

雨般的掌声）

我宣布大会开幕。下面请哈阿兹同志讲话。"

哈阿兹（柏林）：同志们！国际社会民主党是在教堂的钟声和管风琴的乐曲声中进入到这里的。国际社会民主党乃和平的使者，和平思想的化身。我们的脑子里充满着革命思想，我们的心中充满着革命豪情。但是，其目的都是为了实现和平，为了让各国人民能够和睦相处，而不是摧毁他们。此情此景，再看看如今在巴尔干半岛所发生的一切，这是多么鲜明的对照啊！从那些因疯狂而扭曲的嘴巴里发出的野蛮叫喊声在我们的耳边回荡。一想起几个星期以来的杀戮，我们不寒而栗。在那里，有好几万人被屠杀，而残酷无情的战争狂热却在他们的尸体上横行肆虐。各个作战部队甚至没有时间把死者掩埋。在那里，伤员的人数多达数万，却没有人照顾他们。伤员们躺在尸体上，他们自己也被尸体覆盖着。没有人听到他们的呻吟，他们在疼痛不堪和忍饥挨饿中死去。一些村庄，还有那些居住着老人、妇女和儿童的和平地区，被全部烧得精光。万分悲痛的马其顿农民拖家带口，在忍饥挨冻中缓缓走向君士坦丁堡，举步维艰。而每当缔结和平条约时，举国上下痛哭流涕，不幸、悲伤和困惑之情不能自已！国内的人口已经减少了，经济生活长期陷于停顿，国家财政濒临破产。许多人在枪林弹雨中得以生还，却时刻可能成为魔鬼杀手——霍乱——的目标。那幅有关末日骑士给人类带来战争、火灾、饥荒和瘟疫的象征性绘画，我们大家都知道。如今，末日骑士们正在巴尔干半岛横行肆虐。在那里，他们的铁蹄踏碎了各国人民的和平和福祉。巴尔干半岛的社会民主党也希望实现各国人民的解放，不是通过粗暴的战争——这是人类的耻辱，而是通过成立包括土耳其在内的联邦共和国。巴尔干半岛的同志们还不够强大，还没有能力来实现这个计划，实现这一理想的时刻还没有到来。

但是，在巴尔干半岛，和在世界各地一样，无产阶级的决心、主观能动性和力量必将与日俱增，社会民主党完全有能力重建家园。每当想起这一点，我们的心中就充满着慰藉和崇高之情。我们盼望停战，希望战争结束，尽快结束大兵血淋淋的战功。但是，我们不能不承认，欧洲和平正在受到威胁。君士坦丁堡、萨洛尼卡和小亚细亚诸省的命运将会如何呢？要知道，贪得无厌的帝国主义者正在把双手伸向小亚细亚。如果无产阶级不能坚决制止这一反文明的暴行，世界大战将不再是危言耸听。我们决不能相信外交。外交还会将各国人民当做棋子来驱使。但是，无产阶级已经获得了独立，无产阶级必将展示它的力量。

诚然，我们不是不知道，我们的力量是有限的。但是，我们同样知道，我们也不是好欺负的。（有人喊道："说得好。"）无产阶级在世界各地组织的大规模游行示威活动不会不引起统治者的注意。此时此刻，巴尔干战争教育统治者们——假如他们想学习的话，只有满怀激情为伟大事业而战而不是纯粹迫于军纪严明而战的军队才能取得胜利。此时此刻，如同命中注定的警告，游行示威的意义应当以火一般的文字出现在国王、大臣和大使们宫殿的墙上。统治者们将会知道，国际无产阶级从内心深处厌恶战争，不会乖乖地听从他们的驱使，向那些他们自己所尊敬和爱戴的人们——他们的无产者兄弟们——开枪的。（会场内爆发出暴风雨般的掌声）

虽然政治天空乌云密布，但是，我们接近目标的希望犹存。崇高思想家们的梦想、伟大思想家们所承认的一切、理性之声所宣告的一切，国际无产阶级——我们可以毫不夸张地说——必将实现。无产阶级将在反抗社会剥削和政治压迫的阶级斗争中团结一致，废除一切阶级统治，从而为实现永久和平、各国人民亲如一家和实现各国人民的自由奠定基础。（会场内爆发出暴风雨般、经久不息的掌声）

基尔·哈第（伦敦）：同志们！各位都知道，我们为什么在这里集会。我们要制止一宗大罪——反人类罪。巴尔干战争是欧洲政治家们的败笔。如果巴尔干问题在1875年就得到了妥善解决，那么现在的战争也许就没有必要发生了。本次代表大会代表的是1500万社会民主党选民，是一支维护欧洲和平的强大力量。

我们代表着人数达4500万的工人阶级。他们不仅仅是地区组织或者国家组织，而且已经成为不可抗拒的世界性组织。（会场内一片赞许声）民主主义和战争存在着难以调和的矛盾。民主主义和形形色色的军国主义是不可调和的。（有人喊道："千真万确！"）虽然世界无产阶级本身不存在对立情况，但是，在每个国家里，无产阶级都和其他阶级存在着分歧。

德国和英国的紧张关系，大家谈论得很多。但是，德国和英国工人互相之间丝毫不存在敌意。假如真的有摩擦，也应该在统治阶级身上寻找原因。这个原因就是，英国政府和德国政府都对别国领土感兴趣，而不关心他们的人民。（有人喊道："千真万确！"）我们的目标就是要实现世界各国所有劳动者——不论男女——真正的团结。在政治上，为自由和进步而进行的斗争大部分都取得了成功。现在，我们要拿起各种有用的武器，在经济领域进行同样的解放斗争。我们要利用我们的全部影响力，阻止各国政府干涉巴尔干半岛。

另外，对土耳其不能提出过于苛刻的和平条件。我们希望，对巴尔干各国人民实行公正、自由的进步政策。这就是我们的殖民主义政策。（会场内一片赞许声）但是，如果各国外交政策利用巴尔干问题挑起世界大战，那么，民主派的神圣职责就是要拿起各种武器制止战争。假如政治斗争不足以制止战争的话，我希望工人阶级要敢于拿起第二大武器——经济武器，即革命性的国际反战罢工。今天，游行示威活动把我们从摩洛赫①的神殿——营房——带到了这个教堂,这个人道主义的殿堂。只有通过斗争,我们才能实现世界和平。我希望并坚信,我们伟大的国际运动必将战胜一切压迫势力和蒙昧主义势力。我们要为下一代而奋斗,为人类生存的尊严、为人类能够主宰一切而奋斗。(会场内爆发出暴风雨般的掌声)

海尔曼·格罗伊利希(苏黎世):我接受瑞士社会党中央的委托,特此声明,我们由衷地支持反战抗议活动。在我们这个时代,怎么还会发生战争呢?一般而言,原因在于,不断成长壮大的资本家在本国剥削人民,在国外不断寻找更广阔、更遥远的领土,始终想为自己增添更大的领地,以便开辟新的统治来源和剥削来源。正如我们在的黎波里看到的那样,资本家是不惮于掠夺整个国家的。那么,外交家们扮演什么角色呢?人们不禁会想,当前所发生的一切——把其他各国人民投入不幸和苦难的一切——确实是出于他们的无能呢,还是因为他们太虚伪了。(有人喊道:"千真万确!")在机械时代,战争通过机械来进行,战争丝毫没有古典书籍中所描绘的那种浪漫主义色彩。还没有看到对手,就被杀死了;而五花八门的武器可以把死亡带到几公里以外。在巴尔干半岛战斗的军队相对来说并不是特别强大,但是,仅仅数周时间,伤亡人数就已经多达10万。而因遭受流行病、瘟疫和霍乱的折磨而死去的人数同样相当惊人。人们不敢想象,假如数百万人在文明欧洲狭窄的边境线上自相残杀,那将是是何等的灾难和屠戮。(有人喊道:"千真万确!")在20世纪,假如人类还能容忍这样的事情,是不是荒唐透顶呢?或许,各国人民拿起武器,穿上军装,武装反抗任人驱使、任人宰割的时代已经越来越近了。(会场内爆发出暴风雨般的掌声)但是,各

---

① 摩洛赫是古代腓尼基人和迦太基人的宗教中的太阳神,祭祀摩洛赫时要用活人作祭品;因此摩洛赫成了残忍、吞噬一切的暴力的化身。——编者注

国人民再次遭受大屠杀的可能性依然存在。个中缘由，大家都很清楚。资本家很强大，掌握着前所未有的力量，那就是新闻报刊。当新闻报刊煽动人民、把全国性妄想症传递给人民时——这一点，在远征劫掠的黎波里的过程中，我们在意大利已经领教过了，贫困的无产阶级也可能会糊里糊涂地上战场。① 因此，在这里，我们的工作明确起来了，即：作为社会民主党人，我们要制止人们制造此类煽动行为。民族主义理论认为，每个民族都是上帝的唯一选民，而所有其他民族都是它的敌人。我们要揭穿这个民族主义的双重谎言。（会场内响起一片喝彩声）

我们要让这样的思想深入到各国人民的心中，即：每个民族不管它自以为有多么先进、多么文明，都可以从别的民族身上学到东西，而且肯定会学到东西。（会场内响起一片喝彩声）

我们要把这一思想灌输到所有人的心中，这是我们的历史使命。因为资产阶级伟大先行者的和平主义思想，资产阶级大部分都已经抛弃了。歌德和赫尔德②，还有康德——在他的著作《永久和平论》一书中——所作的论述，即：和平和自由只能建立在庞大共和国的基础上，在资产阶级看来是没有希望的。

这个观念，我们已经把它变成了我们的观念。我们是唯一请求和平、在人民面前树立起反战旗帜的群众性政党。

因此，在欧洲军国主义的核心国家——德国，社会民主党人拥有

---

① 1911年9月30日，为争夺对的黎波里的控制权，意大利向土耳其宣战，宣战后意大利立即向土耳其发动进攻，数小时后炸毁土耳其在普雷韦扎港的一艘鱼雷艇。意大利向土耳其发出交出利比亚的最后通牒，遭到了拒绝。于是，意大利海军封锁了的黎波里。上文也提到了这一事件。据报道土耳其对意大利没有任何敌对行为，因此意大利的行径被广泛地谴责为鲁莽草率之举。英国的一家报纸说，意大利是"海盗"、"土匪"。可是意大利人民却走上街头表示支持参战。——译者注

② 赫尔德（1744—1803），德国作家。——译者注

425张选票,是各国人民和平的极好保障。(会场内响起一片喝彩声)诚然,我们还没有赢得人民中大部分人的支持。但是,不管怎样,我们的人数比那些为战争煽风点火的人以及那些和战争相关的人要多得多。

公民们!现在,我们正处在一个历史性的时刻,我们在创造历史。在无数布道坛上,布道者说,人类是按照上帝的形象创造的,人类的身体来自天主。大规模屠杀与此相比,是多么鲜明的对照啊!因此,在这个布道坛上,我们可以坦率、公开地讲,在上帝和人类看来,谁胆敢签订宣战文书,给各国人民带来屠杀和死亡,谁就是最可恶的罪犯。(会场内多次爆发出暴风雨般的掌声)

为了协助各位制止战争,我们瑞士人完全支持你们。我们瑞士不会宣战。如果不进攻瑞士,瑞士会感到非常高兴。我们的联邦委员会没有宣战的权利。相反,一旦有人宣战,联邦委员会有义务宣布中立。因此,在各位的反战斗争中,我们只会和你们站在一起。但是,我们还是赞成旧国际和卡尔·马克思的意见。1870年9月4日以后,旧国际和卡尔·马克思向法国的同志们宣布,鉴于新一届临时政府的共和主义令人怀疑,面对继续战斗的责任,他们首先应该履行公民职责。① 你们也不要请求我们背弃我们的公民职责。(会场内爆发出暴风雨般的掌声)

我们的部队不是作战部队,而是反战抗议队伍。要阻止这支部队前进,就等于请外国军队选择瑞士作为战场。国际并不是反国家的,但是,国际希望每个民族和每个国家都能够实现完全自治。基于这种看法,我们要说的是:"把巴尔干半岛还给巴尔干各国人民"。我们也愿意履行我们的公民职责,直到欧洲合众国也把我们这个小国合并,铸剑为犁。(会场内爆发出暴风雨般的掌声)

---

① 见《国际工人协会总委员会关于普法战争的第二篇宣言》,载《马克思恩格斯文集》第3卷第127页。——编者注

接着，**布洛歇尔**主席请保加利亚代表、来自索非亚的**萨卡索夫**讲话，并指出，萨卡索夫是唯一参加过反战抗议活动的议员，是从马其顿战场回来的。

萨卡索夫（会场内爆发出暴风雨般的掌声，以示欢迎）：巴尔干战争是我们社会主义要求合法性的最好证明。甚至连思想最狭隘的人都会明白，这场可怕的人间屠杀说明，统治阶级的政策是多么惨无人道。如果要和平解决巴尔干问题，只有一条路可走——社会民主主义所指明的道路，那就是土耳其的改革之路。但是，诸列强、资本家及其走卒不希望这样。因为他们要利用巴尔干半岛，要把巴尔干半岛沦为殖民地，纳入他们的势力范围。我们巴尔干半岛的各国政府也不想进行平庸的改革，他们更愿意扮演瓜分土耳其的英雄角色。就这样，战争爆发了。而现代战争的残酷性和惨无人道，我们已经亲眼目睹了，我们的心中充满了憎恶。工人、农夫、商人、教师等无法安居乐业，无法和家人团聚，他们和人类之间的一切联系都被割断了。整个国家全面进入战争状态。邮政部门依然存在，但是，信件一律要经过严格审查。人们不知道部队在哪里，战士们收不到任何信件或者电报，彻底和他们所爱的人隔绝了。士兵向前走，却不知去往何方。人们交给他一支枪，把他编入部队，日夜带领他，然后对他说："前面有敌情，你要占领某某阵地"。饥渴难耐、饥寒交迫的士兵走过田野、山谷，穿过森林、河流和沼泽。"救护"一词是彻头彻尾的讽刺。伤员要等几个小时之久，才能等到部队护士。很多伤员在没有被找到以前，就因失血过多而死去了。而当他们还有力气爬到救护站时，等待他们的让人不寒而栗。面对成百上千的伤员，10 名或者 20 名医生能干什么呢？我们所看到的是，伤员们举起双手，哀求医生来照顾他们，给他们包扎伤口，给他们一杯水或者一杯白兰地。这些不幸的人拖着双腿爬到救护站，完全是白费力气。我无法向各位描述这些残缺不堪的脸庞和支离破碎的身体。我无法用语言来向各位说明什么是现代战争。现代战争造成成千上万的人死去，尸体则被随意地丢弃在战场上。在夜晚、在黑暗中、在大雾中、在远处，战士们不知不觉地互相开枪射击，却不知道在向谁开枪。接着，步兵冲进敌人的阵地，而就在此时，电话打不通了，无法让炮兵停止开炮。于是，炮弹落到了自己人的身上。15天过去了，伤员们和腿部受伤的人才被抬到像样的房间里，放到像样的病床上。伤员多如牛毛，而护士却少之又少。

难道我们就没有办法结束这一切惨状吗？我们要以社会主义为基础，进行和平主义改革。和平主义改革政策就是我们的力量所在。在战后，保加利亚人民也会理解我们的。但是，在座的各位，你们要在战争结束以前、在陷入悲痛以前讨个说法。欧洲的社会民主党人们，是你们教会了我们社会主义理论；我们信任你们，相信你们能够为我们指明消灭人间大屠杀的方法，以使人民能够安居乐业。巴尔干半岛诸国以及全世界的非文明国家都在注视着巴塞尔代表大会，注视着代表大会将如何把人类从资本主义和统治阶级带来的灾难中解放出来。社会主义万岁！社会民主主义万岁！（会场内爆发出暴风雨般的掌声）

维克多·阿德勒博士（维也纳）：在这里发言，我的心情是特别的，是沉重的。我们在这里，在一座教堂里集会，虽然我不认识那些给我们开门的人，但是对于他们，"基督教"一词仍然意味着热爱他人、人间和平和人类的繁荣昌盛。我们所处的时刻和这一历史反命题是多么鲜明的对比啊！我们在这里集会，我们与秩序为敌、我们与一切宗教为敌——我们一直背负着这样的骂名，我们是在为世界和平和人间慈悲而举行示威活动。而全世界的那些教堂和教堂的主人们，那些在每次仪式队伍中离十字架最近的人，却是人类的敌人。他们正在策划一场闻所未闻的大屠杀，在人类历史上都不曾发生过如此冷血狠毒的大屠杀。我们被视为家庭的敌人，想要摧毁人类一切神圣的东西、家庭一切神圣的东西！各位请注意，今天，我们所面对的是我们的孩子、人们想要屠杀的孩子，我们所面对的是全欧洲数十万个家庭的生死抉择。（有人喊道："千真万确。"）虽然我们与财富为敌，与私有财产为敌——因为私有财产就是掠夺，但是，我们要谴责那些昧着良心，想要粗暴地、罪恶地、愚蠢地和漫无目的地摧毁全人类遗产——即世界各国几个世纪以来积累起来的文明成果——的人。

公民们！我们奥地利人——在这里，我也不能忘记我来自奥地利，（会场内突然响起笑声）此时此刻，我们肩负着无比重大的责任。我们来自目前掌握着决定权的领袖们的国家。一想到正当我们在这里为和平出谋划策时，在圣彼得堡，还有柏林和维也纳，人们正在决策、正在掂量着该如何措辞才能瞒天过海，我们的心情格外沉重。

对于奥地利而言，我们起码可以这样说：奥地利和匈牙利由12个民族组成，但是，无论如何，也没有一个民族盼望着发生当前这样一场战争，没有一个民族会抱有这样的希望。所有这些民族都需要文明、教育、医院和学校。而这一切却少得可怜。我们需要教育，我们需要一点自由，我们需要我们国家的那些统治者一点点的智慧。（会场内突然响起笑声）战场上的英勇无畏和对政治荣誉的渴求不会给我们带来任何东西。我们所有可怜的人民都不需要战争。但是，我们需要思想。我们没有敌人，不想从对方那里夺取什么，也没有人想要夺取我们什么。我们不想给政治家们提出什么建议。即使我们提了，反正他们也不会听。（会场内突然响起笑声）但是，可以肯定的是，考虑到战争可能造成的大规模贫困，战争即使取得了胜利，对奥地利的国家机构来说，也可能意味着末日的开始。在世界上，奥地利再也没有什么可征服的了，也不再有什么可以得到而又不被瓜分的了。从现在开始，这个危险越来越严重、离我们越来越近了。

可惜的是，战争是否爆发，这并不取决于我们这些社会民主党人。

但愿世界各国工人阶级的力量能够与日俱增——这一点我们已经看到了，而这就是我们的工作所在、我们的生活所在。但是，我们不要高估——尤其是不要夸大——政府的打算。我们所能做的，就是阻止战争爆发。不能让战争成为各国人民的灾难。（会场内爆发出雷鸣般的掌声）凡是我们的声音所到之处，凡是我们能够唤醒无产者的地方，凡是我们能够掌握公众意识的地方，我们都要让大家意识到，战争是何等的罪孽深重。我们能够做到，我们一定会做到。各国人民都会认识到，责任都在统治者身上，统治者们要对一切后果承担全部责任。

无论如何，世界历史的进步都不能因此而停止，而历史的罪孽要受到历史的惩罚。我们抱有这样的希望，这是基于对世界历史的认识而得出的结论。我们坚信并希望，一旦犯下战争罪，罪犯的统治必将自行——我说的是自行——走向灭亡。

公民们！我们在这里集会，在巴塞尔集会，是为了在最危急的关头进行交流。要知道，尽管民族主义者极尽煽动怂恿之能事，有成千上万乃至数百万的人正在加入到我们的队伍中来。没有比这更崇高的了，没有比这更能赋予我们力量的了——每个人都在进行自己的斗争。在这里，巴塞尔大会代表的是国际人道主义思想的伟大潮流，没有比这更崇高的了。我们不仅看到，各个无产阶级政党是如何越来越有条不紊地协调行动的，没有比这更崇高的了。

而且，公民们！最主要的是，在这里，我们找到了我们共同的力量源泉；我们从这里带走的力量，可以使每个人都能够利用我们所掌握的各种形式和手段，利用我们所拥有的一切力量，在各自的国家做力所能及的事情，为反抗战争这一罪行而斗争。

而当这一目标实现的时候，当这一目标真正实现的时候，我们所要做的，是让战争彻底灭亡。

现在，整个国际上下一致，万众一心。要指望统治者们保持清醒的头脑,或许已经太晚了,但是,我们仍希望,在最后一刻,在将要犯下的深重罪孽面前,他们能够有所收敛。

公民们!如果巴尔干战争演变成世界大战,那么和我们将要面临的一切相比,我们的朋友萨卡索夫在这里和诸位讲述的有关他在巴尔干半岛所亲眼目睹的一切,只不过是儿童游戏罢了。假如爆发全面战争,当局就会动用所有制作精良的武器装备,而到目前为止,这些武器装备还没有用上。所以,巴尔干战争和全面战争相比,那真是小巫见大巫了。假如屠杀、战火和瘟疫在欧洲蔓延——我们想都不敢想;只要想一下,我们就会感到义愤填膺……我们不禁要问,如今的男人们和无产者还是任人驱使、任人宰割的羔羊吗?我们无法回答这个问题。但是,我们知道,无产阶级进行口诛笔伐的时刻已经到来了,无产阶级手持利剑执行判决的时刻已经到来了。(会场内爆发出暴风雨般的掌声)

饶勒斯(法国):公民们!我们在这里集会,这是一个令人揪心的时刻、一个肩负责任的时刻。责任的重担首先要重重地落到巴尔干半岛兄弟们的肩膀上。但是,归根结底,这一前所未有的重担要落到整个国际的身上。首先,是因为我们团结一心;其次,是因为我们要阻止冲突蔓延,进而演变成战火,吞噬欧洲的全体劳动者。要阻止这一切,这是全世界劳动者义不容辞的责任。这不是一个国家的问题,这是一个国际问题。最近,法国的资产阶级报刊嘲笑本次代表大会,认为这只不过是一次社会主义大检阅罢了;认为社会主义者们都很清楚,和平根本没有受到威胁;认为他们只是想通过抗议活动,事后让人觉得是他们拯救了祖国。但是,就在这几天,这些报纸却不得不刊登那些最重大的消息。事实的真相是,到处都充满着不安和混乱。事实的真相是,资本家阶级自身已经分成了两个阵营,不知道面对全面的冲击胜算几何。事实的真相是,各国政府都担心后果不堪设想,所以无法作出最后的决定。

在所有国家,都会出现截然相反的倾向。有的人反对和平,有的人反对战争。命运的天平在各国政府的手中摇摆。(会场内出现一片骚动)但是,突然,那些犹豫不决的人会感到一阵眩晕。这就是我们之所以要行动起来的原因。这就是我们——各国的劳动者和社会主义者——之所以要把我们的力量投到和平的天平上、阻止战争爆发的原因。(会场内爆发出热烈的掌声)哦!但愿我们不是单枪匹马地在战斗。在这里,在巴塞尔,基督徒们向我们开放了大教堂。我们的目标和他们的想法和心愿是一致的,那就是维护和平。但是,但愿严格遵从上帝教诲的全体基督徒能够和我们抱有同样的希望。他们肯定会和我们一道,为避免各国人民落入战争恶魔的利爪而斗争。(会场内爆发出暴风雨般的掌声)今天上午,我们在巴塞尔所受到的欢迎也给了我们极大的鼓舞和希望。巴塞尔政府对国际的问候也给了我们极大的鼓舞和希望。这是一个好兆头。像巴塞尔一样,凡是民主主义精神深入人心的地方,凡是在民主主义精神背后、无产阶级被很好地组织起来的地方,崇高的信念就会在全体人民中间传播。而这每时每刻都给我们以希望。(会场内爆发出暴风雨般的掌声)

我感到,刚才教堂里欢迎我们的钟声就像是全面和解的一种号召。它使我想起席勒在他绝妙的《钟之歌》的导言中所说的:"Vivos voco, mortuos plango, fulgura frango!""Vivos voco"——我呼唤活着的人们都来保卫被死亡威胁着的生命!(会场内出现一片骚动)"mortuos plango"——我悲悼那躺在欧洲另一端可怕战场上的无数死者,尸体的腐臭味扑向我们,宛如对罪恶的忏悔。(会场内出现一片骚动)"fulgura frango"——战争的闪电在乌云中闪闪发光,我要击碎这预示着危险的闪电!(会场内爆发出暴风雨般的掌声)

但是,光有零零星星、犹豫不决、美好的斗争愿望是不够的。我们需要的是,无产阶级行动起来、组织起来,万众一心,众志成城。(会场内一片赞许声)这是一个关键而悲壮的时刻。危险越明显,威胁离我们就越来越近，无产阶级向我们——不，是向他们自己——提出的问题就越紧迫。假如惨绝人寰的事情果真发生了，假如确实需要行军去屠杀自己的兄弟，那么，我们应该怎么办才能免遭此劫呢？我们无法回答这个令人生畏的问题，因为我们要在某个特定的时刻提出开展某项特定的运动。当乌云密布时，当波涛汹涌时，海员并非每时每刻都能预先说出应该采取哪些应对措施。但是，国际要让和平主张深入到世界各地，到世界各地去开展合法斗争或革命斗争，阻止战争爆发；或者战争一旦爆发，让罪魁祸首有个交代。（会场内响起经久不息的掌声）

欧洲各国政府应该明白，本次代表大会的真正意义在于，强调团结、实现团结和加强团结。我们交流看法和想法、交流知识和诺言、交流决心和希望。而这一行动不会在大会闭幕以后停下来。

我们要把我们的斗争觉悟带到世界各地的群众中去。我们还要在各国议会再次表明，我们需要和平。（会场内一片赞许声）

人们的头脑充满着和平思想。如果各国政府优柔寡断、犹豫不决的话，那么我们就要进行无产阶级斗争。（会场内爆发出暴风雨般的掌声）这就是本次代表大会的工作。没有比这更崇高的了！已经有这么多思想、这么多希望在这个拱顶下升腾起来了。但是，不管这些梦想能飞多高，再没有比伸张正义与维护和平的愿望更高尚的了。（会场内响起经久不息的掌声）

在这座教堂里，曾经召开过主教会议。在反对教会分裂和解体的斗争中，他们相互攻讦。和今天的会议相比，这是多么鲜明的对照啊！我们没有因为利益对立而分裂，而是通过真心、思想、理论、行动和愿望团结在一起。在离开会场前，我们要发誓拯救和平与文明。（会场内爆发出热烈的掌声）

我们不由得想起一个德国人最近说的一段话："各国政府考虑一下吧：假如它们甘冒战争的风险，各国人民就可以毫不费力地计算出，他

们自己进行革命要比和别人打仗伤亡更少。"（会场内多次爆发出暴风雨般的掌声）

达申斯基（克拉科夫）：公民们！战争的火炬已经在巴尔干半岛点燃。巴尔干战争火炬的恐怖之光已经照亮了古老的资本主义欧洲。欧洲尽管大炮林立，却无法阻止巴尔干最底层各族人民在我们的眼皮底下自相残杀。欧洲外交应该自行宣告破产。假如还有外交，外交官们应该被传唤到我们巴塞尔大会，了解一下人民群众对各个国家及其穷兵黩武的倾向是怎么想的。但是，对于外交家来说，我们什么都不是。我们召开的历次代表大会只不过激起了资产阶级报纸的食欲而已，而我们的党员只不过是受迫害的对象而已。和外交一样，军事科学已经宣告破产了。在巴尔干战争火炬的火光下，军事科学到底如何呢？我们不由得想起一则关于攻占克尔克—基利斯要塞的趣味小故事。总参谋部某副官和一名步兵上尉一起乘坐有轨电车。步兵上尉说："副官先生，保加利亚农民已经攻占了克尔克—基利斯要塞。""不可能，"副官回答道，"布置好围城的炮兵和攻城纵队是需要时间的。这大概需要三个星期。刚刚才三天，难道保加利亚人就来到了克尔克—基利斯要塞前？"步兵上尉回答道："是的，副官先生。这些愚蠢的保加利亚农民居然不知道，一座现代化堡垒是不可能靠刺刀拿下的，可他们居然把它拿下了。"

根据这个故事，我们西欧的官方高级军事科学遭到了彻底的嘲弄，戈尔茨帕沙[①]和其他老爷教官们威信扫地。似乎有人想盲目地将我们彻底推向灭亡。我们唯一的指路明灯是，全世界无产阶级要在抗议活动中团结起来。例如，奥地利如何应对一场欧洲战争？波兰人、鲁提尼人和南斯拉夫人要向波兰人、鲁提尼人和南斯拉夫人开枪，向他们的兄弟

---

① 即科尔马·戈尔茨男爵（1843—1916），普鲁士陆军元帅、军旅作家。——编者注

们——这些穿着敌军的军服、就要送到屠宰场的兄弟们——开枪。在那里，唯一的感情——甚至在最愚钝的人身上都有的感情，民族团结的感情遭到了血淋淋的伤害。但是，要德国劳动者和法国劳动者互相开枪，是根本不可能的。他们一定要有这样的思想，即一个逼迫屠杀自己兄弟的该死的社会应该被推翻。（会场内爆发出热烈的掌声）一个把兄弟间的自相残杀宣布为政治智慧最高命令的社会，消灭它的时机已经成熟了。一切这类战争都要考虑到胜利者所要受到的沉甸甸的惩罚。战败意味着什么，拿破仑第三和尼古拉二世都已经试验过了。开动税收压榨机、伸出魔爪敛财无数的军国主义越是深耕现代资本主义社会，我们的收成就会越好。到那时，人类的敌人——资本主义——的丧钟马上就要敲响了。（会场内爆发出热烈的掌声）

这次振聋发聩的会议在："由于人民希望和平，和平深入人心"的歌声中闭幕。

有10000人到15000人没有在教堂里找到座位，他们拥挤在大教堂旁边和后面的开阔地上，围在四个讲台周围。在看台上，来自各个不同国家的代表在发言。

……

下面是各国代表发言的内容摘要：

一号讲台

由国务参事施图杰尔主持。

施图杰尔（温特图尔）代表瑞士社会党向与会人员表示问候。国际在这里集会，是为了和平与文明而进行示威活动。我们要向背信弃义的外交界证明，无产阶级的力量不能再被低估了。大教堂的钟声预示着世界历史的新纪元已经到来。我们要大声疾呼，我们今天行动的唯一原因就是要保障国际无产阶级的利益，亦即各国人民的利益。"向战争宣战！"这就是我们此时此刻的口号。但愿明天这句口号能够成为全世界的口号！

埃伦博根（维也纳）：直至今日，外交智慧一直主导着世界政策。但是，外交智慧已经破产了，欧洲外交已经成为世界上最可笑的东西。尽管已经做出外交努力，战争还是爆发了。与此同时，过度军备乃和平保障的神话破灭了。相反，面对外交的崩塌，国际无产阶级的团结局面与和平意志拔地而起。今天，假如我们说我们希望和平，我们就能够实现和平。我说我们希望和平，而我们实现和平的保证就是，在我们这个时代，战争只能按照人民的意志进行，而不是按照外交家的意志来进行。在巴尔干半岛，是决心要争取自由、避免衰落的各国人民的意志取得了胜利。如果欧洲的外交家们不顾欧洲各国人民的意志铤而走险、发动战争的话，那么，战争将结束今天的一切统治。大家不要忘了巴黎公社以及在日俄战争后爆发的革命①。我们不是威胁，我们只是说事实，我们反对欧洲战争这种凶残的罪行。我们不需要欧洲战争，因为这是冒天下之大不韪。"社会主义国际"这几个字眼，世界和平即系于此。"社会主义国际"希望和平，"社会主义国际"能够依靠自己的力量和意志维护和平。我们不需要战争。但愿当权者们能够明白这一点！

施米特（柏林）：这次游行示威活动是在最危急的关头举行的。活动表明，工人国际对近几年的事态发展，看法是何等的统一。我们要为伟大的和平事业而不懈努力。有人煽动各文明国家的政治群星相互厮杀，对此我们深表遗憾，因为这些国家的工人阶级观念是相同的。由于

---

① 指俄国 1905 年革命。——译者注

1870年的不幸战争①，从而导致法兰西共和国和封建沙皇俄国结成紧密同盟，法德关系略显紧张，对此我们深表遗憾。但是，俄国人民和当前把持俄国政治、双手沾满自己同胞鲜血的恶棍毫无共同之处。至于巴尔干战争，假如欧洲外交驱使各国人民自相残杀的目的只是为了搞清奥地利和塞尔维亚谁有权进入亚得里亚海，那将是犯罪。我们不希望流血。我们希望各国人民能够和平处理经济利益问题，而不是武装到牙齿、自相残杀。国际要和各种沙文主义分子作斗争。希望和平的人应该和那些煽动战争的人作斗争。而我们，我们要对他们说："你们可以依靠刺刀和大炮。但是，你们不要忘了，人民的声音在天平上也是有分量的，也是有意义的！而且随着社会主义的不断壮大，随着讴歌人类和人类尊严的社会主义理论的发扬光大，这一意义将变得更加重大！"

安东诺夫带来血腥沙皇俄国的问候。在沙皇俄国，一个世纪以来，无产阶级为争取所有文明国家已经拥有的自主权而进行了激烈的斗争。沙皇和统治阶级把目光转向东方，想要以解放同族兄弟为借口发动战争。而这些口口声声把解放挂在嘴边的人却在奴役本国人民。俄国无产阶级已经通过革命来回应战争。虽然失败了，但是俄国无产阶级丝毫没有屈服。斗争仍将继续。给当前危机唯一的回答就是国际的回答，那就是："向战争宣战！"在东方，人民只能通过革命来回应战争。我们目睹了俄国无产阶级的觉醒。成千上万次游行示威活动已经证明，无产阶级斗争必将取得最后的胜利。在1905年和1906年，无产阶级从沙皇手中夺回了被他剥夺的自由，也证明了这一点。虽然杜马成立了，但是，杜马只不过是一台榨取钱财的机器，一个专门的发债机构。有人就是想要用这些钱来奴役人民。唯一的回答就是，决不能给俄国沙皇一分钱。谁认购俄国债券，谁就是血腥沙皇的帮凶。因为这些钱是用来购买武器

---

① 指1870—1871年的普法战争。——译者注

的，是用来对付俄国人民和对外作战的。在最近的杜马竞选活动中，无产阶级有16名议员当选，也就是说，比以前多了2名。这说明，无产阶级不想被奴役，无产阶级要争取胜利。

特鲁尔斯特拉（荷兰）：今天是具有重大历史意义的一天。曾几何时，战争被视为天然事件，是不以人民的意志为转移的。国际无产阶级已经摆脱了这个谬论。战争是资本主义、各阶级和各党派强加给我们的。无产阶级明白，无产阶级才是资本家阶级发动的历次战争的受害者，又出钱又卖命。这就是今天国际无产阶级之所以要挥舞着拳头，向资本主义、向资产阶级、向战争宣战的原因。国际无产阶级想要和平，通过社会主义把全世界各国人民团结起来，以实现和平。让我们通过阶级斗争，走向世界和平！

瓦扬（法国）指出，奥地利和塞尔维亚冲突的深层次原因，在于俄国和奥地利资本家帝国主义之间的冲突，在于"三国协约"①和"三国同盟"②资本家帝国主义之间的冲突。接着，他指出，法国人、英国人和德国人随时可能不顾自己的利益和愿望而进行自相残杀是多么可怕，工人的要求和文明将不可避免地在几代人中消亡的灾难是多么可怕啊。

瓦扬提出，国际应该积极和各国政府与资本主义外交的这些诡计、阴谋和罪行作斗争，因为国际是唯一能够激励无产阶级投身于反对战争、争取和平的救亡斗争和革命斗争的和平力量及和平意志。

德拉·塞塔（意大利）表示，此时此刻不宜进行长篇大论的演讲。巴塞尔代表大会所代表的广大无产阶级群众已经表示反对战争。意大利

---

① 在1892至1904年英国和法国缔结协约。1907年，沙皇俄国加入，遂成"三国协约"。——译者注

② 1882年，由德国、意大利和奥匈帝国签订的秘密协定。——译者注

社会党支持国际的抗议活动。当意大利卷入的黎波里的冒险行动时,意大利社会党已经履行了职责,而且对驱逐埃尔韦的可耻事件提出了抗议。资产阶级反对国际是徒劳的。未来属于我们。当外交阴谋对付各国人民时,各国人民正走向解放。全世界无产者,联合起来,向前线进发!国际吹响集结号的日子已经到来,意大利社会党一定会积极响应。在战斗的时刻,意大利社会党将坚守岗位,并大声疾呼:"向战争宣战!"(全场响起掌声)

施图杰尔(温特图尔)向各位演讲人表示感谢,并告诉听众,他们有责任把各位演讲人刚才所阐述的崇高的和平思想和博爱思想传播到世界各地,传播到世界各国,传播到工人群众中去。各位听众要作出承诺,永远成为社会民主主义战士。

若果如此,今天将是真正历史性的一天,国际无产阶级终将看到,在无产阶级的坚强意志面前,列强和资本主义外交的残暴力量必将灭亡。

演讲人欢呼三次,全场跟着欢呼三次。

二号讲台

由国务参事普夫吕格主持。

普夫吕格(苏黎世):我们集会是为了反对暴力,反对战争。战争是我们文明的耻辱,是蛮荒时代的残余。不!战争不仅仅如此。由于现代技术和财政经济手段,战争是难以用语言形容的、骇人听闻的东西。巴尔干战场上的景象超出了一切想象:公路上、田野里,成千上万具尸体在腐烂发臭。因此,让我们大喊一声:"放下武器!"我们都希望放下武器。接下来,各位演讲人用不同语言、但本着同样的精神向各位表达的,正是这个愿望,这种对战争的愤怒和对和平的渴望。换句话说,

就是各国人民自由与和平的福音。(全场响起喝彩声)

亚诺夫斯基（波兰）：虽然度过了一些艰难岁月，但我们和欧洲其他地方一样积极开展斗争。波兰和俄国无产阶级所遭受的迫害难以用语言描述。在两年当中，有三万名波兰工人被遣送到西伯利亚。但是，我们继续和沙皇的统治政策作斗争，和各国政府的战争狂热作斗争，和沙皇制度作斗争。和诸位一样，我们没有表达愿望的自由。但是，尽管如此，政府非常清楚，假如它不马上加入战争，我们会为它准备什么；因为政府并非不清楚，一旦战争爆发，俄国各省的无产阶级都会群起而攻之。假如俄国和奥地利之间爆发战争，我国将沦为战场。我们应该先行一步，所以，我们有充分的理由反对战争。今天，抗议活动把俄国各省的无产阶级都集中起来了。我们一致认为，不管发生什么情况，都要阻止战争爆发。

假如战争还是爆发了——我党是这样认为的，那就是革命运动的信号，那就是我们加油干、为沙皇政权掘墓的信号。一旦战争爆发，我们将竭尽全力消灭官僚主义、地主和资本主义的寡头政权，在俄国建立民主政权，使俄国所有地区都享有自治和自由。(全场响起喝彩声)

伯格比尔（丹麦）：假如在世界各地的教堂里，全世界的神父都布道反对战争，假如他们命令教徒们不要参战，战争或许就可以排除。(全场响起喝彩声)但是，神父们不会这样做，因为基督教会是世俗统治集团豢养的机构。另外，教会是否助长了社会良善风气，也值得怀疑。因为巴尔干半岛的信教民族对待敌人的野蛮程度，和土耳其人对待敌人的做法如出一辙。而在此期间，笃信基督教的奥地利成为头号沙文主义者。但是，社会民主党却重申了基督的理想。我们要褪去战争迄今为止在不了解自身利益的民族当中所保留的光彩，让战争变得不得人心。我们要从各国劳动人民的心中根除沙文主义思想和伪民族主义思想。我们认为，现代军国主义是资本主义的孪生兄弟。在合法的外衣下，巴尔干战争是最后一场可以被称为得人心的战争。我们要揭露战争的真正目的，描绘出战争可憎的一面，让战争变得不得人心。现代军国主义是文明、自由和进步的死敌。假如我们要献出生命，我们不会献给国王的军队，而要献给各国人民的解放和革命事业。（全场响起喝彩声）面对假惺惺的爱国主义表现，我们的回答是，要把世界各国的劳动者都组织起来，团结在一起，和战争、沙文主义和扩充军备进行顽强的斗争。劳动人民反对战争和军国主义的共同利益和无产阶级的国际博爱是建造世界和平大厦的基石。这才是未来的福音。国际社会民主主义将实现各国人民的解放，是和平的坚强保障。国际社会民主主义万岁！（全场响起喝彩声）

欧文（英国）表示，能够参加此次反对军国主义、反对战争的游行示威活动，并代表英国社会党发言，他感到非常高兴。在这个重大问题上，英国社会党人表示，要和其他各国的劳动者团结在一起。世界各国的神父、政治家、资本家和统治阶级为军备、战争以及一切暴行推波助澜。相反，全世界的社会民主党人则致力于彻底废除资本主义制度和建立合作共和国，因为只有合作共和国才能实现世界和平与国际博爱的光辉理想。

弗朗西斯·德普雷桑塞（法国）：战争的威胁已经出现在天边，从未像现在这样迫在眉睫。如果说所有战争——或者几乎所有战争——都是邪恶的，那么，这一次可以说是愚蠢透顶。曾几何时，有一些战争实际上是革命的另一面，是一国人民为争取独立——这是实现自由的条件和补充——而作出的努力。在19世纪，为争取民族自治权而进行的战争就是如此。在很大程度上，欧洲外交的破产迫使巴尔干半岛各国对土耳其所进行的战争也是如此。而我们所面临的战争则是由于某些列强自私的觊觎、卑劣手段以及愚蠢地把欧洲划分成两大敌对阵营而发动的，而在此次危机中，欧洲本来应该铁板一块才对。

面对这样的危难、这样的丑闻，一直都有一些英雄人物在孤军奋战，进行抗争。如今，我们动员了一支新生力量——这是半个世纪以来孕育、成长起来的力量，奋起反抗战争的疯狂罪行。国际社会党有数百万拥趸。甚至在你们的议会里，都有数百名代表。国际社会党的做法就是要利用一切可资利用的手段——从合法斗争直至革命斗争。国际社会党明白，在当前情况下，它不仅可以依靠自己的军队，还可以依靠这一大群摇摆不定的人——他们经常盲目地为他们的主子卖力，却本能地惧怕战争、厌恶战争。国际社会党明白，所有母亲都不希望把她们朝气蓬勃的儿子从身边夺走，在枪林弹雨中倒下，在霍乱中倒下。国际社会党明白，所有人都感到，突然回到野蛮状态深深刺痛了他们的理性、良知和人性。这越来越成为社会主义的崇高命运。国际社会党将怀着满腔热情，继续献身于它的主要职责，即建设未来公正的社会城邦。国际社会党越来越自豪地感到，从现在起，它就是——只有它才是——和平的捍卫者和民主制度下权利、自主权、保障和生命原则的保卫者。

　　此时此刻，国际社会党正站在全世界的当权者、君主和政治家面前，并对他们说："你们自称是现实主义者，是观察、计算、测量、在理性天平上权衡力量的人。那好吧！你们可要当心了。在你们面前，有一支了不起的新生力量。所有仇恨战争的人都支持国际无产阶级，国际无产阶级责令你们要保护和平。国际无产阶级不会因为沙文主义的干扰而从他们的神圣职责上分心。国际无产阶级不会充当炮灰，从而更好地为资本主义企业充当工业原材料。国际无产阶级不会忘记永恒的阶级团结，从而被重新拉回到穴居时代粗暴而愚蠢的激情中。这就是国际无产阶级代表全体劳动人民的权利，代表工人群众的愿望和代表人类文明的利益，向你们发出的郑重警告。"

　　普夫吕格（苏黎世）向各位演讲人表示感谢。新的一天预示着美好时代即将来临。"放下武器！"一支新生力量将结束各种暴行，并向穷兵黩武的资本主义王朝大喊一声："就此收手吧，不要走得太远了！"我们的党期待着我们能够尽心尽责。我们一定会尽心尽责。我们希望，还没有加入我们队伍的所有劳动者加入我们的队伍，崭新的时代必将提前到来。（全场响起喝彩声）

三号讲台

由国务参事格林主持。

格林（伯尔尼）：在巴塞尔这个主教城市，这次游行示威活动堪称历史上最为声势浩大的一次，必将结束我们那些对手们的讽刺挖苦。这次游行示威活动之所以如此壮观，主要不是因为有成千上万人在这里集会，而是可以肯定，在他们的背后有数百万人在支持，他们分布在世界各地。他们认识到，只有社会主义才能实现各国人民的和平。来自不同国家的演讲人将向各位阐述今天的意义。

涅梅茨（布拉格）：我给各位带来在阶级觉悟中觉醒的捷克无产阶级的问候。我可以肯定地对大家说，我们和诸位一样积极反对战争、屠杀和劫掠。

在奥地利，我们现在正处在危急关头，这和奥地利在巴尔干半岛的政策有关。我们要说的是，一个无法赋予本国各族人民发展自由的国家想成为阿尔巴尼亚自治的捍卫者，是多么不可思议。奥地利的这些阴谋诡计会挑起欧洲战争。奥地利外交想要借此挽回信誉。但是，一旦战争爆发，被压迫者会奋起反抗侵略者。在法国和俄国就是如此。我们已经证明，我们不会为了和工人阶级毫不相干的利益、为了和工人阶级利益背道而驰的利益而任由统治者控制和奴役。从前，是战争还是和平，都是阔佬们说了算。但是，今天，一支强大的新生力量出现在世界舞台上。有组织的社会主义无产阶级要对自己的金钱、自己的生命和自由拥有发言权。(全场响起喝彩声) 我们说过:"把巴尔干半岛归还给巴尔干人民!"假如巴尔干各族人民成功地把土耳其人赶出欧洲,我们会努力帮助我们在那边的那些英勇反对战争的同志们,在巴尔干半岛建立民主联邦共和国。至于奥地利,如果不实行民主主义,它将落得和欧洲土耳其同样的命运。无论如何,我们都不需要战争,我们需要的是社会改革。为了争取社会改革,我们将献出全部精力和力量。我们不是在威胁,而是提醒权贵们要注意了。因为创造一切财富的无产阶级也可以让财源枯竭。我们要拿着人们交给我们的武器,上前线去战斗——哪里需要就到哪里去。不过,我们将为自由、人民福祉和社会民主主义的胜利而战!(全场响起经久不息的掌声)

鲁巴诺维奇(巴黎)转达了俄国无产阶级的问候。并表示,能够在一个对沙皇专制制度的受害者如此好客的国家发言,他感到非常高兴。国际在今天集会,就是要以实际行动来反对战争,也必然要反对俄国沙皇的统治。沙皇政府是文明的头号敌人,而那个占据俄国皇位的白痴低能儿正处在一个阻碍各国人民文明进步的制度的顶端。长期以来,沙皇政府所从事的一桩桩虚伪勾当已经暴露出,沙皇政府是当今沙文主义思想的代理人之一。离开阴谋、抢劫和对本国人民的奴役,沙皇政府就难以为继,沙皇政府只能以此为生。(有人喊道:"千真万确。")在巴尔干事件中,正是沙皇政府在极短的时间内,命令绞死了4000名自由战士,而且还关押着12000人,而这些人只不过是提出了我们的要求,即生存权和言论自由。正是沙皇政府想要充当秩序创建者的角色,而它本身却已经腐朽不堪了。但是,在俄国,有一支伟大的和平主义力量,那就是无产阶级——特别能吃苦、特别能战斗、面对起义毫不退缩的无产阶级。无产阶级和全世界的工人阶级观点一致,无产阶级要对俄国人民说:"看看资本主义的后果吧!看看吧,如果阔佬和权贵继续统治下去,如果人民阶级不夺取他们手中的权力,结果将会怎样。巴尔干半岛就是很好的例证。"在1905年,俄国无产阶级已经证明,俄国无产阶级愿意——也能够——为他们的事业——亦即国际的事业——而奋斗。假如历史形势明天再一次要求俄国无产阶级参加战斗,俄国无产阶级仍然会勇敢地冲向敌人,并大吼道:向战争宣战!打倒沙皇统治!国际团结万岁!(全场响起经久不息的掌声)

布欣格尔(布达佩斯)带来一个——渴望获得战利品的——帝国主义和资本主义马上要将其人民送进屠宰场的国家的无产阶级的问候。匈牙利无产阶级实在没有兴趣充当这个角色。匈牙利无产阶级反对战争、反对资本主义。匈牙利人民没有兴趣任人宰割,去尽可能地为一个从政治上、经济上奴役他们的国家开疆拓土。应该补充一点的是,匈牙利的非匈牙利民族遭到了政府集团最粗暴的压迫,而正是他们要去和境外的同门兄弟打仗。我们要竭尽全力地反对战争,反对屠杀人民,反对威胁我们的资本主义灾害。我们要对奥匈帝国的统治者们说,他们最好不要介入巴尔干半岛。他们最好看管好他们所拥有的一切,并最终在奥匈帝国创造有利的社会条件,让各族人民能够过上比现在更有尊严的生活。但是,假如我们的抗议和警告是徒劳无功的,当面对有人想让既贫困又没有权利的被压迫人民去施暴、而被压迫人民以其人之道还治其人之身时,不可避免的事情就会发生。至于我们这些匈牙利社会民主党人,我们要做的是,当全国的社会民主主义劳动者怀着革命感情去以其人之道还治其人之身时,我们要确保他们的行为能够恰如其分。(全场响起经久不息的掌声)

科拉莱斯(马德里)本来希望老战士帕布洛·伊格列西亚斯来发表讲话,但是他有事没能来。演讲人科拉莱斯带来了西班牙无产阶级的问候。西班牙无产阶级支持国际,并且已经证明,西班牙无产阶级懂得如何在议会开展斗争,如何在大街上、在街垒上进行战斗。西班牙无产阶级支持反抗资本主义的斗争,支持社会主义必将胜利的国际信念。

（全场响起掌声）

卡尔斯基（克拉科夫）：当前，对战争趋之若鹜的行为是极其荒唐的事情。人们不禁要问，考虑到一旦爆发冲突所带来的可怕后果，统治阶级想要让欧洲遭受这样的暴行是不是疯了。统治阶级明白，战争必将引发革命，而革命将导致他们的灭亡。尽管如此，他们依然要为战争推波助澜。因为整个资本主义经济要实现更大的发展，只能依靠不断的掠夺。一想到战争可能在俄国和奥地利之间爆发，我不由得为我国的命运而战栗——因为敌方军队将在波兰发生遭遇战。穿着德国军服、俄国军服和奥地利军服的波兰人不得不自相残杀。在这种情况下会发生什么，我们非常清楚。这将是波兰和俄国革命的信号，或许是全欧洲革命的信号。"向战争宣战"，坚持到底。但是，假如有必要，那就结束这一可耻的制度。在这场斗争中，我们所有人都要团结一致。（全场响起掌声）

蒙蒂菲奥里女士（伦敦）向大会表达了英国、奥地利和新西兰社会民主党的团结之情。她认为，在反战斗争中，只有一个办法可以实现目标：那就是大罢工。她介绍了帝国主义和军国主义如何统治英国殖民地，殖民地人民如何被奴役，以及反抗无耻压迫的日子和资本主义统治行将结束的日子如何就要到来的情况。

维蒂希（乌克兰）：今天的盛大示威活动将是给所有领袖们的严正警告。我们不需要战争！听不进这些话的统治者活该倒霉。今天，有一个所有人都要弯腰低头的新统治者，那就是劳动人民。我代表乌克兰人民在他的面前讲话。乌克兰一共有3000万人口，300年来一直遭受历代俄国沙皇的压迫。乌克兰人民甚至被禁止使用母语，否则就要被流放到西伯利亚。所以，我们完全有理由指控沙皇政府，要它把问题交代清楚。正是沙皇政府扰乱了欧洲和平，因为假如不是沙皇政府在背后支持巴尔干半岛的领袖们，他们就不会表现出如此穷兵黩武的热情。我们要向巴尔干半岛各国人民送去最美好的祝愿，但不是给巴尔干半岛的君主——他们不配。因此，我们要大声疾呼："打倒王权"，"巴尔干共和国万岁！"我们建议其他国王不要那样急于参战，因为他们回来时，王冠可能就没有了。他们要么乖乖待着别动，要么互相朝对方开枪——如果他们乐意的话。但是，正在从事文明事业的劳动人民不要去流血。这将是史无前例的，这就是我们之所以要反对战争的原因所在。如果无产阶级发挥力量，战争就不会爆发。（全场响起掌声）

格林（柏林）代表瑞士无产阶级向各位外国代表表示感谢。本次历史性代表大会在瑞士召开，瑞士无产阶级感到非常高兴。我们的军队不是用来征战的军队，而瑞士无产阶级还意识到，瑞士无产阶级应该为维护现有权利和争取所要求的权利而斗争。特别是，我们应该迫使资产阶级尊重长期以来被遗忘的避难权。瑞士社会民主党支持国际的运动。

四号讲台

由昂斯特公民主持。

昂斯特（巴塞尔）：世界无产阶级要向权贵们大声疾呼："停止流血！各国人民希望和平。"他们要完成一项让全人类受益的文明事业。此时此刻，我们在这里集会，是为了研究对策来结束巴尔干战争和阻止战争的全面爆发——因为全面战争会使数百万人陷入灾难。各位外国演讲人将向诸位介绍他们国家的工人阶级关于这个问题的看法。至于我们——我们瑞士人，我们要牢记，我们要继续保持中立，邻国希望多长时间就多长时间。为此，我们要千方百计地帮助我们的外国同志们，阻止他们国家的政府开战，迫使政府把军国主义所耗费的数十亿法郎资金投入到社会公益事业中。

格里戈罗维奇（罗马尼亚）：我所代表的国家靠近战场，对每天剥削我们的资本主义所发动的战争的残酷性有自己的判断。罗马尼亚有被卷入战争的危险。奥地利和俄国最会玩猫腻。而俄国是最反动的国家，奥地利则奴役本国各族人民。600万罗马尼亚人成为名副其实的奴隶。在1907年的农民起义中，有12000人惨遭杀害！但是，如果罗马尼亚军队敢动的话，那么广大农民还会再次揭竿而起。罗马尼亚人民反对一切战争，而且他们已经举行过多次大规模的游行示威活动，来进行抗议。罗马尼亚人民声明，在巴尔干战争中，罗马尼亚要保持中立；罗马尼亚和奥地利毫无共同之处，和俄国也没有任何共同之处；罗马尼亚应该和巴尔干半岛各族人民一起成立联邦共和国。这也是国际的纲领。无产阶级没有任何理由为资本主义统治者卖命。（全场响起掌声）

布克塞格（克罗地亚阿格拉姆[①]）：自从你们的祖先把哈布斯堡家族赶出瑞士以来，哈布斯堡家族极力——甚至不惜诉诸暴力——想把各族人民纳入它的权杖之下。现在，轮到阿尔巴尼亚人来品尝这一快乐了。这一快乐意味着什么，我们——我们这些甚至连宪法都没有的人——再清楚不过了！还有，有人想拿我们当炮灰。但是，如果不是为了我们自己的事业，我们是不会任人宰割的。为了自身利益，资本主义在工场、在战场屠杀我们。巴尔干半岛的基督教徒们本可以不通过战争来实现自身的解放。但是，资本主义列强却认为，这样的解决方案和他们的利益背道而驰。奥地利尤其是罪魁祸首。另外，奥地利还给克罗地亚套上了沉重的恐怖枷锁。假如没有社会主义国际的帮助，今天，我们早就已经被消灭了。虽然我们不知道明天会怎样，但是我们清楚，统治阶级要把人民逼上绝路绝不是徒劳无功的。我们无产阶级队伍还要更加

[①] 即萨格勒布。——编者注

紧密地团结在一起,在必要的时候,发给人民用于打仗的武器可以用来为自由而战!(全场响起掌声)

布里安(布吕恩①):目前,在奥地利各国的资产阶级中出现的沙文主义倾向超出了诸位的一切想象。捷克资产阶级就是其中之一:每当谈到巴尔干半岛斯拉夫人的胜利时,捷克资产阶级总是慷慨激昂。但是,在巴尔干战争中,不仅仅只是巴尔干各国人民实现了国家进步,战争还带来了屠杀、霍乱和大面积贫困。我们社会民主党人之所以要反对战争,是因为战争破坏了文明、进步和人民福祉。我们奥地利人不但要和我们资产阶级的政策作斗争,还要和我们的外交政策作斗争,因为这两项政策在促使奥地利玩火。奥地利很有可能会遭受和土耳其同样的命运。因为造成土耳其灾难的无知、腐败和恶劣现象,在我们当中也存在。奥地利外交界已经向我们说明了干预巴尔干事务的那几项所谓理由。奥地利外交界最好管好奥地利的事情,并最终把奥地利建设成为名副其实的、真实的、有生存能力的国家。至于我们,我们希望和平,我们希望为劳动而生、为组织而生、为子孙后代而生。打倒战争!维护世界和平!(全场响起掌声)

亚历山德拉·柯伦泰(俄国):能够给诸位带来俄国同志们的问候,我感到非常高兴。我向各位保证,俄国的同志们根本没有被反动派打垮,他们正以更大的勇气反对战争。不,在俄国,反动派没有取得胜利;因为今年有100多万人参加了罢工。和你们国家一样,在我们国家,妇女和男人一起工作,一直都相处得十分融洽。她们中有许多人被关进了监狱,或者流放到西伯利亚,或者在断头台上死去。尽管如此,她们一直参加运动,和男人们并肩作战,反抗剥削和沙皇统治。今天,她们也要和各位一道反对战争。打倒国与国之间的战争!被剥削者反抗

---

① 即布尔诺。——译者注

剥削者的战争万岁!(全场响起掌声)

布兰亭(斯德哥尔摩):我代表瑞典的同志们向瑞士劳动者表示问候。在瑞典,和这里及其他各地一样,无产阶级遭到资本主义的剥削。但是,社会主义步步紧随其后,和资本主义作斗争。我们也将饱受军国主义之害:军国主义吞噬了人民的大部分劳动成果,以致几乎无法提高人民群众的社会地位。各位知道,到处都是弱肉强食。在各个国家里也是如此。帝国主义一心想要消灭那些弱小国家。相反,我们则认为,假如弱小国家对文明没有什么大的影响,这样对文明是不利的。最近的历次伟大运动证明,不仅要凭借武器成为最强者,还要享有高度的文明。所以,我们要和各位大声疾呼:"打倒战争!""维护世界和平!"我们清楚,工人阶级还不够强大,还不能实现其意志。但是,我们在前进。例如,在瑞典,我们在下议院有64名议员。而10年前,我们只有4名议员。所以,我们向前进了,人民越来越转向社会主义了。我们要继续夺取政权,去实现社会革命。而要取得成功,就一定要战胜军国主义,实现国家之间的和平。我们和诸位一样,正在积极追求这些目标。我们要千方百计地推动社会民主主义,永远战胜旧势力。本次游行示威活动和本次代表大会必将给欧洲舆论留下深深的印象。权贵们会思忖,这里发生的事情并不是毫无意义的;如果驱使他们的人民自相残杀,其后果令人怀疑。他们会思忖,算总账的日子就要到来了,因为任何东西都无法阻挡社会主义胜利前进的步伐,社会主义思想的胜利必将给各国人民带来和平。(全场响起经久不息的掌声)

昂斯特(巴塞尔)向各位演讲人表示感谢,并表示,希望今天能够为维护世界和平作出贡献。

第二天的会议

（1912年11月25日，星期一）

上午的会议

在上午10点前几分钟，**格罗伊利希**主席宣布会议开始，并发表讲话。讲话内容如下：

"由各位选出主持本次大会的主席团对各位的信任表示感谢，并希望能够胜任工作。我们还打算今天就结束讨论。所以，我们要抓紧时间。为此，大会主席的讲话——按规定是必需的——就长话短说吧：

43年前，我们在巴塞尔召开旧国际第四次代表大会时，《泰晤士报》这样写道：'国际是小躯体，大灵魂。'当时，我们以为，我们很快就会消灭资产阶级社会。但是，对于如何实现这个目标，'大灵魂'里分歧很大。在我们法国的同志们中间，有多少名代表，就有多少种看法。其他国家也差不多是这样。因此，我们费了九牛二虎之力才起草了两项决议——关于土地问题和继承权问题的决议。实际上，我们花了整整一周的时间才完成了起草工作。

新国际很大，会员多达数百万。但是，我们的'灵魂'并没有变小，只是变得更加明白些了。现在，在我们的所有友党中，关于奋斗目标和宣传手段方面的指导方针既明确又统一。在有关准许参加代表大会的规定中，指导方针已经确立。

分歧仅限于单纯的策略方面的问题——在这些问题上，一直存在着不同的理解。今天，我们集会是为了表明立场，反对战争。经过艰苦的工作后，大会主席团和筹备委员会起草了一项决议草案。我希望，本次非常代表大会不要变成演讲俱乐部。只有全体一致地表达出某种强烈的愿望,本次大会才有意义。

我们请大家搁置分歧,求同存异,只探讨社会主义国际的大政方针。我们的决议会尊重世界各国的自由,不会强迫任何一个国家采取某些既定的措施。(全场响起掌声)

请允许我代表本次代表大会,谨向巴塞尔政府委员会表示感谢。感谢巴塞尔政府委员会昨天向我们发来贺词,尽管政府委员会只有两名社会党委员——布洛歇尔同志和武尔施勒格尔同志。同时我也要感谢教区委员会,昨天把教堂提供给我们,用于举行示威活动。"(全场响起掌声)

国际局书记胡斯曼通告了各国代表的最终名单①,以及向代表大会发来的电报和函件②。

接着,大会进入议程。

饶勒斯首先就大会议题讲话。列入大会议程的唯一议题是:

国际局势和商定采取反对战争的统一行动

饶勒斯:我要向各位介绍国际局经过认真研究后全体通过的决议案,请各位予以批准。

决议案内容如下:

宣 言

"国际在斯图加特和哥本哈根两次代表大会上业已对各国无产阶级反对战争的行动准则作出规定,即:

---

① 参见报告后面的详细名单。
② 同上。

只要存在着战争的威胁,各有关国家的工人阶级及其在议会中的代表就有责任在社会党国际局——这一行动力量和协调力量——的帮助下,各尽所能,以便利用他们认为最有效的手段来阻止战争的爆发,这些手段自然是根据阶级斗争的尖锐化程度和一般政治形势的尖锐化程度的不同而改变。

如果战争仍然爆发了的话,他们的责任就是进行调解,迅速结束战争,并尽力利用战争引起的经济危机和政治危机来唤醒最底层人民,加速资本主义的统治的崩溃。

近期发生的种种事件比任何时候都更加要求国际无产阶级履行自己的责任,竭尽全力进行步调一致的行动。一方面,普遍的、疯狂的军备竞赛,使本来已经上涨的生活必需品价格进一步上涨,从而使阶级矛盾更加尖锐,工人处于忍无可忍的境地。他们希望终结这一制造不安和浪费的制度。另一方面,一直在反复出现的战争危险,日益激起人民的愤怒。欧洲各大国人民经常濒临自相残杀的境地,而这种违背人性和理性的行为,丝毫也不能用国家的利益来作其正当理由。现在已经造成巨大灾难的巴尔干危机,一旦继续蔓延,势必成为对文明和无产阶级的最可怕的危险。同时,巴尔干危机可能成为世界历史上最大的丑闻,因为它所带来的灾难之深重,是无法跟它所带来的蝇头小利相比拟的。

因此,大会十分满意地看到,世界各国所有社会主义政党和工会组织在'向战争宣战'的斗争中保持高度一致。世界各地的无产阶级已经同时起来与帝国主义作斗争。国际的每个支部都已经用无产阶级的抵抗来对付本国政府,并发动本国舆论反对一切战争幻想。迄今为止已为挽救备受威胁的世界和平作出了巨大贡献的各国工人,就是这样进行伟大合作的。统治阶级害怕世界大战会引起无产阶级革命,这种恐惧是和平的主要保证。

因此,大会要求各国社会党继续因地制宜、千方百计地大力开展斗争。为了这一共同的斗争,大会为每一个社会党指派了特殊的任务。

巴尔干半岛各国社会党任务艰巨。欧洲列强有计划地推迟一切改革的做法，导致土耳其的经济和政治混乱，激发了各种民族情绪，这些状况必然引起反抗和战争。为了反对各王朝和资产阶级利用这些状况，巴尔干社会党人以非凡的勇气提出了建立民主联邦的要求。大会要求他们坚持这一令人钦佩的立场。同时，大会希望巴尔干社会民主党在战争结束后采取一切措施来阻止巴尔干国家的任何王朝、任何军国主义分子以及任何扩张成性的资产阶级占有和侵吞以如此惊人的牺牲为代价而取得的成果。大会特别要求巴尔干社会党人，不仅要大力制止塞尔维亚、保加利亚、罗马尼亚和希腊人民之间的敌对关系的重现，而且也要大力防止对现时属于另一个阵营的巴尔干民族——土耳其人和阿尔巴尼亚人——进行任何迫害。因此，巴尔干社会党人的责任是，反对任何侵犯巴尔干各族人民的权利的暴行，并号召巴尔干各民族（包括阿尔巴尼亚人、土耳其人和罗马尼亚人）之间建立起友好的关系，与猖狂的民族沙文主义情绪作斗争。

奥地利、匈牙利、克罗地亚、斯拉沃尼亚、波斯尼亚和黑塞哥维那的社会党人的责任是，继续全力采取积极的行动反对多瑙河君主国对塞尔维亚的侵犯。他们的任务是像他们迄今为止所做的那样，反对用武力来掠夺塞尔维亚的战争果实、把塞尔维亚变成奥地利殖民地、为了王朝的利益而使奥匈帝国各民族以及欧洲各国陷入最严重的危险的政策。同样，奥匈社会党人今后将为目前处在哈布斯堡王朝统治下的若干南斯拉夫少数民族争取民主的自治权，即使这些民族仍然在奥匈帝国国内也罢。奥匈帝国社会民主党人，还有意大利社会党人，应该特别注意阿尔巴尼亚问题。大会承认阿尔巴尼亚人民的自治权，但大会绝不希望见到在自治的口实下使阿尔巴尼亚变成奥匈帝国和意大利统治野心的牺牲品。大会认为这不仅会对阿尔巴尼亚本身造成威胁，而且在不久的将来还会给奥匈帝国和意大利之间的和平造成威胁。阿尔巴尼亚只有成为巴尔干民主联邦的自治成员,才能够真正过上独立自主的生活。因此,大会要求奥匈帝国和意大利的社会党人起来反对本国政府把阿尔巴尼亚纳入自己势力范围的任何企图,继续为保持奥匈帝国和意大利之间的和平努力工作。

大会以极为高兴的心情迎接俄国工人的抗议罢工,认为它证明俄国和波兰的无产阶级开始从沙皇反革命的打击中恢复过来了。大会把工人的这次行动看成是反对沙皇政府的罪恶阴谋的强有力的保证,这个把本国各族人民淹没在血泊中并屡次背信弃义地把巴尔干各族人民出卖给他们的敌人的政府,现在一方面害怕战争可能给它带来的后果,另一方面又害怕它亲手造成的民族主义运动,因此犹豫不定。可见,沙皇政府目前所以再次打算把自己打扮成巴尔干各族人民的解放者,只不过是想在假仁假义的幌子下通过流血战争重新取得在巴尔干半岛的统治地位。大会希望日益壮大的俄国、芬兰和波兰城乡无产阶级,撕下沙皇政府的谎言的层层面纱,反对沙皇政府的任何军事冒险和对亚美尼亚或君士坦丁堡的任何进犯,并集中自己的全部力量来进行反对沙皇专制统治的新的解放斗争。沙皇政府是欧洲一切反动势力的希望,是俄国人民最可怕的敌人。国际把推翻沙皇统治视为自己的一个主要任务。

但是,在国际的活动中,德、英、法三国工人阶级所担负的责任最为重大。目前这些国家的劳动者应当要求本国政府不给奥匈帝国和俄国提供任何帮助,不对巴尔干的混乱局面进行任何干涉,并保持绝对中立。如果在人类文明最发达的三大国之间由于塞尔维亚和奥地利争夺一个港口而爆发战争,那将是罪恶的疯狂行为。德国和法国工人决不可能承认任何一个秘密条约所承担的介入巴尔干冲突的义务。

如果土耳其的军事溃败最后会瓦解奥斯曼帝国在小亚细亚的统治,那么英国、法国和德国的社会党人的任务便是要竭尽全力制止在小亚细亚实行必然直接导致世界大战的掠夺政策。大会认为,大不列颠和德意志帝国之间人为保持敌对状态，是欧洲和平的最大威胁。大会欢迎这两个国家的工人阶级为缓和这种对立所作出的努力。它认为，达到这一目的的最佳手段是德国与英国缔结有关限制海军军备和废除海上捕获权①的协定。大会要求英国和德国社会党人为缔结上述协定而加强鼓动。缓和德国与英法之间的敌对状态，将消除对世界和平的最大危险，动摇利用这种敌对状态的沙皇政府的统治，使奥匈帝国进攻塞尔维亚成为不可能，并保障世界和平。因此，国际的一切努力都应以此为目的。

大会认为，整个社会主义国际都一致同意这些对外政策的主要思想。大会要求世界各国劳动者以无产阶级国际团结的威力来反抗资本主义的帝国主义。大会警告一切国家的统治阶级，不许用军事行动来加深资本主义生产方式给群众带来的不幸。大会请求和平，大会要求和平。让各国政府记住，在目前的欧洲局势和工人的情绪下，如果它们发动战争，它们本身也不是没有危险的；让它们回忆一下，法德战争引起巴黎公社革命的爆发，日俄战争激发了俄国人民的革命力量；让它们记得，变本加厉的海陆军军备竞赛所造成的不安情绪，在英国引起了社会冲突，在欧洲大陆引发了异乎寻常的罢工浪潮。

一提到惨绝人寰的战争，就会激起世界各国无产阶级的愤怒和不满。如果各国政府不理解这一点，那它们就是疯子。劳动者认为，为了资本家的利润、王朝的野心或是外交密约而互相残杀是一种犯罪。如果各国政府摈绝一切正常发展的可能，从而迫使无产阶级采取绝望的行动，那么它们将担负自己所引起的危机所造成的后果的全部责任。国际将加倍努力，不断加强宣传工作，更加坚决地提出抗议，以防止战争的爆发。为此，大会委托社会党国际局密切注视事态的发展，在任何情况

---

① 海上捕获权，即私掠权，指在战争期间由国家授权私人驾驶武装民船攻击、俘获和抢劫敌国商船。在16—19世纪，这在西方是一种常见的做法。——编者注

下都必须保持各国无产阶级政党之间的沟通和联系。无产阶级意识到,目前人类的整个未来都依赖于他们。为了防止各民族文明的精英由于大屠杀、饥馑和瘟疫而遭受毁灭,无产阶级将竭尽全力。

因此,大会要求你们——各国无产者和社会党人,在这关键时刻大声疾呼!在一切地方通过一切方式来表达你们的意志。尽一切力量在议会中一致提出你们的抗议,联合起来举行群众性的示威游行和斗争,利用无产阶级组织和力量赋予你们的一切手段,让各国政府无时不看到高度警惕、生气勃勃、热爱和平的工人阶级的意志。因此,让我们以无产阶级的各族人民和平友爱的世界来反抗剥削和屠杀人民的资本主义世界!"

我只补充说一句,主要是为了建议我们的法国同志通过这项决议。这项决议有三个特点。首先,决议制定了国际各政党统一的对外政策。因此,决议所做的是一件积极的事情,它向各国政府表明,假如它们愿意放弃充满自利野心的政策,就可以实行国际大团结的政策。其次,假如考虑到各种各样的可能性,我们的决议没有规定特别的斗争方式,那么任何斗争方式都不会受到排斥。决议向各国政府发出了警告,并明确地请它们注意,它们极易创造革命形势——对,人们所能想象的最革命的形势。(全场响起热烈的掌声)假如真的犯下了闻所未闻的世界大战这一罪行,广大无产者要同心同德,万众一心。统治者们要知道,他们要求广大劳动者牺牲的不光是生命,还有良知。最后,决议认为,我们支部是统一的、有实力的。

公民们,本次代表大会已经成为一个伟大的事件、一个历史事件。大会并不满足于制定整个国际的共同原则,而是要首先阐明我们斗争的必要性和统一性。我们要在议会和群众中继续进行斗争。这就是宣言所表达的意思。因此,我们完成了一项卓有成效的工作,以阻止战争这一

可怕事件的发生。同时，我们证明，无产阶级的利益和整个文明和人类的利益是一致的。（会场内爆发出暴风雨般的掌声）

国际是世界上一切道德力量的代表。一旦我们需要献身的悲壮时刻到来，对于这一真理的觉悟将会支持我们，使我们变得更加坚强。我们时刻准备作出一切牺牲。这不是随便说说的，而是发自我们内心深处的宣言。（会场内一阵骚动，爆发出暴风雨般、经久不息的掌声。）

维克多·阿德勒（维也纳）：社会党国际局委托一个委员会来筹备代表大会和准备大会决议。我们想要对各位说的主要是，国际是统一的，这是根据我们向各位提交的看法而言的。这是一个决定命运的时刻。我们坚信，我们会把这些决议发往世界各地。因此，我要向各位宣读一下我们向各位提出的宣言。

阿德勒宣读了德文版宣言，并补充说：

请允许我补充说两句。大家都看到了，除了当前无产阶级的心愿——渴望和平、憎恶屠杀人民——外，宣言还包含了一个新的内容，它从今以后将成为国际斗争的一部分。今天，国际走得更远，迈出了前所未有的一步。到目前为止，我们一直力图在纲领、各项原则和总的策略准则方面达成一致意见。今天，我们要走得更远，而此时正值不知所措的外交家和荒唐的君主及权贵们驱使各国人民自相残杀并随时可能挑起旷古之灾的关键时刻。此时此刻，我们不禁要问：这个奥匈帝国到底想要什么？它想要，它老是想要，它动员，可是它到底想要什么呢？德国想要什么？俄国想要什么呢？当前，正值大混乱之际，同时也是和平面临最大危险之际，我们向各位进行了有力的总结。我认为——你们也会同意这一点的，我们的总结包含着无产阶级对外政策的丰硕成果。（会场内一片赞许声）这是第一次，而这就是本次代表大会的历史意义所在。我们不只是谴责，我们不只是付出力气，而是清楚、明确地提出全世界的无产阶级政策应当采取什么样的指导路线。更重要的是，

在这个问题上,我们的看法是全体一致的。(会场内爆发出暴风雨般的掌声)

男女公民们!

此时此刻,在我们集会的这个地方,我们都感到了这一时刻沉甸甸的分量。对于迫在眉睫的危险,我们一无所知,也无法估量其危害程度。我担心的是,那些鲁莽轻率、铁石心肠、肆无忌惮地驱使人类进入罪恶疯狂的领袖们也并不比我们更清楚,我们离灾难到底有多远。(有人喊道:"千真万确。")我们所面临的形势,是由资本主义的权力机制和统治阶级的无能自然而然地造成的。这一刻和所有关键时刻及所有关键领域一样,那些统治阶级都证明了,他们在推动经济制度的发展方面是绝对无能的。在我们的宣言里,我们无法为世界各国的劳动者规定在某一个特定日子进行某一项特定行动。世界各地的情况千差万别,我们无法做到这一点。假如我们无法规定什么,我们还是可以向各位大声疾呼:目前,世界各地的无产阶级应当集中力量反对军国主义,利用每个国家所掌握的一切手段来和军国主义作斗争。(会场内爆发出暴风雨般的掌声)

我们无比自豪地昂起头,因为我们意识到,目前,人类的未来不仅仅落在无产阶级身上——正如宣言中所提到的那样,我们也是文明宝藏的守护者。这些文明宝藏是经过无数代人的大量劳动积累起来的,而它们正在遭受罪恶战争的威胁。(有人喊道:"千真万确。")世界大战将造成难以估量、前所未有的破坏。人们不仅要哀悼死者、家庭的不幸和整个经济生活的大动荡,而且我们整个知识界和文化界都有可能遭到暴力、粗暴、野蛮和罪恶的破坏。因此,请大家全体通过宣言吧。要表达每个心愿和每个思想肯定是相当困难的。因为关于同样的问题,个人的观点是不可能完整全面和正确无误的。因此,对于宣言,请大家给以应有的宽容,但同时可以大声地说:"对,这就是我们想要的,我们要为

之奋斗！"（会场内爆发出暴风雨般的掌声）

在离开讲台之前，我还要履行一项义务。可惜，我们讨论的时间不可能很长，尽管我们有很多心里话要说，有很多话要说。任何一个派代表到这里的国家当然都有权利和义务为反战而大声疾呼，而在我们的代表大会召开之际，我们脚下的土地在燃烧。因为我们要处理的事情不仅在这里，而是首先在我们的家园。（会场内一片赞许声）

因此，以奥地利的德意志同志们的名义，我可以向大家声明，我代表他们赞成这个宣言。捷克的中央派人士、意大利人、鲁提尼人和奥地利的罗马尼亚人授权我做出同样的声明。匈牙利、克罗地亚、波斯尼亚和黑塞哥维那的社会民主主义政党也委托我说，他们完全赞成宣言的思想、内容和措辞。（全场响起热烈的掌声）现在，请大家投票批准这个决议吧。然后，注意并行动起来吧。未来的日子将是令人焦心、异常艰难的，我们还没有经历过这样艰难的日子。请大家投票通过宣言吧。你们是在为国际和全世界无产阶级做好事。（全场响起阵阵经久不息的掌声）

基尔·哈第（伦敦）概述了英文版宣言。他表示，无产阶级已经成长壮大，有力量制止战争；但是假如战争爆发，战争必将引发社会革命。

接下来的讨论推迟到下午两点半进行。

下午的会议

下午3点前，**格罗伊利希**主席宣布开会。

在工作的日程安排方面，他指出，根据历次国际代表大会所形成的惯例，原始草案经过委员会的审批后才能付诸讨论。因此，他提议，今天不受理这此类决议了。

大会表示一致赞成。

奥地利的波兰人表示赞成阿德勒的声明，不再发言了。（会场内响起赞许声）

第一位发言人是**哈阿兹**（柏林），他说：

以德国代表团的名义，我声明，我们赞成提交给代表大会的宣言。（全场响起掌声）

在这个命运攸关的时刻，我会更加清楚地介绍我们在对外政策问题上的态度。对此，各位不用担心。在巴塞尔，全世界无产阶级已经鲜明地表现出坚定不移的态度。我们完全可以相信，这种坚定不移的态度在人们期望其表现出来的情况下也不会改变。最近，你们当中从国外来到我们德国的人将不会不承认，德国社会民主党和德国各工会已经怀着满腔热情，组织了数次大规模和平示威活动。难道我们要卷入手足相残的战争吗？德国无产阶级已经深恶痛绝地摒弃了这样的想法。德国无产阶级认为，他们最为迫切的任务就是要，始终在人民大众中间加强宣传和平思想与维护和平的坚定决心。为了弄清塞尔维亚是否可以拥有一个港口，或者通往该港口的走廊，或者通往亚得里亚海的窗户而爆发惨无人道的世界大战，难道这样的设想不是太滑稽可笑了吗？

挑起这样的战争实乃荒唐之举。而且可能更糟：这将成为丑闻，成为难以补赎的反人类罪行。这就是德国无产阶级和全世界无产者的共同信念。和我们奥匈帝国的兄弟们一样，我们认为，德国政府有责任毅然决然地向奥匈帝国政府呼吁，不要再在这条路上继续走下去了。在这个方面，我们没有给德国政府留下任何疑问。我们马上会在国会向德国政府明确声明，任何同盟条约都不能强迫德国人民，让哪怕是一名无产者去为某些集团的征服欲和对荣耀的渴望而流血牺牲。（会场内爆发出暴风雨般的掌声）但是，我们也要监视沙皇政府的罪恶阴谋：不论是现在还是从前，沙皇政府都随时准备背叛巴尔干各国人民，并攫取利润。但是，假如英国和德国不保持"冷漠"，腐败的沙皇政府就不会胆大包天地推行其征服政策；它前不久在蒙古的表现就是这样。（有人喊道："千真万确。"）

在这里，我们要一如既往地声明，德国无产阶级对英国人民没有任何敌意。（会场内响起一致赞许声）今后，我们也要为英德两国实现和解而努力。我们要本着这个精神，努力维护和平与文明进步。（全场响起喝彩声）假如我们在每个国家都履行了职责，在工人国际的团结号角下，我们要重新努力，千方百计地激励英国、德国和法国的无产者。（会场内爆发出暴风雨般的掌声）毫无疑问，英国、法国和德国要是能签订三国协定，此乃文明和人类进步的最强有力后盾。德国、法国和英国能够和睦相处也是和平的最坚实保障。而实现三国之和睦相处，我们将永远视此为我们最崇高的职责。这就是我们——还有各位——同心同德，不断顽强追求的目标。假如我们未能阻止战争爆发，战争的一切后果都将由那些大屠杀——这个世界上空前绝后的大屠杀——的阴谋策划者来承担。不管统治者怎样做，事情最终都将对正在崛起的阶级有利，对社会民主主义有利。因为未来属于社会民主主义。我们个人认为，未来不应该建立在血海和暴行的基础之上。因此，凭借我们的手段和政治及工会组织使得我们能够运用的方法，我们要竭尽全力地保障我们大家都希望保障的东西，那就是：世界和平和我们的未来。（会场内爆发出暴风雨般的掌声）

苏古普（布拉格）：我以奥地利捷克斯拉夫社会民主工党的名义声明，在奥地利，在一个危险地区，在欧洲生活的中心，在这个对奥地利命运攸关的时刻，我们完全清楚自己所肩负的重担。

这个二元君主国离巴尔干火山仅咫尺之遥。这个二元君主国本身就是一座火山，它面临着一系列悬而未决的政治问题和经济问题。这是一个十个国家的结合体，同时也是欧洲通往亚洲的门户。这个君主国当然没有——这是从它的自身利益出发的——比充当欧洲和平捍卫者更崇高的使命要履行。这个二元君主国只想通过战争赢得什么,而它通过战争什么都没有得到。它反而要失去什么了。可惜的是,自孔格拉茨和索尔费里诺战役以来,这个二元君主国忘掉了所有这一切,什么教训也没有从中学到。奥匈帝国的外交显得无力通过和平交换经济产品和文化产品来征服巴尔干人民。它向阿尔巴尼亚输出神父,向波斯尼亚输出士兵,却失去了巴尔干市场。军费开支亘古未闻,公共债务高达数十亿,帝国、各国和各乡镇财政赤字挥之不去,学校和人道主义机构匮乏,经济危机频繁,还有饥荒和失业,这就是奥匈帝国外交对外政策的唯一成果。最近,奥匈帝国吞并了波斯尼亚和黑塞哥维那,从而为巴尔干半岛的悲剧上演打开了大门,使得战争这一慢性危险演变成了全欧洲的急性危险。如今,奥匈帝国的外交已经处于欧洲阴谋的前台。

此时此刻,对于我们国家所作各项决定的严重性,我们不得而知。在我们回国之前,什么在等待着我们,我们也无从知晓。但是,假如奥地利统治阶级的世袭荒唐和帝国主义罪恶持续下去,假如——正如我们所担心的那样——奥地利的战争党在亚得里亚海港口问题上重新占据上风,假如战争的号角吹响,假如巴尔干半岛的战火蔓延到奥地利并从那儿蔓延到整个欧洲,我们要以成千上万捷克组织起来的劳动者的名义声明:在不久前,在俄国革命的帮助下,奥地利无产阶级已经在伟大的历史性斗争中获得了普遍、平等、秘密和直接的选举权,从而在奥地利完成了最深刻的国内革命。现在,我们要在奥地利完成一项平静的文明工作,使奥地利进入文明国家的行列。但是,假如我们无法完成这项工作,全体捷克无产阶级将会千方百计、竭尽全力、全心全意、不遗余力地和全体奥地利无产阶级并肩作战(全场响起喝彩声),以使奥地利社会民主党毅然决然地冲向敌人,并高呼:打倒战争!实现巴尔干各国人民的和平与自由,实现奥地利各族人民的和平与自由,为社会革命打通

道路，向着欧洲合众国前进！工人国际万岁！文明万岁！人类万岁！（全场反复响起经久不息的掌声）

特鲁尔斯特拉（阿姆斯特丹）（受到欢呼致意）：根据授权，我声明，瑞典、挪威、丹麦、芬兰、比利时、卢森堡、瑞士和荷兰的社会民主党赞成宣言。（全场响起喝彩声）在这个伟大的历史时刻，欧洲各小国也应当奔走呼号，让人们看到，面对战争和军国主义，它们正处于何种特殊的境地。我代表各小国发言。在各小国中，也有芬兰。我提起芬兰，同时也意味着向刽子手俄国沙皇对芬兰人民的压迫提出强烈抗议。（全场响起热烈的掌声）正如在大工业面前小工业被置于不利境地那样，资本主义和技术的发展在军国主义领域的竞争方面也给各小国带来了灾难性的后果。目前，种种迹象表明，各小国的反动派将以巴尔干半岛各小国反抗土耳其这一大国的斗争为借口，要求在我们本国实行军国主义政策。已经有人这样说："你们这些社会主义者，口口声声说在小国实行军国主义政策有多么鲁莽轻率和不明智，因为永远不可能取得胜利。现在，你们自己看看，你们看看，在巴尔干半岛却取得了胜利。但愿巴尔干战争能给你们一个教训。"我们应当这样来驳斥这样的观点：欧洲东部和东南部地区还没有现代组织；而且，在西欧列强或者俄国想要对各小国有所动作的情况下，各国人民和农民军打败分崩离析、支离破碎的土耳其所取得的成果毫无意义可言。在反抗本国军国主义的斗争中，我们不要因为巴尔干半岛各国人民所取得的成果而误入歧途。（全场响起掌声）各小国都看到，它们能否保持自治，要取决于欧洲列强的利益对抗。这也是各小国的难题所在，因为假如诸列强想要并且能够串通一气，它们也能决定各小国的命运。这也是北欧和西欧各小国为什么会间接遭到——我们所抗议的——迫在眉睫的大战沉重打击的原因。

可以肯定，目前，国际政策的关键就在于英国和德国两国政府的敌对状态。比利时人和荷兰人坚信，如果欧洲战争爆发，如果英国和德国开战，他们的国家将成为战场。斯堪的纳维亚各国人民也知道，一旦战争爆发，他们会受到俄国的威胁。因为如果说俄国想要打一场大战，那它就得提出对斯堪的纳维亚的领土要求。因此，中立问题会使各小国的统治阶级和政府不断增加军费开支，从而使我们不堪重负。和各大国一样，在我们国家，不断增加的军费开支也变得越来越难以承受了。考虑到近几年在瑞士所发生的一切，谁要是认为常备军和民兵的区别问题在这里有影响，那他肯定要彻底失望了。（有人喊道："千真万确。"）不管是常备军还是民兵，军费开支一直都在增加。增加一万人或者两万人，制造大型装甲舰，还有各大国争相效仿的巨额军费开支，都无法保障各小国的自治。而有一种思想应当深入到各国人民的心中，那就是：践踏——历史性的、取决于经济基础的——小国自治权就是对整个文明的践踏。只有这一思想才能保障各小国的自治。（会场内爆发出暴风雨般的掌声）只有在我们的文明程度中，才能找到我们生存的保障。因此，我们一直以文明诉求反对统治阶级的军国主义诉求。（全场响起喝彩声）看一看自由的瑞士、我们脚下的这片土地，看一看像丹麦这样的小国所做的文明工作、美丽工作、人道主义工作和社会工作，看一看比利时和荷兰的艺术、科学和文明，就可以证明，我们不需要很大的国土，就可以成为一个伟大而文明的民族。（全场响起欢呼声）

当我们与军国主义要求作斗争时，我们参阅了伦敦社会党代表大会的决议——在此项决议中，国际无产阶级为世界各国宣告了自主权。我们也参考了倍倍尔若干年前在德意志帝国国会所说的话：统治阶级不应当认为，不管哪一场战争，德国无产阶级都要参加。我们还请教了我们在法国议会的强大论战者，我们尊敬的饶勒斯同志——和平的伟大捍卫者。他用豁达的社会思想填平了资产阶级在两国之间挖掘的鸿沟！

我们要让我们的朋友和敌人明白：工人国际的成长壮大才是各小国保持民族自治的最可靠保障。（会场内爆发出暴风雨般的掌声）

这并不意味着，边境线一旦确定，就永久不变了。假如巴尔干半岛各国人民改变了边境线，他们这样做是有利于欧洲经济的发展的。今后，边境线还会变更，而我们这些小国人民，我们这些社会党人，我们所关心的是，不要通过杀戮和战争来完成变更，而是要通过各国人民的意志和自主权来完成。我们要和各位一起反对一切战争。我们请求我们的政府和诸列强政府，假如巴尔干问题可以通过国际代表大会解决——对此我们不抱希望，各小国也能参与其中。

因为不管诸列强有多么贪婪和自私，各小国人民都应帮助巴尔干半岛的兄弟们取得他们以血的代价、为了进步而争取的一切。

假如世界大战爆发，各小国的无产阶级也会履行职责。各小国的无产阶级将全心全意地遵从国际的一切旨在远离战争的决定。（会场内爆发出暴风雨般的掌声）另外，我们希望，各大国的统治阶级要是号召他们国家无产阶级的子女入伍，以满足他们政府的贪婪和在血泊中、在各小国人民国土上的统治欲，我该说什么呢？在无产阶级父母、阶级斗争和无产阶级报刊的强大影响下，无产阶级的孩子们在投身于反文明的事业之时，在伤害我们这些兄弟和朋友之前，要三思而后行。

离开本次代表大会以后，我们要回到国内进行宣传：这里所做的工作不仅仅是为了无产阶级和人民的和平，也特别关乎各小国的切身利益。我们要为我们的美好文明事业更加努力，我们要一如既往地、一步一步地和军国主义作斗争。（全场响起喝彩声）我们是弱小的国家，但是，国际社会主义的伟大力量与我们同在。因为社会主义远非仅仅是人民的和平，远非仅仅是人民的解放，而是各国人民的生存问题。（会场内响起暴风雨般经久不息的掌声）

蔡特金：我以全世界社会主义妇女的名义，特此声明："为实现目标，我们一直和社会主义国际紧密团结在一起。我们一直把分担你们的全部工作和全部斗争视为我们义不容辞的责任。对此，我们感到很高兴，很荣幸。而此刻，你们要把世界无产阶级引向神圣的反战'十字军东征'，如果说我们很高兴并由衷地加入了你们的事业，那么正是在此时此刻。"

我们加入你们是毫无保留的、尽心尽力的、全心全意的。我们加入你们，正是因为我们是女性，我们是母亲！因为，在历史的长河中，不论社会环境如何变迁，几十万年来，我们女性的任务就是孕育和抚养新生人类。这项任务曾经是我们的负担，同时也是我们的幸福。正是这项任务使我们能够升华到今天的高度。一想起许多生命在现代战争中被成批地毁灭和消灭，我们所经历的一切——作为人类全面进步和文明总理想的个人体现——就会浮现出来，并厌恶地转移开去。所有这些人难道不是母亲孕育的吗？在快乐和痛苦的时刻，难道他们没有体验过母性的忠诚吗？

随着战争的临近，我们憎恶得浑身战栗。我们不禁要问："胆敢进行如此杀戮行为的罪魁祸首到底是谁呢？"

我们仔细寻找着罪魁祸首，我们的目光透过了各个政治事件的表象。在错综复杂的社会现象背后，我们发现，当前，主要的战争贩子——迫在眉睫的世界大战的战争贩子——就是资本主义。

如今，资本主义制度已经成为穷凶极恶的吃人制度。战争只不过是大规模杀戮的放大和延伸而已。在所谓的和平时期和任何时候，资本主义也对无产阶级进行大规模杀戮。在任何一个资本主义制度发达的国家，每年都有数十万人在劳动这个战场上倒下。换句话说，在短时间内，这个人数比任何血腥的战争所吞噬的生命都要多。

而我们妇女，我们自己发现，我们所提供的受害者与日俱增，连我们的公民契约也是用血写成的。但是，我们还发现了其他问题：让各国人民相互厮杀，从而导致令人厌恶、卑鄙无耻的大规模杀戮，这是资本主义大规模剥削贫困人民的罪大恶极、最丧失理智的形式。难道不是劳动群众的儿子在被欺骗、挑唆和蒙蔽后而互相对立、自相残杀吗?！而他们本应该在为争取自由的斗争中成为兄弟、同志。

作为女性和母亲，我们奋起反抗战争这一罪行。我们想到的不仅仅是我们的同胞被砍伤、撕碎的躯体，我们还考虑到被涂炭的生灵——这是战争不可避免的结果。作为母亲，我们在孩子们心中所播种的一切、我们留给他们的人类文明和进步的最宝贵遗产——国际大团结和各国人民亲如一家的博爱意识，在生灵涂炭面前都受到了威胁。这一理想被战争诋毁、玷污和抹杀了。我们就是要坚定不移地和这一切作斗争。在这场斗争中，我们要和你们手挽着手地并肩作战。还有一点，同志们，在反战斗争中，你们丝毫离不开妇女们的帮助。我们会给你们带来未来和胜利。假如作为母亲我们向孩子们反复教育战争有多么可憎，假如从少年时代起我们就让社会主义博爱的情感和意识在他们的心中生根发芽，那么，即使在最危急的时刻，世界上也没有任何力量能够把这一理想从他们的心中拔去并摧毁——这个时代必将到来。到那时，我们的女儿和儿子将不仅仅是我们身体的孩子。因为他们将吸取我们心中最好的养分，他们将作为我们的心灵之子而成长，我们的崇高理想将和他们永存。这就是为什么在最危急和要求作出最重大牺牲的时刻，他们首先会想起他们作为无产者和人类义不容辞责任的原因。这就是他们至高无上的法则。

假如我们要作为女性和母亲奋起反抗大规模屠杀，而我们现在的表现并非如此，那是因为自私和懦弱让我们无法为崇高的目标和理想作出重大牺牲。而在资本主义制度下，我们已经经历过生活的严峻考验，我们已经成为战士。

我们的力量已经成长壮大，可以作出比牺牲生命还要痛苦得多的牺牲。这就是为什么我们看着我们的同胞为自由而战并倒下时表现得很坚强的原因。为争取自由，我们希望人民的女性本着古代传奇母亲的精神,把盾牌交给她们的儿子,并对他们说:"带着它或者倒在它上面!"我们要万分关注这一代人的心智发展。这样,我们的儿子才不会再为了资本主义或者王朝的利益,为了仅仅服务于少数人的利润、统治欲和野心的反文明目标而被迫去屠杀他们的兄弟。

相反,心智的发展会让他们变得坚强而成熟,从而完全自觉自愿地去为争取自由的斗争而献出毕生的精力。

不过,不只是因为我们是母亲、我们筹划着未来的胜利,你们才需要我们。你们也需要我们本人,因为我们是群众的一部分,而群众作为一支力量,应当为你们提供后盾。军备和战争对于成熟的资本主义而言是生死攸关的必需品,资本主义希望通过军备和战争来维持它的统治地位。这正是资本主义不惜动用大量无比强大的手段——科学进步成果、技术奇迹、不计其数的财力、成百上千万的人力等——来服务于战争的原因。为此,假如在大规模群众斗争中也动用一切可动用的强大手段,并动员一切力量,国际无产阶级向战争宣战只会成功不会失败。而要是没有无产阶级妇女参加,超大规模群众运动就无从谈起。无产阶级妇女是群众的组成部分,是半边天。而作为女性,如同平静而默默无闻地从事日常工作那样,我们应当在战斗最艰难和最危急的时刻,发挥我们的智慧和精神价值。同志们,只有当群众要作出最重大的个人牺牲来捍卫我们的理想时,你们才离不开我们的智慧和精神价值所带来的帮助。只有当大部分妇女怀着无比坚定的信念走在"向战争宣战!"这一标语后面时,各国人民才能维护和平。也只有当大部分妇女走在这一标语后面时,和平才会变得不可抗拒。

世界各国的社会主义妇女怀着满腔热情,齐聚在"向战争宣战!"的旗帜周围。她们知道,帝国主义越是成为资本主义国家的主导政策,这一斗争就越会成为无产阶级解放事业的中心和高潮。这一斗争不但可以把群众高度集中起来,而且还会把他们教育得更好。当无产阶级投入到伟大的斗争中时,无产阶级并不是一支可以确定、可以称重和测量的力量。无产阶级的力量在斗争中产生并成长壮大。为此,"向战争宣战!"将成为成长壮大和力量展示的源头活水,必将加速资本主义灭亡时刻的到来。届时,榨干人民、奴役人民和屠杀人民的资本主义将不得不在社会主义面前屈膝投降。正是因为我们在反战斗争中筹划社会主义的胜利,我们妇女才会全心全意地支持这一斗争。对于我们女性,资本主义国家——那些所谓的民族国家——不是真正的祖国;对于无产者来说,更不是。我们应当在社会主义制度中创建我们的祖国。只有社会主义制度才能保障实现人类彻底解放的条件。我们要迫不及待地、满怀激情地大声疾呼:"社会主义统治的时代快点到来吧!"因此,在"向战争宣战!"的斗争中,在冲锋陷阵时,我们要站在最前列。你们的决议越是强调对无产阶级力量的决心和信心,我们就越高兴、越欢迎。而我们进入公共组织这一学校学习,也不是徒劳无益的。所以,假如你们作出了正确而明智的判断,我们与你们同在。假如你们敢作敢为,我们与你们同在。当那一刻到来时,我们必将尽我们所能、把我们的一切都投入到人类和平、自由和幸福的事业中,直到生命的最后一刻。只有牢记下列诗句的含义,我们献身事业的伟大理想才能够实现:

> 如果不敢去冒死亡的危险,
> 就永远得不到生命。

(会场内爆发出暴风雨般、经久不息的掌声)

萨卡索夫(保加利亚)(全场一片欢呼声):假如我不让各位看一看作为战场的国家,我的任务就没有完成。我不想为各位描述各种战争暴行所留下的印记,我想和大家谈谈那些给我们触动很深的战士们。在战前,听说战争非常受欢迎。在大街上和会议上,大家为宣战而欢呼雀跃。可是，我们看到了士兵们脸上的忧伤。没有比征兵的那些日子更让人人心惶惶的了。

在大街上出现的热情——我们都很清楚——是人为的，是表面文章，而不是发自内心深处的。

随军的妇女、老人和青年人并非和从前的尚武国家怀着相同的心态，而是为他们亲人的命运担忧。试想一下，现在，在保加利亚，战争所牵涉到的人数量非常庞大。在400万人当中，有36万人在战场上，还有10万人是服务人员和卫生员。在那里，激情很快就荡然无存了！在议会中，当唯一的社会党人发表我们的反军国主义声明时，他成了多数派狂热情绪的牺牲品。事情的确如此。但是，当看到战争所造成的巨大灾难时，民众并没有跟从多数派。难道不是有那么多妇女在被父亲抛弃的孩子们的陪伴下，泪流满面地找到我，向我诉说她们的悲痛吗？甚至连一些长期盼望战争的军官夫人也和许多其他人一样支持我。一旦人民意识到战争究竟为何物时，变化就在人们的心中发生了。（全场响起热烈的掌声）

难道我们不是对战争束手无策吗？我对各大国的情况不甚了了，无法作出判断。但是，在各小国，我们并没有听凭那些军事统帅的摆布。一支6万人的常备军必须补充30万人的预备役士兵，而在预备役士兵当中，有不支持战争的工人和农民、公民和预备役军官。对于1个常备军士兵，就有6位反对战争的公民。在这样的国家里，我们是能够控制兵营的。因为，枪不在统治者手里，而是在人民的朋友和社会党人手中。（会场内一片赞许声）

宣言使我们向前迈进了一大步。国际有史以来第一次在整个宣言中制定了对外政策。我可以以保加利亚社会党人和塞尔维亚及土耳其（全场响起掌声）的同志们的名义声明，万众一心、同心同德的工人国际赋予我们巴尔干半岛的社会党人莫大的勇气，来以更大的精力继续从事我

们家乡的社会主义工作。因为在我们家乡，在取得胜利以后，民主主义将幻灭，苦难将加深。（全场响起热烈的掌声）

不管千难万险，我们都不会后退一步。每天，我们都要向前推进。只有这样，在大灾大难以后才不会失去一切。我们要让各国人民在文明和社会主义道路上不断前进。（会场内爆发出暴风雨般的掌声）

瓦扬（会场内爆发出暴风雨般、经久不息的掌声，并高呼："巴黎公社万岁！"）：法国支部完全支持代表大会的工作。法国支部对宣言表示一致赞成。

在宣言起草委员会中，所有委员都声明，他们希望宣言能够本着法国全国代表大会各项决议的精神。在这项决议中，我们当中很多人非常看重的一些表述可能会对某些支部产生危险或者不利影响，因而不能出现在宣言中。但是，作为反战的最高手段，总罢工和暴动的思想和意愿都没有被排除。

1905年俄国的暴动式罢工成为革命的理想武器。如今，暴动式罢工又开始了，而且正是通过暴动式罢工才得以挫败沙皇的阴谋诡计和穷兵黩武之举。

但是，某国支部的语言不可能成为国际语言。国际号召各国支部进行反战斗争，并坚信，每个支部都会恪尽职守、竭尽全力、殚精竭虑、千方百计地阻止战争爆发。

法国支部决不会失信于支部历史，也不会失信于支部的革命精神。

今天，国际在代表大会上的讨论结束了，该是付诸行动的时候了。国际将在这一无产阶级群众斗争中恢复元气，并发展壮大。国际所号召的这一无产阶级群众斗争必将会千方百计地防止战争爆发。

但是，假如战争由于统治者和资本家帝国主义的罪行爆发了，那么他们要承担全部责任，他们要对战争的灾难承担责任。而国际将推动无产阶级进行群众斗争并不断发展壮大，抓住一切机会，千方百计地实现和平和发动革命。(会场内掌声雷动,经久不息。)

阿尼尼:继伟大的思想家和社会主义斗争的大师之后,微不足道的社会主义活动分子走上了这个看台。这当然不是纯属巧合,而是一个意味深长的事件。通过各种语言从这个看台发出的抗议也是如此。这证明,社会主义理想一直在发扬光大,已经传播到世界各地,深入人心,统一了数十万人的思想,凝聚了数百万人的人心。

能够把西班牙、葡萄牙和意大利社会党人的反战抗议带到国际的全体会议上,我感到非常自豪。

我们亲爱的帕布洛·伊格列西亚斯同志本来应该代表西班牙来到这里。他被阻止前来参加本次代表大会。在这个看台上,我们向他表示兄弟般的问候。

尽管政治环境困难重重,西班牙社会党人出奇地活跃。尽管面临着各种迫害的危险,他们的政治和工会的宣传工作做得非常出色。正是通过他们的努力,有着数十万有组织工人的劳动者总同盟和拥有9万会员的铁路工人联合会走上了社会党所开辟的道路。

借摩洛哥事件的机会,西班牙的同志们最近表达了他们的反战立场。反战活动在光荣的"巴塞罗那周"中圆满结束。一提到巴塞罗那,我们不禁想起了弗朗西斯科·费雷尔烈士①,那是一个必将载入各国人民史册的时代。

在这里,我也以葡萄牙社会党人的名义,表明反战的严正立场。葡萄牙的同志们参加国际代表大会还是第一次。这是一个小群体,都是既勇敢又热情的同志,负责群众的社会主义宣传工作。他们的人民已经取

---

① 弗朗西斯科·费雷尔(1859—1909),西班牙政论家和教育家、启蒙主义者,1909年7月被捕,后被当局以参加解放运动和巴塞罗那起义的罪名判处死刑。——编者注

得政治自由。我们祝愿他们的工作能够引导他们的人民逐步争取经济上的自由。

最后,我要补充的是,意大利社会党人也支持国际的反战立场。如同西班牙的同志们那样,前不久,我们也刚刚面临着一场殖民冒险——一场由民族主义者预谋和激发、罗马银行所希望的殖民冒险。公众舆论被误导、愚弄和欺诈。只有社会党通过集会、报刊、议会演说和总罢工来严正地反对战争。我们的抵抗是徒劳的,因为我们的力量还不够强大。但是,我们履行了我们的职责。未来会证明,只有我们社会党人才捍卫了人类文明的最高利益。

假如战争的危险再次出现,我们依然会竭尽全力,以使无产阶级和全人类免遭战争所带来的伤害和屈辱。这是我以意大利社会党人的名义所作的承诺。

打倒战争!社会主义国际万岁!(会场内掌声雷动)

该演讲由公民**安热利卡·巴拉巴诺娃**(女)翻译成德语、法语和英语。大会向她欢呼致意。

格罗伊利希主席:俄国代表团和波兰代表团全体声明赞成宣言,不再发言了。

各国支部主席都发了言。那我们就投票表决吧。这才是最重要的。

全体代表起立,举手表示赞成。会场内座无虚席,场面非常壮观。代表们唱起了《国际歌》。大会上充满着热情洋溢的气氛。

格罗伊利希主席:各位怀着满腔热情,全体通过了宣言。因此,各位接受了宣言给我们大家所指定的各项任务。第一项任务是,根据我们的组织和力量,我们要千方百计地阻止欧洲爆发大规模屠杀。(会场内爆发出暴风雨般的掌声)

公民们,我们还有两个议题要审议。在我们的公开会议期间,在关于领土收复要求的问题上,意大利和瑞士代表已经达成共识。领土收复要求是在最近提出来的，主张把瑞士讲意大利语的地区合并到意大利——意大利在的黎波里还嫌不够麻烦。我们的同志很快就一致认为，这是军事方面的投机，目的是为了散布不安情绪，并由此唤起对更高的军国主义要求的认同感。在意大利人民当中，这种领土收复主义没有任何基础。瑞士讲意大利语的地区不需要解放，那里有自治政府和自治的政府部门。（会场内响起掌声）

关于这次会议的报告是这样写的：

"星期日晚，国际巴塞尔社会党非常代表大会的意大利和瑞士代表召开了特别会议。他们讨论了由报纸上刊登的各种沙文主义言论所引起的关于意大利和瑞士两国关系的论战，以及这一论战所制造的不安情绪，特别是在瑞士。因为在瑞士，有一场旨在实现意大利对泰辛州①吞并的领土收复运动。在对形势进行深入考察以后，两国代表确信，这种紧张气氛是由某些当事人人为制造的因素所造成的。旨在把泰辛州并入意大利版图的所谓领土收复运动并非意大利人民心中根深蒂固的想法。出现这样的思想，很明显是为所谓的军备需要正名。为了争取防御工事的经费，这一思想到处被用来激发某些部门的热情，而要是没有这一人为的兴奋剂，这些部门是很难在这个问题上有冲动行为的。两国代表一致谴责此类行径，他们一定要利用他们政党的影响力，为意大利和瑞士人民提供必要的澄清。"

公民们！正当我们在这里开会的时候，美国司法机关传唤了两名同志，他们有可能成为一起冤假错案的牺牲品。焦万尼蒂和埃托尔被指控犯有谋杀罪：不是因为他们杀害了一名妇女，也不是因为这名妇女被杀害时他们正好在犯罪现场，而是因为他们带头进行了一场可怜的纺织工人罢工，而在罢工期间，警察枪杀了这名妇女。（会场内爆发出暴风雨

---

① 即提契诺州。——编者注

般的斥责声、呐喊声）针对这一丑恶罪行，社会党国际局已经发出抗议书。由于今天要开庭审判，我们以代表大会的名义，向陪审团和法庭发去了一份电报。我认为，本次代表大会会一致支持抗议活动的。（会场内一片赞许声）

公民们！我们认为，我们一致严正抗议俄国沙皇政府的暴行是自然而然的事，不需要为此专门表决通过一项决议。（会场内爆发出暴风雨般的掌声）

另外，同志们，昨天，在和平游行示威活动期间，传来一个令人悲痛的消息：在法国，在一起瓦斯爆炸中，有24名矿工遇难。（代表们全体起立）让我们向这些劳动英雄致敬。无产阶级的劳动犹如战场一般。每年都有成千上万的受害者，这是资本家向工人阶级索要的。而工人阶级正是在这些牺牲中汲取在实现无产阶级解放的伟大战斗中有朝一日甘冒生命危险所需要的勇气。（会场内爆发出暴风雨般的掌声）

男女公民们！昨天，正当我们为了和平不遗余力地进行游行示威时，我们英勇的布达佩斯的同志们也在举行游行示威活动。但是，他们没有教堂可以使用，也没有警察为游行队伍开道。相反，在匈牙利，处于统治地位的大贵族和大地主却血腥镇压了和平示威活动。（群情激奋）针对这一无耻暴行，代表大会一致表示愤慨。那些不可一世的乡绅——那些此次暴行的罪魁祸首——早就应该赶下台了。（全场响起经久不息的掌声）

现在，由倍倍尔公民讲话。

在倍倍尔走上看台的过程中，大会鼓掌欢迎，时间长达数分钟。

倍倍尔：亲爱的男女公民们！这次简短但极其重要的会议就要结束了。这是一次充满热情、决心和对我们所献身的事业崇高执着的会议。这次会议必将永远载入国际工人协会的史册。这次会议不仅对我们所有参会人员和委派我们来参会的人而言将永生难忘，而且——我希望——对于那些我们会议首先针对的人——即那些资产阶级各阶层的我们的对手和敌人——来说也将永生难忘。（会场内一片赞许声）我希望，主要是在座的各位，你们会懂得如何评价这次会议的意义，你们会考虑到，当资产阶级世界分裂成敌对的三国同盟和四国同盟时，统一的世界工人联盟——伟大的国际——时刻准备着和一切敌人作斗争。（会场内爆发出暴风雨般的掌声）

但是，恕我冒昧地说一句，假如我们没有在世界各地得到帮助，这次无与伦比的会议根本不可能召开。首先，我想我可以代表各位感谢我们瑞士的同志，特别是巴塞尔的同志们。（会场内发出一致赞许声）他们所承担的艰巨任务和牺牲精神值得高度赞扬，特别是代表大会的筹备时间非常有限。他们圆满完成了任务，大家都感到非常满意。我还要特别感谢政府。公民们，这是国际第一次感谢政府。（会场内哄堂大笑）感谢政府非常客气地欢迎我们以及这些天来对我们的关照。然后，同志们，我要特别感谢教会。（会场内发出赞许声）昨天，教会当局把富丽堂皇的大教堂交给我们使用，在教堂的钟声中接待我们，如同我们是地球上的大人物、主教或者教皇。作为无神论者，我为能够感谢教会当局而倍感欣慰。（会场内发出笑声和掌声）公民们，可惜的是，现在，像这样表现出真正的基督教宽容在基督教国家已经少之又少了。反其道而行之成为基督教国家里看问题的普遍方法，而且，主要是针对我们。我们被视为宗教、婚姻和家庭的大敌，一群想把一切推倒重来的疯子。当然，我坚信，如果基督教救世主今天回来，看看这些为数众多的基督教团体，这些自诩为基督徒而徒有虚名的数亿人，他恐怕不会加入到他们当中去，而是会加入到我们当中来。（会场内爆发出暴风雨般的掌声）

"在地上平安归与他所喜悦的人！"① 在未来数周内，这句话将在基督教教堂的布道坛上宣讲数十万次。但是，说实在的，这才是最大的虚伪。因为同是这些布道者，登上同一个布道坛，去试图激发人民对到处播撒屠杀和蹂躏的战争的热情，可能会获得更大的满足感。（有人喊道："说得太好了。"）我们希望在这里播撒的种子能够结出累累硕果。我们的代表大会主要应该值得我们的对手深思。现在，一想到明天读报时看到德国资产阶级报纸对本次会议会说些什么，我就感到很欣慰。我们在这里说了什么、做了什么，他们不会感到惊讶的。因为他们早就已经预料到了。但是，这一重要名城的政府欢迎我们这个事实会让很多人摇头的，（会场内发出笑声）而教会当局把大教堂交给我们使用，这对他们来说，就如同天要塌下来一样。（会场内哄堂大笑）这样的事从来没有发生过，我们从来都没有见过天塌下来。不止一个人会重复年轻的俾斯麦向瑞士大使所说的话："你们国家是一个野蛮的国家！"（会场内发出笑声）当时，瑞士政府驱逐了一名德国警官沃尔格穆特。沃尔格穆特到瑞士以后，其所作所为如同一个煽动闹事的破坏分子。在写给自以为已经被他收买的人的信中，他写道："现在，你们要竭尽全力地鼓动！"他被驱逐是罪有应得。但是，驱逐一名警察，这在一个文明国家是难以接受的，只有在野蛮国家才会这样做。（会场内发出笑声）我想，假如我们当中大多数人的祖国都是这样的野蛮国家，他们肯定会感到欣慰的。（会场内爆发出暴风雨般的掌声）所以，让我们从巴塞尔带走最美好、最令人感激的回忆吧。在我们离别以前，让我们再一次高呼："工人国际万岁！"（激情洋溢的代表们三呼口号。会场内爆发出暴风雨般、经久不息的掌声。）

---

① 出自《圣经》，《路加福音》第 2 章 14 节，"他所喜悦的人"是一句希伯来成语，意即神美意的对象。——编者注

格罗伊利希主席：代表大会就要闭幕了，我只想补充说两句。昨天，在大教堂，当我们亲爱的饶勒斯同志出色地讲解了席勒《钟之歌》开头的诗句"Vivos voco, mortuos plango, fulgura frango"时，我也打算讲解一个拉丁箴言，乃至——别害怕——天主教弥撒曲中的箴言。在这段弥撒中部，是尼西亚主教会议①制定的《信经》，结尾的一句是："Expecto resurrectionem mortuorum et vitam venturi saeculi"（"我等待着逝者的复活和未来世纪的到来"）。首先，这看起来不过是一个信条。我也这么看，只是在我们伟大的年迈大师约·塞巴斯蒂安·巴赫的 B 小调弥撒中，这句话的深意才得以显现。这句话先是完全出现在传统音乐的调式中，而就在这时，几只小号响起来了，小号的急促音欢快地高呼："Expecto resurrectionem mortuorum"；接着，犹如兴高采烈的呐喊："et vitam venturi saeculi"。当时，我不禁想到，这就是我们的希望所在。那仍然远离我们的、我们的运动像铅球一样拖着的数百万无产者就是即将复活的亡灵。（会场内爆发出暴风雨般的掌声）我们希望，不，我们等待着这些逝者的复活，并在未来过上更好的生活。这才是最重要的目标，我们不畏艰险所要追求的终极目标。这才是我们心中的希望，它对我们说：他们将复活，我们会看到未来的这一美好生活。（会场内爆发出暴风雨般的掌声）

现在，在我们即将离别之际，让我们一起高呼："向战争宣战！向战争宣战！向战争宣战！"② 这就是我们本次代表大会的宗旨。（会场内爆发出暴风雨般的掌声）

---

① 325 年和 787 年，在小亚西亚北部尼西亚城召开了两次世界性主教会议，分别称为第一次和第二次公会议。第一次尼西亚公会议由罗马皇帝君士坦丁一世的宗教顾问主持，主要讨论基督神人二性和三位一体的问题，颁布了《尼西亚信经》，是基督教历史上第一次世界性主教会议。——译者注

② 原文中，这三句口号分别为英语、法语和德语三种语言。——译者注

代表们不停地高呼，并唱起了各国无产阶级的战斗歌曲。最后，大会闭幕，全体代表齐声高唱《德国社会党人进行曲》："人民与我们同在，胜利与我们同在！"

国际巴塞尔非常代表大会代表人数

法国	127
德国	75
波西米亚	70
奥地利	59
瑞士	49
俄国	36
比利时	32
波兰	20
匈牙利	18
英国	13
意大利	11
荷兰	9
丹麦	8
瑞典	8
保加利亚	3
卢森堡	3
挪威	3
克罗地亚	2
西班牙	2
芬兰	2

葡萄牙	2
罗马尼亚	2
波斯尼亚	1
	共计 555

国际巴塞尔非常代表大会代表名单

英国（13）

独立工党代表

1. 詹·基尔·哈第，苏格兰卡姆诺克。
2. 艾伦·多布森，伦敦。
3. 布鲁斯·格莱西尔，利物浦。
4. 查尔斯·魏斯，伦敦。
5. Rév. J. 华莱士，格拉斯哥。

工党代表

6. G.-H. 罗伯茨，诺里奇。
7. 本·特纳，约克郡巴泰。
8. J.-J. 斯蒂芬逊，伦敦。
9. F. 戈德斯通，伦敦。

钢铁工人联合会代表

10. 汤姆·格里菲思，南威尔士尼思。

英国社会党代表

11. 蒙蒂菲奥里女士，伦敦。

12. 丹·欧文，伯恩利。

13. 约·汉特·瓦茨，伦敦。

德国（75）

社会民主党代表

1. 欧根·恩斯特，大柏林。

2. 马克斯·格罗格尔，大柏林。

3. 奥蒂莉·巴德尔，大柏林。

4. 奥托·韦尔斯，勃兰登堡。

5. 爱德华·伯恩施坦，布雷斯劳区卡托维兹。

6. 保罗·陶巴德尔，格尔利茨的朗根比劳。

7. 保罗·巴德尔，马格德堡。

8. 保罗·亨尼希，哈雷。

9. 弗·巴泰尔斯，石勒苏益格—荷尔斯泰因。

10. 约翰·劳，汉诺威。

11. 卡尔·施雷克，东威斯特伐利亚。

12. 弗兰茨·克卢普施，西威斯特伐利亚。

13. 阿道夫·霍夫里希特尔，上莱茵。

14. 卡尔·哈伯兰德，下莱茵。

15. 海尔曼·文德尔，黑森—拿骚。

16. 汉斯·福格尔，北拜仁。

17. 阿道夫·弥勒，南拜仁。

18. 布鲁诺·克尔纳，莱茵普法尔茨。

19. 理查·施米特,德累斯顿。
20. 理查·利平斯基,莱比锡。
21. 马克斯·容尼克尔,开姆尼茨。
22. 海尔曼·鲍威尔,茨维考。
23. 卡尔·弗雷,符腾堡。
24. 安东·盖斯,巴登。
25. 卡尔·乌尔里希,黑森。
26. 泰奥多尔·施瓦茨,吕贝克和梅克伦堡。
27. 埃马努埃尔·武尔姆,图林根和爱尔福特区。
28. 亨利希·波伊斯,安哈尔特。
29. 亨利希·施图贝,汉堡。
30. 古斯塔夫·施滕格勒,汉堡。
31. 阿尔弗雷德·亨克,西威斯特伐利亚。
32. 奥古斯特·维基,阿尔萨斯—洛林。
33. 克拉拉·蔡特金(国际书记)。
34. 卡尔·考茨基(《新时代》)。
35. 卡·希法亭(《前进报》)。
36. 奥古斯特·倍倍尔(党的中央委员会)。
37. 奥托·布劳恩(党的中央委员会)。
38. 海尔曼·弥勒(党的中央委员会)。
39. 路易莎·齐茨(党的中央委员会)。
40. 胡戈·哈阿兹(议会党团)。
41. 爱德华·大卫(议会党团)。
42. 格奥尔格·累德堡(议会党团)。
43. 理查·费舍(议会党团)。

工会代表

44. 亨·加斯纳（面包师）。

45. 弗·佩普洛夫（建筑工人）。

46. F. 胡泽曼（矿工）。

47. 马·埃策耳（啤酒厂工人）。

48. 埃·克洛特（精装书装订工人）。

49. 格·迪尔（屋顶工人）。

50. 奥·布赖（工场工人）。

51. 弗·埃斯科恩（理发徒工）。

52. G. 阿斯曼（市镇工人①）。

53. G. 霍恩（玻璃工）。

54. 埃·艾希霍恩（玻璃装配工）。

55. O. 乌尔班（店员）。

56. 凯泽尔（编辑）（伐木工人代表）。

57. F. 施拉特（制帽工人）。

58. P. 绍佩（铜匠）。

59. 格·德内尔（仓库管理员）。

60. 亨·马勒（制革工人）。

61. O. 西里尔（平版印刷工人）。

62. 阿·托布勒（油漆工）。

63. 弗·舍费尔（机械工人）。

64. A. 施利克（冶金工人）。

65. 魏因希尔德（马具制作工）。

66. A. 魏克尔（裁缝）。

---

① 指市镇机构雇用的工人。——编者注

67. J. 西蒙（制鞋工人）。

68. A. 施陶丁格尔（石匠）。

69. 卡·许布施（纺织工人）。

70. 亚·德隆泽尔（制陶工人）。

71. K. 卡茨勒（运输工人）。

72. H. 施拉德（屋架工人）。

73. 古·鲍威尔（工会总委员会）。

74. 罗·施米特（工会总委员会）。

75. 保罗·翁布赖特（工会总委员会）。

卢森堡（3）

1. J.-P. 普罗布斯特，律师—诉讼代理人，卢森堡。

2. 约·汤姆，律师—诉讼代理人，卢森堡。

3. 罗伯特·莱布弗里德，大学生，施隆德魏勒。

奥地利（59）

1. 维克多·阿德勒（党的中央委员会），维也纳第六区，布吕梅尔街2号。

2. 斐迪南·斯卡雷特（党的中央委员会），维也纳第十四区，泽克斯豪泽尔大街68号。

3. 威廉·埃伦博根（党的中央委员会），维也纳第一区，累德霍夫2号。

4. 莱奥波德·维纳斯基（党的中央委员会），维也纳第三区，托恩街11号。

5. 恩·佩尔讷斯托弗（议员俱乐部），维也纳第八区，长街15号。

6. 奥托·格勒克尔（议员俱乐部），维也纳第十二区，高登斯多夫区47号。

7. 奥斯瓦尔德·希勒布兰德（议员俱乐部），卡尔斯巴德，阿内曼大街。

8. 卡尔·福尔克特（议员俱乐部），维也纳第十六区，克劳斯街30号。

9. 鲁道夫·弥勒（议员俱乐部），维也纳第十区，海尔茨街2a号。

10. 阿尔伯特·塞韦尔（议员俱乐部），维也纳第十六区，克雷特讷尔街29号。

11. 约瑟夫·哈劳普卡（下奥地利政治组织），维也纳第七区，凯泽尔大街96号。

12. 阿尔伯特·胡梅尔（下奥地利政治组织），维也纳第五区，拉姆佩斯托弗街32号。

13. 约翰·珀尔策（下奥地利政治组织代表），维也纳第十区，维兰德广场5号。

14. 阿德尔海德·波普（妇女组织委员会），维也纳第五区，雷希特—维恩蔡勒97号。

15. 阿马丽·珀尔策①（下奥地利政治组织），维也纳第十区，维兰德广场5号。

16. 汉斯·约克尔（西里西亚政治组织），特罗泡②，上环4号。

17. 弗洛里安·格勒格尔（克恩滕政治组织），克拉根福，俾斯麦

---

① 法文版原文为"13. 约翰·珀尔策"，据德文版代表名单更正为"15. 阿马丽·珀尔策"。——编者注

② 即奥帕瓦。——编者注

环道7号。

18. 尤利乌斯·格林瓦尔德（工会委员会代表），维也纳第五区，雷希特—维恩蔡勒97号。

19. 亨利希·贝尔（冶金工人），维也纳第五区，皮尔格拉姆街8号。

20. 弗兰茨·多梅斯（冶金工人），维也纳第五区，科尔街27号。

21. 埃齐奥·基乌西（冶金工人），的里雅斯特，马东妮娜15号。

22. 安东·施拉默尔（化工部门），维也纳第七区，凯泽尔大街15号。

23. 劳伦茨·维德霍尔茨（伐木工人），维也纳第十六区，克劳斯街30号。

24. 卡尔·李希特尔（伐木工人），维也纳第五区，马格雷滕大街112号。

25. 约瑟夫·托姆西克（铁路职工），维也纳第五区，岑塔街5号。

26. 尤利乌斯·齐珀（面包师），维也纳第十五区，马克格拉夫·吕迪格尔大街27号。

27. 斐迪南·哈努什（纺织工人），维也纳第十五区，罗西纳街2号。

28. 弗兰茨·帕特曼（烟草工人），维也纳第十六区，克劳斯街30号。

29. 斯坦尼斯劳斯·马利（运输工人），维也纳第十五区，克雷门丁街11号。

30. 约翰·施米特卡（裁缝），维也纳第六区，科尼希街10号。

31. 亚历山大·德林（黏土工人），维也纳第五区，迪尔街50号。

32. 卡尔·米尔贝格尔（石印工人），维也纳第七区，齐格勒街25号。

33. 卡尔·弗莱米施（制帽工人），维也纳第十八区，特雷奇恩街38号。

34. 罗伯特·丹内贝格（青年近卫军），维也纳第五区，雷希特—维恩蔡勒97号。

35. 弗里德里希·阿德勒（《工人报》），维也纳第五区，雷希特—维恩蔡勒97号。

36. 汉斯·哈默斯托弗（森林伐木工），施泰纳赫施泰尔马克35号。

37. 弗兰茨·佐贝克（熔铸工人），维也纳第十六区，海尔布大街59号。

38. 奎里努斯·科克尔达（批发合作社），维也纳第九区，科林街19号。

39. 格奥尔格·埃默林（维也纳第二区组织），维也纳第五区，雷希特—维恩蔡勒97号。

40. 约瑟夫·德沃拉切克（排字工人），维也纳第七区，齐格勒街25号。

41. 弗兰茨·赖夫弥勒（排字工人），维也纳第七区，齐格勒街25号。

42. 安东·谢弗（波西米亚各工会代表），赖兴贝格，巴恩霍夫大街。

43. 约瑟夫·蓬格拉茨（施泰尔马克州政治组织），格拉茨，舍瑙尔区53号。

44. 威廉·尼斯纳（摩拉维亚州政治组织），布吕恩，弗兰茨·约瑟夫大街24号。

45. 约瑟夫·泽利格（波西米亚政治组织），波西米亚，特普利茨。

46. 马丁·拉波尔蒂（蒂罗尔州政治组织），因斯布鲁克，门特尔街12号。

47. 爱德华·埃特尔（福拉尔贝格州政治组织），多恩比恩，劳赫街30号。

48. 弗兰茨·帕尔姆（瓷器工人），波西米亚，费舍恩。

49. 卡尔·切尔马克（特普利茨区组织），图尔恩，"奥地利"大楼。

50. 安东·亚罗利姆（矿工），图尔恩，"奥地利"大楼。

51. 马克斯·温特（维也纳第九区组织），维也纳第十三区，波维施街3号。

52. 西蒙·维蒂克（鲁塞尼党组织），伦贝格。

53. 卡尔·伦纳（消费合作社中央联合会），维也纳第八区，长街5号。

54. 安焦洛·朗扎（奥地利社会民主党意大利组织），的里雅斯特。

55. 瓦伦蒂诺·皮托尼（奥地利社会民主党意大利组织），的里雅斯特。

56. 埃德蒙多·普埃凯尔（奥地利社会民主党意大利组织），的里雅斯特。

57. 米凯莱·苏斯梅尔（奥地利社会民主党意大利组织），的里雅斯特。

58. 奥古斯特·格菲尔纳（政治组织），列支敦士登。

59. 切赫博士（监察委员会），布吕恩，雷纳街22号。

波西米亚（70）

捷克斯拉夫社会民主工党代表

1. 安东·涅梅茨（中央委员会）。

2. 弗兰茨·苏古普博士(中央委员会)。
3. 安东·布鲁哈(中央委员会)。
4. 约瑟夫·特斯卡(中央委员会)。
5. 约瑟夫·斯蒂温(中央委员会)。
6. 约瑟夫·胡德茨(努斯勒地区组织)。
7. 鲁道夫·亚罗什(捷克斯拉夫工会委员会)。
8. 安东·斯维采尼(斯米措夫地区组织)。
9. 瓦什拉夫·约翰尼斯(制鞋工人工会)。
10. 约瑟夫·希贝什(捷克纺织工人联合会)。
11. 约瑟夫·斯卡拉克(魏恩斯贝格地区组织)。
12. 安东·诺瓦克(党的全国委员会)。
13. 卡雷尔·布罗日克(第五选区)。
14. 玛丽·马耶罗娃-斯蒂温诺娃(布拉格第二地区组织)。
15. 扬·德沃夏克(魏恩斯贝格第五地区组织)。
16. 卢德维克·皮克(皮尔森地区组织)。
17. 弗兰茨·托马舍克(维登地区组织)。
18. B. 雅各布拉(捷克冶金工人联合会)。
19. 卢德维克·奥斯特(克拉德诺地区组织)。
20. 雅罗斯拉夫·施泰斯卡尔(特热比奇地区组织)。
21. 安东·汉普尔(捷克冶金工人联合会)。
22. 约瑟夫·海斯(帝国化学工人联合会)。
23. 安东·克茨(斯米措夫地区组织)。
24. 卡雷尔·金德尔(克拉德诺地区组织)。
25. 雅罗斯拉夫·马雷克(普雷兰地区组织)。
26. 瓦茨拉夫·克桑德尔(市镇、省和全国工人联合会)。
27. 弗兰茨·比诺韦茨(莫尔多瓦河畔克拉卢皮地区组织)。

28. 鲁道夫·贝希涅（第三选区）。

29. 卡雷尔·皮塔克（建筑工人联合会）。

30. 托马斯·赫鲁比（皮尔格拉姆地区组织）。

31. 弗兰茨·斯瓦特克（捷克铁路员工联合会）。

32. 古斯塔夫·哈伯曼（帝国议会捷克社会民主党议员俱乐部）。

33. 约翰·普罗克什（摩拉维亚奥斯特拉地区组织）。

34. 齐克蒙德·维特博士（摩拉维亚奥斯特拉地区组织）。

35. 瓦茨拉夫·克鲁安斯基（捷克伐木工人联合会）。

36. 沃伊塔·扎瓦迪尔（齐尔科夫地区组织）。

37. 弗兰茨·德沃夏克（维登地区组织）。

38. 约瑟夫·考沙（布拉格第七地区组织）。

39. 扬·萨亚尔（精装书装订工人联合会）。

40. 约翰·赖特尔（布拉格第一地区组织）。

41. 约瑟夫·布鲁沙（布兰代斯地区组织）。

42. 斐迪南·帕特克（第七选区）。

43. 扬·菲力平斯基（布兰斯科地区组织）。

44. H. 克利奇卡（普日布拉姆地区组织）。

45. 卡雷尔·瓦涅克（布吕恩地区组织）。

捷克中央派工人党代表

46. 鲁道夫·梅尔塔，布吕恩，塞内菲尔德街20I号。

47. 安东·巴尔卡尔，布吕恩，弗兰茨·约瑟夫大街75号。

48. 埃德蒙·布里安，布吕恩，汝萨街8I号。

49. 彼·钦盖尔，摩拉维亚奥斯特拉，茨维尔马街20号。

50. 约瑟夫·弗洛里安，布吕恩，克雷纳46号。

51. 弗兰茨·格什尔，普罗斯尼茨，彼得堡街22号。

52. 温采尔·科万达，布吕恩，汝萨街22号。
53. 约翰·克雷斯塔，布吕恩，汝萨街8号。
54. 弗兰茨·奥斯特里，奥洛维茨，劳东街29号。
55. 约翰·帕夫利克，布吕恩，汝萨街8号。
56. 约瑟夫·萨韦尔，摩拉维亚奥斯特拉，茨维尔马街20号。
57. 威廉·布罗德茨基，布拉格，克莱茨街914号。
58. 弗兰茨·切尔尼，皮尔森，斯卡南斯基街24号。
59. 格奥尔格·霍尔诺夫，布拉格，皇室魏恩斯贝格4号。
60. 雅罗斯拉夫·克拉特基。
61. 罗伯特·纳德沃尔尼克，布拉格第二区，米斯利克街15号。
62. 弗兰茨·劳滕克兰茨，布拉格第二区，米斯利克街15号。
63. 卡尔·泰滕卡，布拉格第二区，米斯利克街15号。
64. 温采尔·贝绍夫，维也纳第十二区，伊莱克街17号II/8。
65. 约瑟夫·多亚切克，维也纳第十五区，许特尔多夫大街33号。
66. 约瑟夫·多莱扎尔，维也纳第五区，拉姆佩斯特弗街22号。
67. 约瑟夫·普拉谢克，维也纳第五区，卡斯特里街14号。
68. 约翰·斯拉马，维也纳第十二区，沙勒街32号。
69. 维克托·施泰因，维也纳第五区，布来希托尔姆街33号。
70. 弗兰茨·托伊伯，维也纳，海里策尔街4号。

匈牙利—克罗地亚（18 + 2）

匈牙利代表

1. M. 比罗，布达佩斯第八区，孔蒂街4号。
2. W. 柏姆，布达佩斯第七区，鲍罗什17号。
3. 埃·布欣格尔，布达佩斯第八区，孔蒂街4号。

4. F. 多纳特，布达佩斯第七区，登宾斯基街 30 号。
5. B. 费尔纳，布达佩斯第七区，特克伊街 56 号。
6. G. 霍罗维茨，布达佩斯第八区，西卢普西街 1 号。
7. B. 孔代尔，布达佩斯第六区，纳克里路 15 号。
8. A. 多维萨克，布达佩斯第七区，特克伊街 56 号。
9. M. 赖斯，布达佩斯第十区，利盖特尔 2 号。
10. Z. 昆菲，布达佩斯第八区，孔蒂街 4 号。
11. G. 派德尔，布达佩斯第八区，比尔科西什街 1 号。
12. I. 翁察克，布达佩斯第七区，特克伊街 56 号。
13. I. 韦尔特纳，布达佩斯第八区，孔蒂街 4 号。
14. I. 汉德勒，布达佩斯第七区，克雷纳路 68 号。
15. I. 胡伊泰尔弗费，布达佩斯第七区，克雷纳路 68 号。
16. I. 胡鲍伊，布达佩斯第七区，内夫德茨街 15 号。
17. 卡·泰萨尔斯，布达佩斯第七区，特克伊街 56 号。
18. 莱·什捷尔宾茨基，布达佩斯第八区，涅梅特街 16 号。

克罗地亚代表

19. 威廉·布克赛格，伊利卡 55 号，萨格勒布第二区，阿格拉姆。
20. 乔治·德梅特罗维奇。

波斯尼亚—黑塞哥维那（1）

什克雷滕·亚克希奇（《自由之声》），萨拉热窝。

法国（127）

1. 阿尔伯特·托马斯，议员。

2. 安布罗西妮。

3. 安戈尼西。

4. 阿里热内。

5. 埃米尔·奥布里奥。

6. 保罗·奥布里奥,议员。

7. 奥拉尼耶。

8. 拜松。

9. 博纳维亚勒(女)。

10. 博尼奥。

11. 布尔代。

12. 夏尔·布泰。

13. 布吕克雷。

14. Ch. 布吕内利埃。

15. 马塞尔·加香,巴黎市议会议员。

16. 卡梅利纳。

17. 卡普罗尼耶。

18. 谢尼奥。

19. 塞利耶。

20. 克劳德,土伦市市长助理。

21. 克莱维。

22. 孔佩尔-莫雷尔,议员。

23. 孔斯旦,蒙吕松市市长。

24. 科斯特。

25. 德让特,议员。

26. 多尔莫瓦,巴黎市议会议员。

27. 德雷富斯。

28. 路·迪布勒伊。
29. 迪卡鲁热,议员。
30. 迪富尔,议员。
31. 克·杜马,议员。
32. 迪穆兰。
33. 迪蒂隆。
34. 恩格尔弗雷德。
35. 埃朗·普雷沃,议员。
36. 埃夫拉尔。
37. 富尔芒,议员。
38. 弗罗萨尔。
39. 盖。
40. 热利。
41. 日拉。
42. 日拉(女)。
43. 古德,议员。
44. 格拉齐亚尼。
45. 格罗桑。
46. 吉耶维克。
47. 盖罗。
48. 阿蒙。
49. 阿蒙(女)。
50. 埃利耶斯。
51. 古斯塔夫·埃尔韦。
52. 霍伊尔。
53. 于贝尔·鲁热,议员。

54. 若什。
55. 饶勒斯,议员。
56. 恩斯特·拉丰。
57. H. 德拉波特,议员。
58. 劳赫,议员。
59. 洛迪耶。
60. 拉沃,议员。
61. 勒贝。
62. 勒库安特,议员。
63. 加斯东·莱维。
64. 洛坎。
65. 让·龙格。
66. 马耶。
67. 马努斯,议员。
68. 马雷利耶。
69. 奥古斯特·马丁。
70. 曼格,议员。
71. 莫朗日。
72. 马松,布雷斯特市市长。
73. 米尼奥。
74. 埃德加·米约。
75. 米勒,议员。
76. 米斯特拉尔,议员。
77. 莫尼耶。
78. A. 莫里泽。
79. 米伦,议员。

80. 纳迪。

81. 尼古拉,议员。

82. 努韦尔。

83. 保利。

84. 帕芒蒂耶。

85. 帕尔维。

86. 佩索。

87. 佩托。

88. 皮东。

89. E. 普瓦松。

90. 波利。

91. 弗·德普雷桑塞。

92. 拉芬—迪让,议员。

93. 拉马迪埃。

94. Ch. 拉波波特。

95. 雷尼耶。

96. P. 列诺德尔。

97. L. 兰吉耶,议员。

98. 罗贝撒。

99. 马克桑斯·罗尔德。

100. L. 罗兰。

101. 罗瑟兰。

102. G. 鲁阿内,议员。

103. 昂热尔·鲁塞尔(女)。

104. 鲁塞。

105. 萨班,议员。

106. 沙杜尔。

107. 沙杜尔（女）。

108. 塞马纳兹，普雷圣热尔韦市市长。

109. 锡克斯特-凯南，议员。

110. 斯特拉戈。

111. 斯泰纳。

112. 施泰因梅茨。

113. 塔谢。

114. 塔尔布里埃奇（女）。

115. 唐普利耶（女）。

116. 特讷沃。

117. 蒂里奥。

118. 蒂夫里埃，议员。

119. 泰莱。

120. 图尔图卢。

121. 杜山。

122. 于里。

123. 瓦代斯。

124. 瓦扬，议员。

125. A. 瓦雷纳。

126. L. 瓦兰，议员。

127. 维尔姆，议员。

意大利（11）

1. 格雷戈里·阿尼尼，摩德纳。

2. 阿尔曼多·阿斯佩塔蒂,佛罗伦萨。

3. 利维奥·比尼,佛罗伦萨。

4. 卢多维科·达拉贡纳,米兰。

5. 朱泽培·德法尔科,卢加诺。

6. 阿尔切斯特·德拉塞塔,罗马。

7. 多梅尼科·菲奥里托,福贾。

8. 朱泽培·曼蒂卡,雷焦卡拉布里亚。

9. 阿图罗·韦拉,罗马。

10. 维尔吉利奥·韦尔达罗,佛罗伦萨。

11. 安热利卡·巴拉巴诺娃,特尔尼。

西班牙(2)

1. 安东尼奥·法不拉·里瓦斯。
2. 埃米利奥·科拉莱斯。

俄国(36)

社会革命党代表

1. 赫列诺夫。
2. 沃尔肖夫斯基。
3. 库波夫(书记)。
4. 马克西莫夫。
5. 阿夫克森齐耶夫。
6. 阿拉拉茨基。
7. 尼古拉耶夫。

8. 卡托尔加诺夫。

9. 鲁巴诺维奇。

社会民主工党代表

10. 加米涅夫(中央委员会)。

11. 施克洛夫斯基。(中央委员会)。

12. 卡姆斯基① (中央委员会)。

13. 特罗雅诺夫斯基(中央委员会)。

14. 特罗雅诺夫斯卡娅② (中央委员会)。

15. 尤里(中央委员会)。

16. 基塞列夫 [某社会民主党报(孟什维克)]。

17. 阿列克辛斯基 (《前进报》小组)。

18. 匿名。

19. 匿名。

20. 匿名。

21. 匿名。

22. 匿名。

社会民主党支部代表

组织委员会

23. 马丁诺夫。

24. 达恩。

25. 谢姆柯夫斯基。

---

① 即米·费·弗拉基米尔斯基。——编者注

② 即罗兹米罗维奇。——编者注

崩得

26. 利特瓦克。

27. 米哈伊维奇。

28. 匿名。

29. 匿名。

立陶宛社会民主党代表

30. 布劳恩。

31. 梅尔克尔。

乌克兰社会民主联盟代表

32. 本斯雅。

33. 东佐夫。

彼得堡倡议小组（组委会成员组织）代表

34. 戈尔布诺夫。

彼得堡纺织工会代表

35. 柯伦泰。

《社会民主党人日志》代表

36. 亚历山德罗夫。

芬兰（2）

1. 奥·威·库西宁。

2. 库勒沃·曼纳。

波兰（20）

波兰王国和立陶宛社会民主党代表

1. 罗莎·卢森堡。
2. J. 卡尔斯基。

波兰社会民主党代表

3. 海尔曼·迪阿曼德博士（加利西亚），普属波兰社会党和波兰社会民主党。
4. 伊格纳齐·达申斯基（加利西亚），波兰社会民主党。
5. 齐格蒙特·马雷克博士（加利西亚），波兰社会民主党。
6. 海尔曼·利伯曼博士（加利西亚），波兰社会民主党。
7. 约瑟夫·胡德克（加利西亚），波兰社会民主党。
8. 塔杰乌什·雷盖尔（西里西亚），波兰社会民主党。
9. 齐格蒙特·克莱门斯齐维茨（加利西亚），波兰社会民主党。
10. 安杰伊·特勒（加利西亚各工会）。
11. 帕维尔·斯特鲁日（西里西亚各工会）。

波兰社会党代表

12. 扬·塞普，波兰社会党（俄属波兰）。
12.[①] 沃齐米日·维什科夫斯基，波兰社会党（俄属波兰）。

[①] 原文如此。——编者注

波兰社会党（俄属波兰）代表

13. 亚诺夫斯基。
14. 瓦列茨基。
15. 格罗马茨基。
16. 安斯卡。
17. 罗曼诺夫斯基。
18. 科瓦莱夫斯基。
19. 格罗尼克斯茨克。
20. 雷迪维乌斯。

挪威（3）

1. 奥勒·O. 利安。
2. 雅科布·维德内斯。
3. 埃格德·尼森。

瑞典（8）

中央委员会代表

1. 亚尔马·布兰亭，斯德哥尔摩。
2. 弗·斯特伦，斯德哥尔摩。

中央工会代表

3. 海·林德奎斯特，斯德哥尔摩。

北博滕地区政治组织代表

4. 卡·纳·卡尔松，吕勒奥。

尼德尔帕德地区政治组织代表

5. 菲雷·内尔曼，松兹瓦克。

舍嫩地区政治组织代表

6. 贡·勒韦格伦。

斯德哥尔摩地区政治组织和青年联合会代表

7. 塞·霍格伦。

泥瓦工人联合会代表

8. 弗里茨·拉松。

丹麦（8）

中央委员会代表

1. N. 伯格比尔，哥本哈根，法里马格街 49 号。
2. 托·斯陶宁格，哥本哈根，勒麦街 22 号。

工会中央联合会代表

3. N. 卡尔·F. 马森，哥本哈根，法里马格街 49 号。
4. Gl. P. 维特费尔特，哥本哈根，孔格维 1C。

冶金工人联合会代表

5. J. -A. 汉森,哥本哈根,拉斯泰伊路1号。

杂工联合会代表

6. H. -C. 林西,哥本哈根,安德森街14号。

油漆工人联合会代表

7. R. 保尔森,哥本哈根,勒麦街22号。

奥胡斯各党组织中央组织代表

8. M. -C. 法尔克,彼得街46号。

荷兰(9)

社会民主工党代表

1. 彼·耶·特鲁尔斯特拉(社会民主工党),海牙。
2. W. H. 弗利根(社会民主工党),阿姆斯特丹。
3. 弗·马·维博(社会民主工党),阿姆斯特丹。
4. J. U. 沙培尔(社会民主工党),海牙。
5. J. 奎德盖斯特(工会联合会),阿姆斯特丹。

社会民主党代表

7. 戴·怀恩科普,阿姆斯特丹。
8. 万·拉维斯泰因博士,鹿特丹。
9. 赫·哥尔特,比瑟姆。

比利时（32）

1. 亨利·德曼（青年近卫军联合会）。
2. 莱昂·杜邦（"人民之家"合作社，布鲁塞尔）。
3. 马克斯·阿莱（布鲁塞尔工人协会）。
4. 夏尔·沃特斯（工人党瓦勒姆联合会）。
5. A. 德巴克（人民印刷厂合作社，根特）。
6. 亨利·莱昂纳尔（"协和"合作社，鲁镇）。
7. 爱·安塞尔（社会党国际局）。
8. 小弗尔内蒙（顶替科皮泰斯参议员）。
9. 拉封丹，参议员。
10. 索劳（冶金工人联合会）。
11. 让·贝格曼斯（工人党工会委员会）。
12. 尼古拉·苏普利（沙勒罗瓦区社会党人联合会）。
13. 乔治·于班（石料工联合会）。
14. 莱昂·弗尔内蒙（顶替埃·王德威尔得）。
15. 萨米埃尔·多奈（"同盟"合作社，弗莱梅尔-格朗德）。
16. 范德斯米森（工人党总委员会办公室和布鲁塞尔联合会）。
17. 奥·德布内（工人党总委员会办公室）。
18. 路·贝尔特兰德（工人党总委员会办公室）。
19. 约瑟夫·沃特斯（工人党总委员会办公室）。
20. 茹尔·勒克（工人党总委员会办公室）。
21. 约·德雅尔丹（矿工联合会）。
22. 茹尔·卡斯特曼（冶金工人中央联合会）。
23. 约瑟夫·博罗涅（工人党那慕尔联合会）。

24. 费施勒根(工人党根特联合会)。

25. L. 王德尔赫根(工人党根特联合会)。

26. 韦尔卡蒙(社会党日报《前进报》)。

27. 维克多·塞维(合作社联合会)。

28. 克莱因豪斯(德意志工人协会,安特卫普)。

29. 欧·卢梭("进步"合作社,约利蒙)。

30. 弗·加洛潘(工人党列日联合会)。

31. 莱昂·特罗克莱(工人党列日联合会)。

32. 阿尔弗雷多·弗兰左尼(马尔西奈尔团体中央委员会)。

瑞士(49)

1. 奥托·朗格,苏黎世。

2. 约瑟夫·布里克,卢塞恩。

3. 埃斯特费尔德·施努连贝格。

4. 曼茨-舍皮,苏黎世。

5. 亨利·维雷,洛桑。

6. Jul. 赖歇斯贝格博士,伯尔尼。

7. 布鲁诺·施陶德,苏黎世。

8. 罗伯特·格林,伯尔尼。

9. 阿尔格维,卢塞恩。

10. A. 施米德,阿尔高州。

11. A. 格拉贝,拉绍德封。

12. B. 耶吉,巴塞尔。

13. E. 里赛尔,比尔。

14. 让·西格,苏黎世。

15. M. 施米德，圣加伦。
16. 奥·胡格勒，伯尔尼。
17. F. 齐普泽，巴塞尔。
18. E. 朔伊布利，苏黎世。
19. E. 格雷特尔，巴塞尔。
20. M. 保利，洛桑。
21. L. 金策尔，巴塞尔。
22. P. 马克格拉夫，苏黎世。
23. F. 施奈德，苏黎世。
24. W. 施拉德，圣加伦。
25. F. 普拉滕，苏黎世。
26. 马丽·瓦尔特，苏黎世。
27. 比安奇，伯尔尼。
28. R. 科尔布，苏黎世。
29. 伯恩汉德·帕耶。
30. 巴赫曼·瓦尔特。
31. 弗里茨·尼德格尔。
32. Th. 巴赫曼。
33. 伊斯勒·瓦尔特。
34. 埃米尔·洛伊恩贝格尔。
35. 让·席费施泰因。
36. 汉斯·福格尔。
37. 阿尔伯特·格罗伊特尔特。
38. E. 韦尔蒂博士，巴塞尔。
39. E. 武尔施勒格尔，巴塞尔。
40. 罗伯特·宰德尔，苏黎世。

41. 保罗·普夫吕格，苏黎世。
42. 鲁道夫·阿克曼，巴塞尔。
43. 弗里茨·里比，洛桑。
44. 卡尔·穆尔，伯尔尼。
45. 豪本萨克夫人，苏黎世。
46. 海尔曼·格罗伊利希，苏黎世。
47. 施内贝格尔，伯尔尼。
48. A. 维斯，温特图尔。
49. C. 努斯鲍默。

保加利亚（3）

1. 扬科·萨卡索夫（宽广派）。
2. 阿森·赞科夫（宽广派）。
3. 克里斯托·卡巴克契耶夫（紧密派）。

罗马尼亚（2）

1. 乔治·格里戈罗维奇。
2. 多布罗贾农－盖雷亚。

葡萄牙（2）

1. 马里奥·诺盖拉，里斯本。
2. 安东尼奥·佩雷拉，里斯本。

国际巴塞尔非常代表大会收到的贺信贺电

德 国

汉堡第三选区代表会议,汉堡。
阿恩斯塔特劳动人民团体,阿恩斯塔特。
鲁道夫·阿勒费尔德,奥格斯堡。
反战抗议大会(12000人),巴门。
德国自由商人和类似职业者中央联合会,埃森/鲁尔。
格拉斯利茨①县组织,格拉斯利茨。
雷姆沙伊德反战游行示威集会,雷姆沙伊德。
施特拉尔松德无产阶级,施特拉尔松德。

奥地利

上奥地利社会民主工党,林茨。
克恩滕州工人阶级,克拉根福。
乌克兰工人组织,伦贝格。
布科维纳②全国组织,切尔诺维茨③。

---

① 即克拉斯利采。——编者注
② 时为奥匈帝国公国。——编者注
③ 即切尔诺夫策。——编者注

波西米亚

捷克-斯拉夫全体社会民主主义妇女，布拉格。
捷克-德意志宣传区，博登巴赫。
西里西亚捷克社会民主工党，奥斯特拉。
波西米亚地区组织，捷列钦斯塔德。
科林社会民主党。
金纳斯多夫全体劳动者，金纳斯多夫。
埃马努埃尔·斯卡图拉，《人民权利报》记者，布加勒斯特。

匈牙利

高劳米，布达佩斯。
米什科尔茨社会民主党非常代表大会。
社会民主主义工人阶级，潘措瓦。
匈牙利社会民主党全国组织斯洛伐克委员会，索茨索尼。
社会民主主义地方组织，温科夫齐。

意大利

意大利全国社会主义妇女联合会，米兰。
格罗塞托省社会党代表大会，格罗塞托。
社会主义青年，菲奥伦蒂纳。
意大利共和党，罗马。
意大利社会主义改革党，罗马。

葡萄牙

地区社会主义代表大会,波尔图。

俄 国

圣彼得堡女缝纫工人组织,圣彼得堡。
第四届杜马(圣彼得堡)各社会民主党议员,圣彼得堡。
圣彼得堡社会民党报《光线报》编辑部。
俄国社会民主工党,巴黎。
尼斯"赫尔芩"协会委员会,尼斯。
崩得、社会民主党和社会革命党各团体,慕尼黑。

瑞 典

瑞典社会民主主义妇女领导机关,斯德哥尔摩。

荷 兰

小学教师联合会,阿姆斯特丹。
荷兰排字工人组织,阿姆斯特丹。
荷兰邮政、电报和电话从业者协会,阿姆斯特丹。
马斯特里赫特政治和合作社组织,马斯特里赫特。
荷兰"曙光"自由思想者代表大会,阿纳姆。
阿谢尔公司全体员工,阿姆斯特丹。

荷兰社会主义牧师联合会，吕伐登。

比利时

埃米尔·王德威尔得，布鲁塞尔。

瑞 士

费尔德基希妇女会议，费尔德基希。
瑞士格吕特利射击协会，阿劳。
下乌兹维尔格吕特利联盟，乌兹维尔。
埃门布吕克格吕特利联盟，埃门布吕克。
苏黎世全体屋架木工，苏黎世。
瑞士冶金工人联合会，苏黎世。
《经济观察报》，伯尔尼博伊登费尔德。
共和党领导机关，瑞士。
内尔维支部，日内瓦。
博西，日内瓦。
索里支部，日内瓦。
巴塞尔工人协会，巴塞尔。

土耳其—亚美尼亚

土耳其—亚美尼亚代表团，巴黎。

塞尔维亚

德拉吉沙·拉普切维茨,贝尔格莱德。

保加利亚

社会民主党(紧密派),索非亚。

美 国

全国总委员会,芝加哥。
社会主义工人党(保罗·奥古斯丁),纽约。

巴塞尔国际社会党非常代表大会会议记录(德文版)[*]

（1912年11月24—25日）

大会第一天

（1912年11月24日，星期日）

"布尔格沃格泰"大厅为迎接国际社会党代表大会披上了节日的盛装。主席台上方悬挂着国际的传统口号："全世界无产者，联合起来！"标语下面的大红横幅上写着这次大会的宗旨："以战争反对战争。"大厅走廊上，瑞士工人组织的红旗在欢迎着来宾。墙壁上挂着马克思、恩格斯和拉萨尔的画像。早在预定的开会时间前很久，大厅里和走廊上就挤满了人，不断有新来的外国代表和瑞士代表的人群涌向这里。

所以，在大会开幕之前，州政府成员武尔施勒格尔就告诉聚会的人们，已抵达的代表数字比预定到会的数字大得多。今天的会议他们只能将就，明天要尽最大努力，至少为外国来的同志准备足够的位置。

刚过十点半，倍倍尔在格罗伊利希的陪同下出现在大厅里。全场以热烈的欢呼声迎接他。后面紧跟的是阿德勒、考茨基和安塞尔、饶勒斯、胡斯曼，他们受到了热烈的欢迎。巴塞尔"前进"合唱团演唱乌

---

[*] 柏林前进出版社1912年出版。——编者注

特曼的"自由颂",向国际代表大会致意。

然后安塞尔(根特)讲话。宣布国际社会党人的这次非常代表大会开幕。

大会唯一的一项日程是:

国际局势和反对战争的统一行动①。

他请瑞士代表发言。

武尔施勒格尔(巴塞尔州政府成员):各位亲爱的同志们!我谨代表瑞士社会民主党、巴塞尔工人联合会和社会民主党以及负责大会筹备工作的地方中央委员会,向你们表示热烈的欢迎。祝愿各位在我们这里感到心情愉快!不过,我首先要祝愿各位的讨论——整个文明世界注目的讨论——能够顺利进行,并祝愿各位能取得成千上万群众有识之士和热心人的殷切盼望的成果!各位选择瑞士为大会举办国、巴塞尔为大会举办城,对我们来说,是莫大的荣幸。为此,我们要向各位表示感谢。

发生的种种不同凡响的事件要求迅速召开非常代表大会。因此,我们中央委员会只有几乎不到两周时间来进行举行会议所必要的筹备工作。如有考虑不周之处,请大家能够考虑到这种情况,敬请谅解。我们诚心可鉴。

社会主义国际在瑞士的土地上召开会议,已经不是第一次了。1893年,社会主义国际在我们这个弹丸之国里的最大城市——苏黎世——召集了例行代表大会。如今,我们在巴塞尔汇聚一堂。这是瑞士的第二大城市,位于德意志帝国边境。但是,更早以前,在1869年9月——也就是在43年前,旧国际就曾经在巴塞尔召开代表大会。当时,巴塞尔毗邻莱茵河左岸,直接与法国接壤。9个月以后,法德战争爆发。战争在法德两国乃至整个欧洲的政治和经济生活中留下了深深的印记。

---

① 原文为德文,与前面法文版的措辞略有不同。——编者注

提起1869年的代表大会，让我们想起心中永远铭记的多位伟大的逝者。（全体代表起立）这里仅列举几位：德国人威廉·李卜克内西、法国人瓦尔兰、比利时人德巴普、瑞士人查理·毕尔克利和瑞士籍德国人约翰·菲力浦·贝克尔。在这一次代表大会为数不多的几个在世的出席者中，我们的老战士海尔曼·格罗伊利希（热烈的掌声）无疑是今天唯一坐在我们中间的人。

真可谓今非昔比啊！

想当年，国际还只不过是一个概念而已。现如今，国际是一支已经拥有自己传统的伟大的现实力量！

工人阶级已经学会——而且每天都在学习——把自己的力量集中在政治组织、工会组织和合作组织里，并在当前严于律己地运用这些力量来开展卓有成效的工作，朝着未来的伟大目标迈进。

他们对经济和社会关系的理解越来越深广，从而成为人类社会变革的力量。

在团结在本国和国际社会主义旗帜下的工人中，现实感和对未来的信念已经凝结成密不可分的整体。在新国际时代，旧国际时代仅仅唤醒了数千人的理想已经成为数百万追随者共同的精神财富。

不管所有那些谨小慎微的人、那些粗俗无知的人、那些洋洋自得的中庸之道的传播者和那些平庸的冷嘲热讽者，生机勃勃、充满青春活力的社会主义运动大步迈向它所追求的崇高目标。（暴风雨般的掌声）

各位亲爱的同志们！你们所处的巴塞尔是一片历史悠久的土地。由于其所处的地理位置交通便利——它是各德语国家和罗曼语国家之间的中心，昔日的巴塞尔常常是一些值得纪念的会议的所在地，如今在一定程度上也依然如此。在不到500年前，也就是1431—1448年间，主教会议在巴塞尔召开。主教会议举行了差不多17年，供你们各位代表举行会议的时间也差不多是17个小时。主教会议尽管拥有这样长的时间，但是未能整顿当时基督教教会所面临的混乱局面。祝愿你们的代表大会——尽管时间有限——能够完成卓有成效的工作!

诚然,工人国际还远没有那么强大。对自己能力的局限,工人国际自己再清楚不过了。但是,工人国际是一支强大、现实而理想的力量,值得倾听,也懂得如何让人倾听。甚至连世界上最有权势的人物——即使他们当然不愿意承认——都不得不对工人国际予以考虑。他们也不得不考虑你们将要讨论的问题:国际局势和反对战争的统一行动。

秘密外交未能避免巴尔干危机,也未能避免战争狂热蔓延到西欧各国的危险。因此,这再一次表明,秘密外交无法解决重大问题。

这样的事实证明,对各国人民极尽煽动之能事的沙文主义和唯利是图的资本主义再次凌驾于外交之上。(热烈的赞同声)

工人国际必须竭尽全力和这些人类文明的头号敌人作斗争。巴尔干战争已是既成事实。但是,如果战争蔓延到其他国家、波及其他民族,那么这将是在世界历史上受到谴责的一桩莫大的罪行。我们要千方百计地阻止这一罪行。(暴风雨般的掌声)

为此采取大力行动的国际不仅为显然承担了战争最大的苦难的整个工人阶级服务,而且它将成为和平的倡导者,为城市和乡村中许多其他领域的人民群众倡导和平。这些领域的人民群众完全有理由反对把他们变成炮灰,为丧尽天良的剥削者和沙文主义分子服务。(会场内再次响起掌声)

从这个角度讲,从所观察的各方面的情况看,我敢肯定,在巴塞尔,你们的代表大会也会赢得那些思想和感情与社会民主主义工人阶级还没有多少共同点的阶层的同情。或许,主要是由于这种同情,大家才得以能够使用我们这座令人崇敬的大教堂,来举行今天下午的大型示威活动。(掌声)巴塞尔市政府给代表大会发来了贺词,主要也应当归功于这种同情。你们的代表大会所表达的将是文明人类自觉和不自觉地推动世界和平的心愿。今天下午的盛大示威活动将使文明人类更加坚定地完成这一崇高使命。和本次代表大会的举办城市具有国际性的特点——人员构成混杂多样而又不失瑞士的印记——一样,这次盛大示威活动也将完全是国际性的。巴登、阿尔萨斯和瑞士的同志们以及大批苏黎世、伯尔尼和瑞士其他地区及国外的同志们将和巴塞尔的工人阶级汇聚一堂。

祝愿代表大会、祝愿各国人民神圣的和平事业取得圆满成功!

"让我们向那些贪婪追逐利润和权力的人们宣战,向人类大屠杀宣战!""为争取人民自由、和平和人类福祉的斗争万岁!"让这几句话成为我们的口号吧!(暴风雨般的掌声)

在这个意义上,我请你们同我一起三次高呼社会主义工人国际万岁!

高呼声三次响彻大厅。

在伯尔尼的布吕斯特兰律师和布鲁塞尔的德曼两同志对其进行翻译之后,武尔施勒格尔再次讲话,宣读了巴塞尔州政府发给国际社会主义代表大会的贺词。内容如下:

1912 年 11 月 20 日于巴塞尔①

致巴塞尔国际社会党代表大会

你们决定在我市举行的代表大会,旨在为维护世界和平作出贡献。你们来自世界各国,在此汇聚一堂,旨在面对东欧爆发的血腥战争宣告工人阶级共同的意愿:应当停止战争,无论如何都要把战争限定在当前

---

① 原文为德文,与前面法文版的措辞略有不同。——编者注

的国家里。你们追求的崇高目标是，防止巨大灾难的发生，以使各国避免因战争而造成生灵涂炭。通过游行示威活动，你们希望能够唤醒良知，以免各国人民的命运受到权力欲和战争狂热的支配。你们选择进行此次示威活动的城市的市政府，衷心祝愿你们实现目标，并向你们表示衷心的问候。

主席：布洛歇尔博士
秘书：伊姆霍夫博士

贺词宣读完毕后，全场响起暴风雨般的掌声。

安塞尔：我谨代表社会党国际局，首先向巴塞尔州政府表示问候，感谢巴塞尔州政府所作的自豪而勇敢的声明。（掌声）其次，我要感谢巴塞尔和瑞士那些热情接待我们、在这么短的时间内出色地完成了代表大会组织工作的同志们。我还要斗胆祝贺国际自身如此迅速而一致地令大会得以召开，大会得以召开本身就已经是一项杰出的成就。11月17日和24日必将成为国际历史上辉煌的日子。这两个日子有助于反战斗争策略的统一，有助于我们组织伟大的解放斗争。假如各国所采取的策略还无法完全统一起来，我们都认为，那么，情感和思想应该统一起来；而在此基础上，要实现斗争方法的统一，我们就要把无产阶级团结起来，和沉瀣一气的资本主义作斗争。（喝彩声）

最近，事情一件接着一件，举世震惊。无产阶级不应该也不再会为走马灯似的事件感到惊讶。我们必须准备对资本主义的武力攻击进行防御，并准备发动进攻，以战胜阶级国家。（暴风雨般的掌声）

从今天起必将会被所有有思想的人视为世界和平使者的无产阶级呼吁巴尔干半岛和平，呼吁巴尔干各国人民共和自治，呼吁废除本身蕴含着新战争萌芽的各种同盟和各种外交阴谋。（会场再次响起掌声）

奥匈帝国不应该企图让巴尔干半岛各国人民放弃他们的胜利果实。如果俄国介入，俄国无产阶级就会揭竿而起；而全世界无产阶级则会满怀热情和钦佩之心，为俄国无产阶级提供坚强的后盾。（暴风雨般的掌声）

法国和德国已经到该达成谅解的时候了。德法之间不能再爆发战争了。（全场一片热烈的赞同声）和平谅解的方法多种多样，并不缺乏达成的手段。

英国和德国不应该进行会导致完全的战争的建造战舰的军备竞赛，它们应该进行消除贫困和压迫的竞赛。它们应该团结起来，不是为了互相伤害，而是为了提升两国人民，实现人民幸福。

国际已经足够强大，因此能以这种命令的口吻和各国当权者讲话，（暴风雨般的掌声）在必要时，言必出、行必果。让我们向战争宣战，维护世界和平！工人国际万岁！（暴风雨般的、经久不息的掌声）

国际书记**胡斯曼**向大会通告收到的电报。塞尔维亚的同志在写给社会党国际局的如下来信中解释了未出席代表大会的原因。

塞尔维亚党的致歉信[①]

"亲爱的同志们：

我们目前所处的形势，使我党不可能派代表出席国际非常代表大会。无法和与我们一样致力于把工人大众从当今难以忍受的恶劣环境中解放出来的崇高目标的全世界的同志们一起共聚一堂商讨大会的事务，我们感到非常难过。原因在于：几乎所有同志——包括最享有盛誉的干部们——都已枕戈待旦，只有我和其他几位同志，因为年事已高或者体力不支，而不需要再服兵役了。然而

---

① 原文为德文，与前面法文版的措辞略有不同。——编者注

我们必须留在这里,因为我们要保卫党和工会的档案资料和财产,编辑党的机关刊物,关心我们参军的同志们的家庭,收留伤残人员并在经济上资助他们——他们中很多都是党员同志。

因此,我们出于可以理解的原因不能离开我们唯一的工作场所——我们的'人民之家';特别是由于议会可能随时结束休会而举行会议。和整个国际一样,我党也非常关心那里的工作。

在为不能出席大会感到难受的同时,我们向国际代表大会和各位社会党代表表示问候。我们感谢国际所给予我们的珍贵的道义上的支持,感谢它对我们这些巴尔干社会党人给予的这种支持以及所表达的厚重的无产阶级团结情谊。我们坚信,为了对结束巴尔干的流血事件和消除国际冲突——其影响和后果会无限期推迟社会主义取得胜利,大会将竭尽全力。

再补充一点:

反抗诸列强殖民政策和帝国主义的斗争越成功,我们就越能在巴尔干进行我们反对资产阶级的有力斗争,从而促进无产阶级的事业,使无产阶级取得胜利。

各资本主义国家所奉行的殖民政策把各殖民地国家洗劫一空,让它们透不过气来,并阻碍民主化和革命的进程。这种殖民政策给宗主国特别是其无产阶级压上沉重不堪的负担,而给军国主义、海上霸权主义、君主主义和资本主义带来好处。殖民政策促使所有弱小和强大的竞争者都像受到殖民的国家那样,给人民——特别是工人阶级——课以重税,并实施涨价政策。对诸列强之帝国主义幽灵的恐惧,被巴尔干半岛各国政府用来作为执行其反革命计划的托词、剥削人民的幌子。

毋庸赘言,这种政策使社会贫困蔓延,使反革命在世界各地大行其道,使无产阶级斗争陷于停顿,推迟无产阶级事业的胜利,从而使得穷人的处境每况愈下。

塞尔维亚各国政府主要是由于惧怕奥地利这个教权国家和在财政上依赖农业的国家的帝国主义威胁,投入沙皇俄国的怀抱。正因为如此,我国的军备会达到如此的规模,以致远远超出本国的经济实力,债务和苛捐杂税攀升,预算过度增加，生活费用愈加昂贵，工业发展陷入瘫痪，人民的抵抗力量大大削弱。出于这个原因，我们的工人大批移居国外，我们的劳动条件和斗争条件异常艰难。

殖民政策对全世界无产阶级是灾难性的，对于统治阶级奉行殖民政策的国家是灾难性的。各民族自治进程的停止和对下层群众的压制，自然会加大无产阶级斗争的难度，使无产阶级的状况更加恶化。各民族走向自觉、自决，阻挡群众走向文明和民主的最大障碍，莫过于帝国主义！

在巴尔干半岛，奥地利和俄国扮演了这个令人鄙夷、煽风点火的角色。

以罪恶的方式利用巴尔干半岛的局势的欧洲各国政府，其目前所持的态度蕴含着发生全面战争的危险，它将给各民族带来难以估量的灾难，造成许多人文明成果的毁灭。或者，即使不会导致世界大战，战争也威胁着巴尔干半岛各国实现平等和自治，阻碍社会民主主义运动，而社会民主主义运动所追求的目标是巴尔干半岛各民族结成联邦共和国，它使党能够根深蒂固，可望在未来取得硕果。

我们恳请同志们重视上述情况。而至于我们，我们声明，我们未来将一如既往努力认真地履行我们的国际义务。我们坚信，这样我们才能最好地为国际无产阶级的解放作出贡献。

国际无产阶级万岁！

致力于人类解放事业的社会民主党万岁！

国际万岁！

塞尔维亚社会民主党代表

德拉吉沙·拉普切维奇"

此外，塞尔维亚的同志也发来一份电报，全文如下：

"正当我们党的同志在巴尔干战场上抛头颅洒热血、成千上万的生命牺牲时，塞尔维亚社会民主党向国际社会党代表大会表示问候，希望其他国家远离我们如今在巴尔干半岛所遭受的一切暴行，祝愿世界和平能够成为世界革命的基础。

德拉吉沙·拉普切维奇"

萨洛尼卡的同志们也发来类似的电报。美国社会党人请原谅不能按时出席会议。王德威尔得由于健康原因不能参加大会,向社会党国际局表示深切的惋惜。国际局复电,祝他早日恢复健康。大会还收到来自德国的许多城市和其他国家的贺电。

社会党国际局建议,选举海尔曼·格罗伊利希同志为大会主席,(暴风雨般的掌声)选举瓦扬(法国)、佩尔讷斯托弗(奥地利)、哈阿兹(德国)和萨卡索夫(保加利亚)为副主席,以表示向英勇抵制战争的巴尔干国家的同志们的敬意。(暴风雨般的掌声)

大会一致通过这项建议。

下次会议于星期一上午10点举行。

12点休会。

游行队伍

星期日的早班车不仅送来了各国的最后一批代表,而且也带来了前往巴塞尔的大批客人。巴登、阿尔萨斯和瑞士许多地区的工人蜂拥而至。苏黎世和伯尔尼甚至发来特别快车。具有阶级觉悟的无产阶级把参加游行、表达自己为各国人民维护和平的意志看做光荣的义务。

将近两点,游行队伍开始从营房大院出发。走在队伍最前面的是"团结"工人自行车竞技工人协会和一群身着白衣、手拿棕榈叶——和平的象征——的孩子。他们的旗子上写着标语:"宁可擦干眼泪,也不流干热血!"接着是国际局的成员。在他们后面行进的是各国代表,考茨基和饶勒斯走在第一排!各国队伍分别行进,唱着自己的党歌,奥地利人唱《劳动之歌》,德国人唱《国际歌》等等。接着是匆匆赶来的政治组织和工会组织的成员。最后是巴塞尔的工人阶级。在队伍中还有一辆披红挂绿的汽车,在车上的一群身穿白衣的姑娘们中间,站着手拿和平长号的和平女王。四位同志高举一本巨大的红皮书，上面写着："放下武器！"。许多乐队和鼓队也在游行行列中，无数迎风飘展的红旗为队伍增添了生气和色彩。尽管队伍密集，游行仍持续了半个小时。3点过后不久，队伍到达了古老的大教堂。

大教堂的集会

数千支蜡烛在高高的墙柱上方闪烁，微弱的烛光照着昏暗的大厅，无数人在这里等待着。令人敬畏的彩釉玻璃绘画神秘地发着光。木牌上标志出各个单位的座位，有大会议的、市民委员会的、主教会议的、教区委员会的、大会代表们的、外国演讲人的和新闻界的。过了很长时间，才听到远处传来的鼓声。大家都站了起来，焦急地等待着。这时响起了钟声，清脆悦耳，回声萦绕，就像在隆重地做礼拜。一刻钟后，管风琴声骤然而起，在它的伴奏下，国际的红旗缓缓进入黑暗的教堂大厅。这是一个激动人心的时刻，连死去的人们在沉寂的肃穆中也能看到这一时刻。一排排旗帜在灯环和玻璃绘画下竖立在后面小廊台上。教堂广场上聚集着成千上万的人，喧嚣的口号声涌进教堂，这时候，当代伟大的社会主义英才用那令人难忘的、充满魅力的话语表达着争取世界和平的意志。他们不仅对着拥满教堂的数千人讲演。而且对着全世界的无产阶级讲演。"自由"男声合唱团的雄壮有力的演唱更增加了这一时刻的隆重气氛。

州政府主席布洛歇尔：尊敬的大会，尊敬的党员同志们！我荣幸地接受国际社会党代表大会组织委员会的委托，以委员会的名义向你们致以衷心的问候。我首先向我们的外国朋友、向社会党国际局成员、向各国政党的正式代表、向同意为我们今天的集会发表演讲的杰出人士表示欢迎，向那些没有受到正式委托而赶到这里的外国的党员同志们表示欢迎。最后，向我党的数以千计的朋友表示欢迎，他们来自远近各处，追随我们的召唤前往巴塞尔。社会党国际局把我们的城市选为开会的地点，这是我们巴塞尔社会民主党人的极大荣誉，在命运攸关的严重时刻召开这次大会，目的在于使欧洲各国的社会民主党统一行动起来，为避免一场欧洲战争的危险作好准备。我们为我们的城市和我们的党有这样的荣誉而感到骄傲。但我们同时也不无忧虑，我们是否能胜任这项任务，我们的人力、我们的力量和能力是否能足以完成委托给我们的工作。自然，教会方面的支持很快打消了我们的忧虑。在这里应该向他们表示感谢，他们为我们今天的集会提供了我们城市所拥有的最漂亮、最庄严的地方——我们崇敬的大教堂。这样，从一开始就保证了我们集会的活动的场所与本身的性质相一致。我们高兴地看到，教会方面的这种支持是对我们今天的大会所涉及的伟大而神圣的事业同情的表示。在这里，我们也很愿意想起这样一个事实，即我们所致力于并且要引向胜利的社会主义理想，是从一个在基督教的历史中留下深深的痕迹的思想和感情的世界生长起来的。（掌声）

尊敬的党员同志们！我们今天集会的任务和意义何在呢？它就在于为明天将要开始的代表大会的讨论提供必要的背景。它将证明，在大会讨论中所要表达的感情、信念和意志不仅为来自20多个国家和民族的几百名同志所共有；而且，这种感情、信念和意志也为最广大的群众所共有。毫无疑问，今天在巴塞尔参加反对战争、争取和平游行示威的成千上万的人们身后，屹立着数十万、数百万人，他们的思想和感情同你们一样，他们在精神上与我们同在。如果我们没有选择巴塞尔，而是偶然地选择了另外一个城市，不管是在德国还是在法国，不管是在奥地利还是在意大利，这个城市也会在世界面前表现出同样的行动。工人阶级是这次行动的主角。他们出于内心的信念，深深地憎恶战争，他们期待着自己的代表能用欧洲工人阶级的整个力量去反对那些出于卑鄙的权力

欲而试图发动一场欧战的势力。（喝彩声）

尊敬的党员同志们！我们清楚地知道，世界和平的事业不是党的事业，而是全民的事业。但我们也知道，在这个充满冷酷现实的世界中，只有当一种建立在自觉组织起来的、有明确目标的、有行动能力并准备行动的力量的基础上的势力成为和平事业的后盾时，世界和平才有保障。今天，这种势力不是别的，只能是社会主义的工人阶级。这个阶级本身不具有那些其交错与对立孕育着战争危险的经济、社会和政治方面的利益。它本身没有受到那些已侵蚀了其他阶级和政党的民族主义和沙文主义思潮的影响。这个阶级的经济和社会生活条件同它的理想之间不仅没有矛盾，而且为了不致消亡，它不得不去实现自己的理想。由于它的党员数量，由于它的组织性与纪律性，它本身就意味着一种力量，连最强大的势力也不得不把它看做是当今的强力之一。（掌声）

欧洲的社会民主党厌恶威胁着欧洲大陆的战争，但他们并不害怕战争。如果说在欧洲有一种势力毫不畏惧战争，而只能从中得到许多东西，那它就是社会民主党。一场欧洲战争很可能引起有力的运动和巨大的震惊，它们必然加速当前压迫着工人阶级的经济制度的崩溃。但我们并不希望时局的发展会走向这条残酷和令人恐惧的道路。（有人喊道："非常正确！"）我们知道，我们的经济制度中起推动作用的力量在没有一场欧洲战争灾难的情况下也会把我们引向胜利。而那些在今天把世界战争的危险当做罪恶的儿戏、欺骗和扰乱公众舆论、妄图挑起民族间争斗的人们应该知道，欧洲的社会民主党人对他们的勾当只有厌恶和鄙视，而丝毫没有畏惧和不安。如果他们丧心病狂地一意孤行，硬要点燃他们近几周以至近几个月以来一直在玩弄的战术，那么他们自己就会亲自体验到这个真理，世界历史就是世界法庭！（暴风雨般的掌声）

我宣布今天的大会开幕，下面请哈阿兹同志讲话。

哈阿兹（柏林）：尊敬的大会，尊敬的党员同志们！今天，国际社会民主党作为和平思想的承载者和体现者,在钟声和管风琴的奏鸣中进入了大厅。革命的思想和感情充满了我们的整个身心,这种思想感情的目标不在于破坏,而在于和平与民族和解。而当前的巴尔干在我们面前展示的图景是多么鲜明的对照。从那些因疯狂而扭曲的嘴巴里发出的"红笑"① 一般的野蛮叫喊传到了我们这里。当我们想到最近几个星期的屠杀时,我们都会不寒而栗。此间有上万人被杀戮,战神无情地从他们身上掠过,作战部队竟没有时间将死者安葬。数万人受伤,却没有一人照顾他们,伤员躺在尸体上,尸体又覆盖了伤员。没有人听得见他们的呻吟,他们因饥饿而死,因流血过多而丧命。老弱妇孺的和平住所——村庄——被烧成废墟。最悲惨的景象是马其顿的农民忍饥受冻,携妻带子迁往君士坦丁堡。和平局面一旦结束,人们的眼泪、灾难、忧虑和绝望汇成的海洋将倾泻在大地上!国家的人口已经减少,经济生活长期停顿,国家财政业已破产,许多在炮火下幸存的人们,又面临着被凶残的刽子手——瘟疫——夺去生命的危险。我们大家都熟悉《约翰启事录》中给人类带来战争、死亡、饥饿和瘟疫的四骑士,现在他们正在整个巴尔干飞驰,他们的铁蹄践踏着世界和平与幸福。巴尔干各国的社会民主党要解放自己的人民,但不是通过有害于人类的血腥战争,而是通过各国——包括土耳其在内——的联合,结成一个联邦共和国。然而,我们在巴尔干的同志的力量还很薄弱,不能实现这一计划。而且,将这一理想付诸实践的时机尚未到来。但使我们感到安慰和受到鼓舞的想法是,欧洲各地——包括巴尔干在内——的无产阶级将增强自己的团结、认识、活力、力量和权力,并将能够重建现在违背他们的意愿被破坏了的一切。我们期待着停火,我们希望结束战争,尽快地禁止兵痞的

---

① 俄国作家列昂德尼·安德列耶夫的反战小说《红笑》中主人公在病态幻想中出现的非理性形象。——编者注

杀人暴行。但我们并不否认，当前的欧洲和平存在着危险，并且将继续存在下去。君士坦丁堡、萨洛尼卡、小亚细亚各省将会出现什么情况呢？我们知道，帝国主义强盗们也将他们贪婪的魔爪伸向了小亚细亚。如果无产阶级不能成功地对这些破坏文化与文明的进攻给予坚决的还击，那么世界大战就绝不是不可能的。我们的外交政策是完全不可信的，直到现在它还想把各民族当做棋盘上的棋子移来挪去。但无产阶级已经独立，并将显示出自己的力量。当然，我们并不否认我们的力量是有限的。但是我们也知道，任何人都不能轻而易举地将我们撇向一边。（有人喊道："非常正确！"）全世界无产阶级的盛大示威游行对统治者们不会没有影响。这些游行必然像一种凶兆永远存留在王宫、大臣和使节的墙上。恰恰是现在，巴尔干战争给我们的统治者们带来了教训——如果他们愿意记住的话：一支军队，如果没有对一项伟大事业的激情和献身精神，只是迫于军队的严格纪律而走向战场，那么它是根本不能取胜的。统治者们应该知道，国际无产阶级深深地厌恶战争，统治者永远不可能使无产阶级充满激情地投入战斗，并开枪射击自己所尊敬、所热爱的无产阶级兄弟。（热烈的掌声）乌云布满了政治的天空，但却透出了希望的光亮，我们正在接近我们的目标。我们无须夸张地说，过去最高尚的英才所梦想的、最伟大的思想家所认识的并作为理念的信条所宣告的一切，都将由无产阶级付诸实现。无产阶级将在反对社会剥削和政治压迫的阶级斗争中联合一致、团结对敌，铲除任何一种阶级统治，为发展永久的和平、各国的团结和民族的自由创造前提。（热烈的、经久不息的掌声）

基尔·哈第（伦敦）：各位尊敬的代表！你们都知道我们来到这里的目的是什么。我们要制止一场对于人类的巨大犯罪。巴尔干战争的爆发是欧洲国务活动家破产的明证。如果1878年巴尔干问题得到合理的解决，那么这场战争或许根本没有必要。这次代表着1500万社会民主党选民的国际大会是保卫欧洲和平的强大力量。我们总共代表着4500名劳动阶级的成员，他们不仅以地区和民族的形式联合起来，而且必然地结成了一个世界范围的组织。（热烈的掌声）民主与战争是一对不可调和的矛盾。民主与任何一种形式的军国主义都是互不相容的。（有人喊道："非常正确！"）世界无产阶级内部没有任何争执，他们只是在本国内同其他阶级有分歧。人们常谈德国和英国之间的紧张关系，但德国与英国的工人却没有感到相互间的对立。如果确实存在摩擦的话，那也要从统治阶级那里找原因。其原因在于，英国政府和德国政府对外国的领土有着同样的兴趣，但对本国人民却没有兴趣。（有人喊道："非常正确！"）我们的目的是实现所有工人的真正统一，不仅包括各国的男工，而且包括女工。我们争取自由与进步的斗争在政治领域中已经取得基本的胜利。现在我们必须在经济领域中进行争取自由的同样斗争，而且要利用各种有效武器。在我们影响所及的范围里，我们将敦促政府放弃对巴尔干的任何干涉。同时，也不应让土耳其承担过分的和平条件。我们要求真诚地对待巴尔干各国的人民，并对他们实行自由发展的政策。（热烈的掌声）一旦外交官们就巴尔干问题挑起世界大战，那么民主派的神圣职责便是拿起一切可以制止爆发战争的武器。如果政治行动不足以制止战争，那么我希望，工人阶级不惜使出第二个重要武器，即经济武器——国际的革命反战总罢工。今天的游行把我们从摩洛赫的神殿这个兵营，带到了大教堂——人道的神殿。我们要通过斗争得到世界和平。我希望，并且相信，我们伟大的国际运动将战胜一切压迫势力和黑暗势力。为了未来的一代，为了使人类更有价值地生活，为了使人道成为最高准则的时代到来，我们努力地工作吧。（暴风雨般的掌声）

海尔曼·格罗伊利希（苏黎世）：尊敬的大会，尊敬的同志们！我受我们瑞士党领导机关的委托，在这里声明，我们由衷地支持反战。为什么在今天还存在着战争呢？其主要原因在于，剥削本国人民的资本日益增多、日益强大，于是为了开辟统治与剥削的新来源，它们便寻找越来越广阔、越来越大的市场，不断地扩大原来的资本。资本不惜掠夺各个国家，正像我们在的黎波里所看到的那样。而外交官们扮演着什么角色呢？试问他们真的像现在表现的那样无能为力了呢？他们对已发生的事情听之任之，这难道不是十足的虚伪吗？他们只能给其他民族带来不幸和灾难。（有人喊道："非常正确！"）在机器的时代里，人们用机器进行战争，它同学生课本上的战争浪漫主义毫无共同之处。在人们用肉眼还没有看到战争的时候，就被杀害了，这种屠杀是在几公里以外用大炮进行的。巴尔干战争中，作战部队的规模还比较少，但在短短的几周内就已出现了几十万名死伤人员。而现在还在那里受折磨以及死于瘟疫如鼠疫、霍乱的人，其数目同样很大。如果数百万人在欧洲文明的狭窄地盘上互相争斗起来，那么会出现什么样的大灾难、大屠杀，我们简直难以预料。（有人喊道："非常正确！"）如果这不是十足的发疯的话，我们20世纪的人们难道能容忍吗？当然，佩带武器、身着军服的人们拒绝充当炮灰的时代正在逐渐接近。（喝彩声）但是人民再一次遭受大屠杀的可能性并没有被排除。我们清楚它的原因。资本很强大，资本的手里握有极大的权力，在新闻界中也同样。如果他们的宣传机器得以挑唆人民，煽动起人民的民族情结——我们所看到的意大利在的黎波里的强盗行径就是这种情况，那么贫苦的无产阶级也很有可能被这种情结所传染，也被拖入战争。因而我们的任务是：我们社会民主党人必须制止这样一种挑唆的发生。民族主义的谎言使每个民族相信自己是上帝的唯一选民，而其他民族都是自己的敌人，我们必须揭穿这种双重的谎言。（喝彩声）我们应该在人民的心中植入这样一种思想：任何一个民族，不管它多么进步、多么文明，都能够而且应该向其他民族学习。（喝彩声）

我们的历史使命是在所有人的心中播下这种思想。因为资产阶级大多背叛了他们伟大先驱者的和平思想。哥德和赫尔德所主张的、康德在他的《永久和平论》的小册子中所表达的和平与自由只能建立在共和国的宪法的基础上的思想，已经被资产阶级所抛弃。现在我们重新提出这种思想，我们是唯一的一个要求和平并高举抗议战争的大旗走在人民前列的群众政党。所以，在欧洲军国主义的核心国家——德国，425万投给社会民主党的选票是世界和平的庄严保证。（喝彩声）当然，我们还没有赢得人民的大多数，但不管怎样，我们毕竟比战争挑拨者和战争获益者多许多倍！

同志们！我们所经历的、我们所共同参与的是一个世界历史性的时刻，是一个世界历史性的日子。在成千上万个布道坛上都是这样布道的：人是按上帝的形象造出来的，人的躯体是上帝赐予的。而有组织的大屠杀与此形成多么鲜明的对照！所以我们在这个讲坛上坦率地、公开地宣告，谁胆敢签署给各国人民带来屠杀和毁灭的战争宣言，谁就是上帝与人类的最凶恶的罪人。（热烈的、经久不息的掌声）

我们在瑞士自然只能赞同并帮助你们制止战争。我们瑞士没有策划战争；如果它没有受到攻击，我们当然也很高兴。我们的联邦委员会没有权利宣告战争，毋宁说我们有义务，在爆发战争的时候，立即宣布我们的中立态度。因此，在我们的反战斗争中我们只能同情你们一方。此外，我们赞同旧国际和卡尔·马克思的看法。1870年9月4日以后，马克思向法国的同志们宣布，鉴于新一届临时政府的共和主义令人怀疑，他们必须在不得不继续进行的战争中首先履行公民职责。你们也不会要求我们违背我们公民的义务。我们的军队不是为战争，而是为抗议战争服务的。如果制止瑞士军队的前进，那便意味着邀请外国军队把瑞士的国土选做战场。国际不反对民族意识，而是要求各个国家、各个民族完全自主。出于这种看法，我们也宣布，我们的口号是巴尔干属于巴尔干各国人民。所以我们也要履行我们的公民义务，直到欧洲的合众国也接

纳我们这个小国,并将干戈变成和平与文明的工具为止。(暴风雨般的掌声)

接着州政府委员会主席**布洛歇尔**请保加利亚代表萨卡索夫(索非亚)发言,并说明萨卡索夫是保加利亚议会中唯一的一个反战的议员,他刚从马其顿战场上返回。

萨卡索夫(人们以暴风雨般的掌声欢迎他):巴尔干战争是最好的证明,说明我们提出的社会主义要求是多么正确。最愚笨的人也应该从这可怕的大屠杀中看出,统治阶级的政策卑劣到何等程度。如果想和平解决巴尔干问题,途径只有一条,就是社会民主党指出的在土耳其实行改革的道路。但是那些强国不愿这样做,资本及其仆从不愿这样做,它们仿佛要把土耳其当做殖民地来实施自己的影响。我们的巴尔干各国政府宁愿要战争英雄的角色和土耳其的割裂状况,也不愿意进行这种例行的日常生活的改革,这样便发生了战争。至于什么是现代的战争,它带来何等程度的残忍与灾难,我们都亲眼看到了,我们的神经和我们的整个心灵都感受到了。工人、农民、商人和牧师都失去了职业和家庭,所有的人际联系都被破坏了。笼罩大地的是一片战争景象。邮政虽然还存在,但每封信都要经过严格的检查。没有人知道,哪里还有管理。就这样,士兵看不到信件,收不到电报,与所有的亲人断绝了联系。士兵们在行进,却不知向何处去,人们把枪放在他们手里,把他们赶到旗帜下,带着他们白天黑夜地走,向他们说,这是你们的敌人,你们要夺取这个或那个阵地。他们没粮吃、没水喝、没衣穿,在田野里、在山谷中、在灌木丛中、在积水里、在烂泥中行进着。所谓救护一词纯粹是讽刺。战役后几个小时过去了,战场上才有一个卫生员向伤员们走来。无数的伤员由于流血过多,在还没有人发现之前就已死去。活着的伤员如能爬到救护站去,在那里也会遭受到令人目不忍睹的待遇。一二十个医生拿成百上千的伤员怎么办呢?我们看到伤员们举着手,求大夫到他们那边去，为他们缝合伤口，给他们递过一杯水、一杯白兰地，伤员们用双膝跪着爬到救护站，可在那里什么也得不到。我无法给你们描述这些伤残的面孔和破碎的躯体，我找不到合适的话语向你们诉说。现代意义的战争到底是什么？现代的战争拿千百人做牺牲品，并将千百个伤员遗忘在山谷里。同一个军队的指挥官们有时互相射击，因为在夜间、在黑暗中、在迷雾里、在距离甚远的地方，他们无法判断究竟对方是谁。待到步兵冲进对方的阵地，电话无法立刻接通，不能制止炮兵的轰击，于是炮兵向自己的士兵开火。直到 14 天以后，伤残士兵才被抬到像样的房间里，放到像样的病床上。受伤的人太多，而能帮忙的人太少。

难道我们不能制止这种可怖的暴行吗？我们必须根据社会主义的原则，以和平的方式进行改革。这种和平的改革政策是我们的力量所在。战争过后，保加利亚的人民也会理解我们的。但是，你们必须于战前做好宣传工作，避免灾难的发生。我们希望你们——把社会主义学说交给我们的欧洲社会民主党人，也给我们指出铲除人类大屠杀的方法，使我们能在和平环境中生活和工作。巴尔干国家、全世界的不发达国家都在关注着巴塞尔代表大会，关心它用什么手段把人类从资本主义和统治阶级的折磨下解放出来。社会主义万岁！社会民主党万岁！（暴风雨般的掌声）

维克多·阿德勒博士（维也纳）：尊敬的大会！我怀着一种少有的、深沉的感触在这里发言。我深深地感到，我们处在一种奇特的矛盾之中，这是一种世界历史的误会。我们集会所在的教堂是由那些我所不认识的人开放的，对这些人来说，或许基督教一词还意味着人类之爱、尘世的和平、人间的欢乐。而我们，一切现行制度的敌人，所有宗教的敌人——人们一向是这样谴责我们的——却在这里举行集会，并且为了和平、为了赢得世界上人们的同情举行示威游行；而相反，那些在宗教仪式的行列中离十字架最近的全世界的教堂和教堂的主人们却是人类的敌人，他们在策划一场历史上都不曾发生过的如此残酷无情的空前的大屠杀。我们被看做是家庭的敌人，想埋葬人类一切神圣的东西。家庭的一切神圣的东西！看吧，今天我们所代表的是他们要屠杀的孩子们，我们所争取的是全欧洲成千上万个家庭继续存在的可能性。（有人喊道："非常正确！"）我们是财产的敌人，是那些掠夺来的财产的敌人。但是我们要控诉那些打算可耻地、粗暴地、罪恶地、愚蠢地和漫无目的地毁掉整个人类的财富，毁坏各国数百年来积累的文化成果的人。

党员同志们！我们奥地利人——在这里我也不会忘记我是奥地利人（笑声）——现在肩负着最沉重的责任。我们所在的国家的统治者要在这个时刻作出决断。当我们在这里讨论争取和平的问题时，不仅在圣彼得堡，而且在柏林和维也纳，都对我们是否应该游行的问题举棋不定，这个想法在压抑着我们。在这里，我们至少还要说明一点：我们奥地利和匈牙利是由12个民族组成的国家。但这些民族中没有一个想从现在将要爆发的这场战争中得到什么，没有一个希望发生战争。这些民族都需要文化、教育、养老院、学校。但迄今为止，所有这一切都少得可怜。我们需要教育，需要一点点自由，需要我们国家的上层对我们的一点点理解。（笑声）战场上的勇敢、政治中的雄心都不会给我们带来任何好处。我们可怜的民族不需要战争，而需要思想。我们没有敌人。我们不想从别人那里获得什么，并且谁也休想从我们这里夺走什么。我们不必给我们的政治活动家们提什么建议，即使我们提了，他们也不会接受。（笑声）但是可以肯定，即使一场胜利的战争也必然带来普遍的灾难，它将意味着奥地利国家结构走向灭亡的开端。如果奥地利不想毁灭自己的话，它在这个世界上就再也不能占领什么，赢得什么。但令人忧虑的是奥地利正在接近这种毁灭的危险。

很遗憾，是否发生战争并不取决于我们社会民主党人。我们看到，各国工人阶级的力量与日俱增，这是我们的工作，我们的生活。但我们没有过高地估计我们的力量,首先没有过高地估计我们的政府的判断力。我们所能做的就是制止战争的发生。我们不允许存在任何给世界人民带来灾难的战争。(暴风雨般的掌声)在我们的声音所到之处,在我们能够唤醒无产阶级的地方,在我们可以赢得公众良心的地方,我们都要使人们认识到,可能发生的这场战争是何等的罪恶。我们能够做到这一点,我们将要做到这一点,人们将会懂得,统治者要承担责任,他们必须为战争带来的一切后果负责。

我们希望世界历史的进步仍不会被这些人所阻挡,我们的这一愿望来源于对世界历史的认识。历史的罪恶必然会受到历史的惩罚。我们希望,如果发生了这种罪恶,那么自动而来的——我这里说的是自动地——是结束罪人统治的开始。

党员同志们!我们聚集在巴塞尔,是为了在这个最危险的关头共同进行讨论。当我们知道,有成千上万的人,甚至千百万人同我们站在一条战线上,不管民族主义的煽动者说些什么,我们都会从中得到更多的力量,鼓舞每个人去参加战斗,没有任何事情能比这更令人激动了;没有任何事情能比我们这次代表大会所体现的世界人类思想的这一巨大风暴更令人鼓舞;没有任何事情比看到不仅国际的思想与信念而且所有无产者的行动都越来越有秩序地相互接近更令人振奋。

但是,同志们,最重要的是我们在这里有共同的力量源泉。我们从这里吸取力量,在各自的国家里做我们能做的一切,采用我们所能运用的形式和手段,竭尽我们的全力去防止战争的罪恶。如果战争的罪恶得逞,并且确实得逞了的话,那么我们必须设法使它成为一块碑石,一块结束战争的碑石。

这就是激励着整个国际的信念。也许指望统治者作出明智的决定已经太晚了。我们希望他们在最后时刻不敢于犯下这种滔天的罪行。

同志们!我们的朋友萨卡索夫在这里给我们讲述了他在巴尔干的亲

眼所见。如果巴尔干战争酿成一场世界大战,与此相比,巴尔干的情况就微不足道了。因为一旦爆发一场全面战争,统治者便会投入一切完美的机械手段,运用从未使用过的方法,相形之下,巴尔干战争只不过是一首田园小诗。一想到屠杀、放火、瘟疫遍及文明的欧洲的情景,我们就感到毛骨悚然,义愤填膺。我们问自己,难道今天的人们,今天的无产阶级还仍是一群任人宰割的羔羊吗?我们无法对这个问题进行回答。但是我们知道,无产阶级用自己的语言进行控诉的时刻到来了,无产阶级拿起武器进行裁决的时刻到来了。(热烈的掌声)

饶勒斯(法国):同志们!我们在这里聚会的时刻是一个充满忧虑、充满责任的时刻。最沉重的担子首先压在了我们的巴尔干兄弟的肩上。现在它越来越多地压在了奥地利朋友的肩上。但是,这副重大的担子最终要压在整个国际的肩上,这一方面是由于我们的团结一致,另一方面由于我们必须防范冲突扩大为战火,并将全欧洲的工人投入到战火中去。制止这种情况的发生是全世界工人的义务,而不仅仅是一个民族或国际的事务。最近法国的报纸嘲笑我们的代表大会,说它只不过是一次社会党人的游行;说社会党人们一定感到平安无事,认为和平根本没有受到威胁;说他们只不过希望能在事后给人一种假象,似乎他们已经用抗议拯救过祖国了,等等。这些报纸一定会在第二天发布最严重的消息。事实是到处都充满了不安和混乱;事实是资本家阶级本身分裂为两大阵营,他们自己也不知道在一场全面的冲突中是会得到更多的东西,还是失掉更多的东西;事实是所有的政府由于害怕出现无法估计的后果而不能作出决断。在欧洲各国都存在着对立的潮流,一方反对和平,另一方反对战争。命运的天平在统治者的手中颤抖。(会场内出现一片骚动)而迟疑不决者会被一下子搞得晕头转向。所以我们必须干预。我们,各国的工人和社会党人,必须使战争无法进行。(热烈的掌声)我希望,我们在这场战斗中不是孤军奋战。在巴塞尔这里,基督教徒为我们开放了大教堂。我们的目标——维护和平——也是他们的思想,也是他们的愿望。但愿所有能虔诚地听取耶稣教诲的基督教徒都抱有同我们一样的希望。他们将同我们一起,反对把人民投入战争的魔爪。(暴风雨般的掌声)今天早晨在这里,人们欢迎我们的方式与方法同时给了我们力量与希望。巴塞尔政府对国际的欢迎也使我们有同样的感触。这是一个鲜明的标志,哪里的民主精神像在巴塞尔一样深入人心,哪里的无产阶级就能在这种精神下很好地组织起来,崇高的信念就能在整个人民中传播开来,这对我们来说,时刻都存在着希望。(暴风雨般的掌声)

我感到,刚才教堂里欢迎我们的钟声就像是全面和解的一种号召。它使我想起席勒在他绝妙的《钟之歌》的导言中所说的:"Vivos voco, mortuos plango, fulgura frango!""Vivos voco"——我呼唤活着的人们都来保卫被死亡威胁着的生命!(会场内出现一片骚动)"mortuos plango"——我悲悼那躺在欧洲另一端可怕战场上的无数死者,尸体的腐臭味扑向我们,宛如对罪恶的忏悔。(会场内出现一片骚动)"fulgura frango"——战争的闪电在乌云中闪闪发光,我要击碎这预示着危险的闪电!(暴风雨般的掌声)

但是,光有良好的斗争愿望,却处于分散和不稳定的状态,这很不够。我们需要的是战斗的、组织起来的无产阶级的统一意志和统一行动。(热烈的掌声)我们处在严重而危急的关头。无产阶级给我们,不,给自己提出了问题:是否确实有战争这个庞然大物存在,是否真有必要进行兄弟间的残杀。危险越明朗,威胁越临近,这个问题就越紧迫。为避开这场灾祸,我们将做什么呢?在这种慌乱的情况下,我们无法回答这个问题,因为我们要在特定的时刻确定特定的运动。当迷雾笼罩着海面,大风掀起波涛的时候,海员是无法随时预言采取什么措施的。但是国际却必须行动,把自己的和平誓言传到各个地方,在那里开

展制止战争的合法行动或革命行动,或者让挑起战争的罪人有个交代。(经久不息的掌声)

欧洲各国政府应该明白,这次代表大会的真正意义在于:它强调、实现并加强我们的团结。我们在这里交流观点、思想、意愿、诺言、决心与希望。并且在代表大会之后,这样的活动也不能停止!

我们必须到各处去,将我们的行动意识带给群众。我们应该再次向各国议会证实我们保卫和平的决心。(热烈的掌声) 和平的思想和国际的思想占据着每个人的头脑。在各国政府动摇和犹豫的时候,我们要在它们面前拿出无产阶级的行动来。(暴风雨般的掌声) 这就是这次代表大会的成果,无法想象会有别的成果比这更伟大。在这方面我们已经提出这么多想法,这么多希望,但是不管这些设想的翅膀飞得有多高,最崇高的理想莫过于在实际中建立起意志、正义与和平。(经久不息的掌声)

同样是在这个地方,曾经召开过一次主教会议,开始了宗教分裂与瓦解的斗争。这与今天的会议形成多么鲜明的对照!在这里,我们不是处于利益对立的分裂状况,而是处于内心、思想、学说、行动与意志的一致之中。我们将带着拯救和平与文明的誓言离开这个地方。(热烈的掌声) 我们将记住一个德国人最近所说的话:各国政府应该想一想,如果他们招来了战争危险,那么人民很容易算出这个简单的算术题,这就是他们自己发动的革命所带来的牺牲要小于别人强加的战争!(暴风雨般的、经久不息的掌声)

达申斯基(克拉科夫):同志们!在巴尔干半岛战火的凶光照出了被炮火笼罩的旧资本主义欧洲的一幅奇特景象,但却无法阻止巴尔干弱小民族被拖向血腥的屠场。巴尔干的外交使团应该在我们面前宣告他们的破产。如果还有外交使团的话,他们就应该到我们的巴塞尔大会上来,了解一下人民群众是如何看待国家及其战争欲的。但是外交官们不把我们看在眼里；我们的代表大会在资产阶级报界看来不过是开胃面包，我们的党员不过是迫害的对象。同外交一样，军事科学也破产了。从巴尔干战争的情况看，军事科学又怎样呢？我想起关于攻克克尔克—基利斯要塞的一段轶事。司令部的一位少校和一位步兵上尉一起乘坐有轨电车。上尉说："少校先生，保加利亚的农民夺取了克尔克—基利斯。""不可能，"少校回答道，"这得架起阵地炮，还得解决给养问题。这需要三周的时间，而保加利亚人到克尔克—基利斯要塞才三天。"上尉答道："是的，少校先生。这些愚蠢的保加利亚农民简直不知道用刺刀是攻不下现代要塞的，可他们却攻下了。"这个事实使得西欧军方的聪明才智大出其丑，使得戈尔茨帕沙和手下的小帕沙们威风扫地。看起来，似乎有人想使我们糊里糊涂地走向毁灭。我们唯一的指路明灯就是劳动群众在抗议战争时团结一致。例如，奥地利民族应怎样对待欧洲的战争？波兰人、鲁提尼人的斯拉夫人可能不得不向波兰人、鲁提尼人和南斯拉夫人开枪，也就是向敌人军队中穿着军服被拖向屠场的自己的兄弟开枪。到那里，即使最迟钝的人也会具有的唯一的感情——民族团结的感情将会完全被摧毁。但是，让德国工人和法国工人相互开枪是不可能的。他们感到像兄弟一样。他们必然会意识到，必须推翻使这种手足相残变成义务的该死的制度。（热烈的掌声）现在，铲除那种把手足相残奉为国家智慧的最高信条的制度的时机到了。任何一种这样的战争都必然会受到惩罚，而这种惩罚的全部负担都落在战败者的身上。拿破仑第三和尼古拉二世已经体验过战败的滋味。军国主义提高税收，将千百万人束缚在它的桎梏下，它借此对现代资本主义社会这块土地耕种得越深，我们的麦穗就会长得越茂盛。这样，人类的敌人——资本主义——一定会很快完蛋。（热烈的掌声）

在大教堂举行的这个令人难忘的大会，以管风琴演奏的巴赫 C 小调弥撒曲为开始，又在"由于人民希望和平，和平深入人心"的歌声中结束了。

有10000人至15000人没有在教堂中找到座位，他们开辟了广阔的会场，聚集在教堂旁边和后面，围着四个讲台，各国的代表在这里演讲，同教堂中演讲的精神完全一样。

大会第二天

（1912年11月25日，星期一）

将近10点，大会主席**格罗伊利希**宣布开会，他说：你们选出的领导本次大会的主席团感谢你们所表示的信任，并希望能够圆满地完成大会工作。我们计划今天就结束讨论，所以我们必须节省时间，主席的必要致词也应简短。

当我们43年前在巴塞尔召开旧国际的第四次代表大会的时候，《泰晤士报》写道，国际是小躯体，大灵魂。当时我们以为资本主义社会将很快就被消灭，但是事实上，这个大灵魂对此有着极其不同的看法。在我们法国的兄弟中间，有多少名代表，就有多少种看法。其他国家的情况也不比这好。所以我们费了九牛二虎之力才作出关于土地问题和继承权问题两个决议。这样，一周的工作才基本上告终。

新国际是大躯体，它有数百万成员。但我们的灵魂没有变小，而只是更明确了。今天，在我们所有的兄弟党中间，我们运动的目的和手段是非常明确的，我们有着共同的方针路线。这些方针路线已经在有关准许参加代表大会的规定确立下来。而分歧仅仅存在于个别的策略问题上，在这些问题上总有着不同的看法。今天我们肩并肩，表达我们的反战立场。主席团和筹备委员会经过艰苦的工作已经制定出一份详细的提案。我希望这次非常代表大会不会变成一个辩论俱乐部。这次大会的意义只能在于一致表达我们的坚强意志。我们敦请你们，放弃那些次要的

分歧意见，服从社会主义国际的重要路线。我们的决议给各个国家以自由，而不强迫采取既定的措施。（掌声）

请允许我以代表大会的名义，向昨天给我们发来贺信的巴塞尔州政府委员会表示感谢，尽管他们只有两名社会党委员——布洛歇尔同志和武尔施勒格尔同志；向给我们昨天的集会提供大教堂的教区委员会表示感谢。（掌声）

国际局书记**胡斯曼**宣布代表的最终名单：登记的代表共555名，其中德国75名，奥地利59名，比利时32名，波希米亚70名，波斯尼亚1名，保加利亚3名，克罗地亚2名，丹麦8名，西班牙2名，芬兰2名，法国127名，英国13名，荷兰9名，匈牙利18名，意大利11名，卢森堡3名，挪威3名，波兰20名，葡萄牙2名，罗马尼亚2名，俄国36名，瑞典8名，瑞士49名。

大会收到许多贺电和贺信。

《人民呼声报》编辑高劳米从布达佩斯发来贺电说："盛大的反战游行集会于开会前被解散了，遭到警察的野蛮干扰，人们同警察与宪兵进行浴血斗争。"

在彼得格勒出席第四届杜马的议员们①向国际代表大会致敬，同全世界无产者一起抗议资本的战争政策和破坏和平的帝国主义。

第四届杜马议员马林诺夫斯基告知，彼得格勒和莫斯科数以千计的工人将举行一天的反对战争危险的抗议罢工。

此外，保加利亚党"紧密派"、荷兰邮政电讯职员、乌克兰的同志、意大利共和党以及许多自由思想组织与和平组织都发来了电报。

下面进行大会的议事日程。

大会日程的唯一一项议题是：

---

① 指社会民主工党议员，参见本卷第119页。——编者注

国际局势和反对战争的统一行动

饶勒斯作为第一个报告人发言：我要向大家说明国际局经过认真研究后一致通过的决议①案，请你们批准为盼。（报告人宣读决议案）

"国际在斯图加特和哥本哈根两次代表大会上业已对各国无产阶级反对战争的行动准则作出规定，即：

只要存在着战争的威胁，各有关国家的工人阶级及其在议会中的代表就有责任在国际局的促进团结的活动的支持下，**各尽所能**，以便利用他们认为**最有效的手段来阻止战争的爆发**，这些手段自然是根据阶级斗争的尖锐化程度和一般政治形势的尖锐化程度的不同而改变。

如果战争仍然爆发了的话，他们的责任就是**全力以赴迅速结束战争**，并尽力利用战争引起的经济危机和政治危机来唤醒人民，从而加速资本主义的**阶级统治的崩溃**。

近期发生的种种事件比任何时候都更加要求国际无产阶级履行自己的责任，竭尽全力进行步调一致的行动。一方面，普遍的、疯狂的军备竞赛，使本来已经上涨的生活必需品价格进一步上涨，从而使阶级矛盾更加尖锐，工人处于忍无可忍的境地。他们希望终结这一制造不安和浪费的制度。另一方面，一直在反复出现的战争危险，日益激起人民的愤怒。欧洲各大国人民经常濒临自相残杀的境地，而这种违背人性和理性的行为，丝毫也不能用人民的利益来作其正当理由。

现在已经造成巨大灾难的巴尔干危机，一旦继续蔓延，势必成为对文明和无产阶级的最可怕的危险。同时，巴尔干危机可能成为世界历史

---

① 原文为德文，与前面法文版的措辞略有不同。——编者注

上最大的丑闻，因为它所带来的灾难之深重，是无法跟它所带来的蝇头小利相比拟的。

因此，大会十分满意地指出，在各交战国内所有社会主义政党和团体都一致反对战争。

世界各地的无产阶级都同时起来与帝国主义作斗争，国际的每个支部都用无产阶级的抵抗对付本国政府，并发动本国舆论反对一切战争狂热。迄今为止已对保卫和平作出了巨大贡献的各国工人，就是这样进行伟大合作的。统治阶级害怕世界大战会引起无产阶级革命，这种恐惧是世界和平的最可靠保证。

因此，大会要求各国社会党继续利用它们看来合乎这一目的的手段开展其活动。大会为每一个社会党指派了这一共同活动中的特殊任务。

巴尔干半岛各国社会党任务艰巨。欧洲列强有计划地阻挠一切改革的做法，导致土耳其在经济、民族和政治方面出现令人不堪忍受的状况，这些状况必然引起反抗和战争。为了反对各王朝和资产阶级利用这些状况，巴尔干社会党人以非凡的勇气提出了建立民主联邦的要求。大会要求他们坚持这一令人钦佩的立场。同时，大会希望巴尔干社会民主党在战争结束后采取一切措施来阻止巴尔干国家的任何王朝、任何军国主义分子以及任何扩张成性的资产阶级为了达到其目的而破坏以如此惊人的牺牲为代价而取得的成果。大会特别要求巴尔干社会党人，不仅要制止塞尔维亚、保加利亚、罗马尼亚和希腊人民之间的敌对关系的重现，而且也要防止对现时属于另一个阵营的巴尔干民族——土耳其人和阿尔巴尼亚人——进行任何迫害。因此，巴尔干社会党人的责任是，反对任何侵犯巴尔干各族人民的权利的现象，并号召巴尔干各民族（包括阿尔巴尼亚人、土耳其人和罗马尼亚人）之间建立起友好的关系，与猖狂的民族沙文主义情绪作斗争。

奥地利、匈牙利、克罗地亚、斯拉沃尼亚、波斯尼亚和黑塞哥维那的社会党人的责任是，继续全力采取卓有成效的行动反对多瑙河君主国对塞尔维亚的任何侵犯。他们的任务是像他们迄今为止所做的那样，反对用武力来掠夺塞尔维亚的战争果实、把塞尔维亚变成奥地利殖民地、为了王朝的利益而使奥匈帝国各民族以及欧洲各国陷入最严重的危险的计划。同样，奥匈社会党人今后将为目前处在哈布斯堡王朝统治下的若干南斯拉夫少数民族争取民主的自治权，即使这些民族仍然在奥匈帝国内也罢。

奥匈帝国社会民主党人，还有意大利社会党人，应该特别注意阿尔巴尼亚问题。大会承认阿尔巴尼亚人民的自治权，但大会绝不希望见到在自治的口实下使阿尔巴尼亚变成奥匈帝国和意大利统治野心的牺牲品。大会认为这不仅会对阿尔巴尼亚本身造成威胁，而且在不久的将来还会给奥匈帝国和意大利之间的和平造成威胁。阿尔巴尼亚只有作为巴尔干民主联邦的一个自治成员才能够真正过上独立自主的生活。因此，大会要求奥匈帝国和意大利的社会民主党人起来反对本国政府把阿尔巴尼亚纳入自己势力范围的任何企图，继续为巩固奥匈帝国和意大利之间的和平努力工作。

大会以极为高兴的心情迎接俄国工人的抗议罢工，认为它证明俄国和波兰的无产阶级在沙皇反革命打击下所遭受的创伤已开始复原。大会把工人的这次行动看成是反对沙皇政府的罪恶阴谋的最有效的保证，这个把本国各族人民淹没在血泊中并屡次背信弃义地把巴尔干各族人民出卖给他们敌人的政府，现在一方面害怕战争可能给它带来的后果，另一方面又害怕它亲手造成的民族主义运动，因此犹豫不定。可见，沙皇政府目前所以再次打算把自己打扮成巴尔干各族人民的解放者，只不过是想在假仁假义的幌子下通过流血战争在巴尔干半岛赢得优势。大会希望日益壮大的俄国、芬兰和波兰城乡无产阶级，撕下沙皇政府的谎言的层层面纱，反对沙皇政府的任何军事冒险和对亚美尼亚或君士坦丁堡的任何进犯,并集中自己的全部力量来进行反对沙皇专制制度的新的、革命的解放斗争。沙皇政府是欧洲一切反动势力的希望,是它所统治下的人民实现民主的最凶恶的敌人。整个国际都必须把推翻沙皇政府视为自己的一个主要任务。

但是,在国际的活动中,德、英、法三国工人阶级所担负的责任最为重大。目前这些国家工人的任务是,要求本国政府不给奥匈帝国和俄国以任何帮助,不对巴尔干的混乱局面进行任何干涉,并保持绝对中立。如果在人类文明最发达的三大国之间由于塞尔维亚和奥地利在港口问题上的争端而爆发战争,那将是罪恶的疯狂行为。德国和法国工人决不可能承认任何一个秘密条约所承担的介入巴尔干冲突的义务。

如果土耳其的军事溃败最后会瓦解它在小亚细亚的统治,那么英国、法国和德国的社会党人的任务便是要竭尽全力制止在小亚细亚实行必然直接导致世界大战的掠夺政策。大会认为,大不列颠和德意志帝国之间的人为的敌对态度是欧洲和平的最大威胁。大会赞同这两个国家的工人阶级为消除这种对抗所作出的努力。它认为,达到这一目的的最佳手段是德国与英国缔结有关停止海军军备竞赛和废除海上捕获权的协定。大会要求英国和德国社会党人继续为缔结上述协定进行鼓动。

消除德国与英法之间的敌对状态,将消除对世界和平最严重的威胁,动摇利用这种敌对状态的沙皇政府的实力,使奥匈帝国进攻塞尔维亚成为不可能,并保障世界和平。因此,国际的一切努力都应以此为目的。

大会认为,整个社会主义国际都一致同意这些对外政策的原则。大会要求世界各国工人以无产阶级国际团结的威力来与资本主义的帝国主义相抗衡。大会警告一切国家的统治阶级,不许用军事行动来加深资本主义生产方式给群众带来的不幸。大会坚决要求和平。让各国政府记住,在目前的欧洲局势和工人的情绪下,如果它们发动战争,它们本身也不是没有危险的；让它们回忆一下，普法战争引起巴黎公社革命的爆发，日俄战争激发了俄国人民的革命力量；让它们记得，海陆军军备竞赛在英国引起了阶级冲突，在欧洲大陆造成了闻所未闻的矛盾，引发了巨大的罢工浪潮。一提到可怕的世界大战，就会激起工人阶级的愤怒和不满。如果各国政府不理解这一点，那它们就是疯子。无产者认为，为了资本家的利润、王朝的野心或是外交密约而互相残杀是一种罪恶。

如果各国政府摈绝一切正常发展的可能，从而迫使无产阶级采取绝望的行动，那么它们将担负自己所引起的危机所造成的后果的全部责任。

国际将加倍努力，越来越坚决地提出抗议，越来越有力和全面地开展宣传，以制止危机。为此，大会委托社会党国际局更加密切地注视事态的发展，在任何情况下都必须保持和加强各国无产阶级政党之间的联系。

无产阶级意识到，目前人类的整个未来都依赖于他们。为了防止各民族文明的精英由于大屠杀、饥馑和瘟疫而遭受毁灭，无产阶级将竭尽全力。

因此，大会要求你们——各国无产者和社会党人，在这关键时刻大声疾呼！在一切地方通过一切方式来表达你们的意志！尽一切力量在议会中提出你们的抗议，联合起来举行群众性的示威游行，利用无产阶级组织和力量赋予你们的一切手段，让各国政府经常看到高度警惕、生气勃勃、坚决保卫和平的无产阶级的意志！让我们以无产阶级的各族人民和平友爱的世界来反抗剥削和屠杀人民的资本主义世界！"

我只补充说一句，主要是为了建议我们的法国同志通过这项决议。这项决议有三大特点。首先，决议制定了国际各支部统一的对外政策。因此，决议完成了一项积极的工作。它向各国政府表明，假如它们愿意放弃自私自利的野心，就能实行国际团结的政策。其次，鉴于各种各样的可能性，我们的决议没有对我们行动的方式作出任何特别的规定，与此同时，它也没有排斥任何斗争方式。决议向各国政府发出了警告，并明确地向它们指出，它们可能很容易就造成一种革命的形势——对，人们所能想象的最革命的形势。（热烈的掌声）如果各国政府真的犯下了闻所未闻的世界大战这一罪行，无产者将同心同德，万众一心。统治者们必须知道，他们要求工人牺牲的不光是生命，还有良知。最后，决议认为，我们的行动是统一的、有力的。

同志们，本次代表大会已经成为一个伟大的事件、一个历史事件。大会并不满足于制定整个国际的共同原则，而是要首先强调我们斗争的必要性和统一性。我们必须在议会和群众中继续进行斗争。这就是宣言所表达的意思。因此，我们完成了一项卓有成效的工作，以阻止战争这一可怕事件的发生。同时，我们证明，无产阶级的利益与整个文明和人类的利益是一致的。（暴风雨般的掌声）

国际是世界上一切道德力量的代表。一旦我们需要献身的悲壮时刻到来，对于这一真理的觉悟将会支持我们，使我们变得更加坚强。我们时刻准备作出一切牺牲。这不仅是不假思索就说出的话语，而且是发自我们内心深处的宣言。（全场活跃，暴风雨般的、经久不息的掌声。）

维克多·阿德勒（维也纳）：社会党国际局委托一个委员会来筹备代表大会和准备大会决议。我们要对各位说的最重要的一点是，国际是统一的，对于我们向各位提交的这些看法是统一的。在决定命运的时刻，我们将把我们的决议——我们已经把它记在心里——发往世界各地。因此，我要向各位宣读一下我们向各位提出的宣言。（发言人在越来越热烈的掌声中宣读宣言全文，并补充说）请允许再我补充几句。

大家都看到了，除了当前无产阶级的心愿——渴望和平、憎恶屠杀人民的战争——外，宣言还包含了一个新的内容，它从今以后将成为国际斗争的一部分。今天，国际迈出了前所未有的一步。到目前为止，我们一直力图在纲领、原则和总的策略准则方面达成一致意见。今天，我们要走得更远，而此时正值不知所措的外交家和疯狂的君主及权贵们驱使各国人民自相残杀并随时可能挑起旷古之灾的关键时刻。此时此刻，我们不禁要自问：这个奥匈帝国到底想要什么？它想要，它老是想要，它动员，可是它到底想要什么呢？德国想要什么？俄国想要什么呢？当前，正值大混乱之际，同时也是和平面临最大危险之际，我们向各位提出了对无产阶级外交政策的有力——我认为并且你们也会同意这一点——并且卓有成效的总结。（热烈的赞同声）这是第一次，而这就是本次代表大会的历史意义所在；我们不只是第一次提出谴责，不只是第一次提出采取行动的呼吁，而且第一次清楚、明确地提出各国无产阶级的政策应当采取什么样的指导路线。最重要的是，在这个问题上，我们的看法是一致的。（暴风雨般的掌声）

同志们！

在这沉重的时刻，我们在这里共聚一堂，我们都感到了这一时刻沉甸甸的分量。我们已经在多大程度上逼近即将来临的灾难，对此我们一无所知，也无法估量。我担心的是，那些鲁莽轻率、丧尽天良、铁石心肠地驱使人类进入罪恶疯狂的统治者也并不比我们更清楚，灾难离我们已经有多近。（有人喊道："非常正确。"）我们所面临的形势，是由资本主义权力机制和统治阶级的无能自然而然地造成的。这一刻和所有关键时刻及所有关键领域一样，那些统治阶级都证明了，他们不能驾驭他们的经济方式所释放出来的力量。在我们的宣言里，我们无法为世界各国的无产者规定在某一个特定日子采取某一项特定行动。世界各地的情况千差万别，我们无法做到这一点。即使我们无法作出任何规定，我们还是可以向各位大声疾呼：目前，世界各地的无产阶级应当集中全力反对战争，利用他们在各自国家所掌握的一切手段来制止战争。（暴风雨

般的掌声）

我们自豪地站起来，因为我们意识到，在这一刻，无产阶级不仅像宣言所说的那样担负着未来，而且我们代表着人类良知的呼声，是一切文明宝藏的守护者。这些文明宝藏是经过无数代人无休无止的劳动积累起来的，是我们的命脉所在，而它们都在遭受正在酝酿的罪恶战争的威胁。（有人喊道："非常正确！"）世界大战将造成前所未有的大破坏和大毁灭。人们不仅要哀悼死者、家庭的不幸和整个经济生活的大动荡，而且我们整个知识界和文化界都有可能遭到暴力、粗暴、野蛮和罪恶的破坏。因此，请大家一致通过宣言吧。要使每一个心愿和每一种思想都得到表达肯定是相当困难的。对于这样的事情，在细节之处既不可能完整全面，也不可能正确无误。因此，对于宣言，请大家给以应有的宽容和谅解。同时也请大家热诚地说："对，这就是我们想要的，我们要为之倾尽全力！"（暴风雨般的掌声）

在离开讲台之前，我还要履行一项义务。可惜，我们讨论的时间不得不很短，尽管我们有很多心里话要说，有很多话要说。任何一个派代表到这里的国家当然都有权利，也必须为反战而大声疾呼，但我们的代表大会召开之际，我们脚下的土地在燃烧。因为我们不仅应该在这里作出努力，而且首先应该在我们的家园作出努力。（一片赞许声）因此，我可以以奥地利的德意志同志们的名义向大家声明，我代表他们赞成这个宣言。捷克的中央派人士、在奥地利的意大利人、鲁提尼人和罗马尼亚人授权我做出同样的声明。匈牙利、克罗地亚、波斯尼亚和黑塞哥维那的社会民主主义政党也委托我说，他们完全赞成宣言的思想、内容和措辞。（热烈的掌声）现在，请大家投票批准这个决议吧。然后，警惕并行动起来吧。未来的日子将任务艰巨、令人焦心，我们还没有经历过这样艰难的日子。请大家投票通过宣言吧。你们是在为国际和各国无产阶级做好事。（暴风雨般的、经久不息的掌声）

基尔·哈第（伦敦）用英文概述了宣言的内容，最后祝愿无产阶级的力量能够制止战争；如不能制止战争，则能通过战争进行社会革命。

下午两点半继续进行讨论。

下午的会议

将近三点，大会主席**格罗伊利希**宣布开会。

关于议事日程，他提请代表们注意，根据国际代表大会的惯例，凡原始提案，只有事先经过委员会的审查之后才能提交讨论。因而他建议，这样的提案今天不予讨论。大会一致通过。

奥地利的波兰同志同意维克多·阿德勒的声明，表示不再发言。（掌声）

在讨论中第一个发言的是**哈阿兹**（柏林），他说：我以德国代表团的名义声明赞成提交给我们大会的宣言。（掌声）在这个命运攸关的时刻，各位不会希望我更加详细地说明我们在对外政策问题上的态度。在巴塞尔，各国无产阶级团结一致的态度已经得到鲜明的表达。我们有理由抱有这样的期望，即这种团结一致的态度在人们期望其表现出来的地方也不会缺少。你们当中最近从国外来到我们德国的人都不可能否认，德国社会民主党和德国工会已经怀着满腔热情，为了争取和平举行了大规模的示威活动。难道我们要卷入手足相残的战争吗？德国无产阶级已经深恶痛绝地摒弃了这样的想法。他们认为，自己最为迫切的任务就是要在各民族的更多阶层中间宣传和平思想与维护和平的坚定决心。

为了塞尔维亚是否可以拥有一个港口，或者通往该港口的走廊，或者通往亚得里亚海的窗户的问题而爆发骇人听闻的世界大战，难道这样的想法不荒唐吗？挑起这样的战争实乃荒唐之举。而且可能更糟：这将成为丑闻,成为难以补赎的反人类罪行。这就是德国无产者和各国无产者的共同信念。和我们奥匈帝国的兄弟们一样,我们认为,德国政府有责任坚决地向奥匈帝国政府呼吁,不要再在这条路上继续走下去了。在这个方面,我们没有给我们的政府留下任何含糊的印象,我们马上会在国会向德国政府非常明确地声明,德国人民不会承担哪怕只让一名无产者去为某些集团的野心和对荣耀的渴望而流血牺牲的任何同盟条约的义务。(暴风雨般的掌声)但是,我们也将对沙皇政府的罪恶阴谋保持警惕:正如从前一样,它如今又再次为牟取自己的利益而准备背叛巴尔干各国人民。但是,如果不是英德对抗,内部已经腐朽的沙皇政府就不会胆大包天地推行它前不久在蒙古的暴露出来的那种掠夺政策。就是这样。(有人喊道:"非常正确。")在这里,我们要一如既往地声明,德国无产者对英国人民没有任何敌意。(全场一片赞同声)今后,我们也将为两国实现和解而努力。我们将本着这种精神,努力维护和平与文明进步。(喝彩声)假如我们在每个国家都履行了自己的职责和义务,使英国、德国和法国的无产者变成炮灰的图谋,必将被工人国际以团结起来的钢铁一般的力量粉碎。(暴风雨般的掌声)毫无疑问,如果英国、法国和德国能够团结一致,它们将成为文明和人类进步的最强有力的支柱。德国、法国和英国的团结一致也将成为和平的最坚实保障。而使之成为现实,我们将永远视此为我们最崇高的使命。我们将同各位一样,顽强不懈、同心同德地追求我们给自己定下的目标。假如我们未能阻止战争的爆发,战争的一切后果都将由那些大屠杀——这个世界上前所未有的大屠杀——的阴谋策划者来承担。不管统治者如何开场,事情最终都将对正在崛起的阶级有利,对拥有未来的社会民主党有利。我们肩负繁重的任务,但未来不应该建立在血海和暴行的基础之上。因此,我们将运用我国的情况、我们的政治及工会组织允许运用的方法,去竭尽全力保障我们大家都希望保障的东西,那就是:世界和平和我们的未来。

（暴风雨般的掌声）

苏古普（布拉格）：我以奥地利捷克斯拉夫工人党的名义声明，我们完全清楚在这个对奥地利和世界命运有关的时刻，落在我们这些身处欧洲引人注目的奥地利、身处欧洲动荡中心的人肩上的重任。

这个二元君主国离巴尔干火山仅咫尺之遥。这个二元君主国本身就是一座火山，它面临着一大堆尚未解决的政治问题和经济问题。这是一个十个民族的结合体，同时也是欧洲通往亚洲的门户。就其自身的利益而言，这个君主国当然没有比充当欧洲和平捍卫者更崇高的使命了。它不可能通过战争赢得什么，过去也未曾赢得过什么。相反，它只会失去一切。令人遗憾的是，自孔格拉茨和索尔费里诺战役以来，这个二元君主国忘掉了所有这一切，什么教训也没有从中学到。

事实证明，奥匈帝国的外交没有能力通过和平交换经济产品和文化产品来征服巴尔干人民。它向阿尔巴尼亚输出神父，向波斯尼亚输出士兵，却失去了巴尔干人民。惊人的军费负担，数十亿国家债务，帝国、各州和各乡镇财政持久的赤字，学校和人道主义机构匮乏，经济危机频繁，还有饥荒和失业，这些就是奥匈帝国外交对外政策的唯一成果。最近，奥匈帝国吞并了波斯尼亚和黑塞哥维那，从而吹响了巴尔干半岛悲剧的前奏，而这出悲剧使战争这一慢性危险演变成了全欧洲的急性危险。如今，奥匈帝国的外交已经处于欧洲历史的聚焦之处。

我们此刻所作决定是何等重大，我们不得而知。在我们回国之前，什么在等待着我们，我们也无从知晓。但是，假如奥地利统治集团由来已久的荒唐之举和帝国主义罪恶持续下去，假如与我们的期望相反，奥地利的战争党由于在亚得里亚海港口问题上重新占据上风，假如战争的号角吹响，假如巴尔干战火蔓延到奥地利并从那儿蔓延到整个欧洲，我们要以成千上万捷克组织起来的无产者的名义声明：不久前，在俄国革命的帮助下，奥地利无产阶级已经在伟大的历史性斗争中获得了普遍、平等、秘密和直接的选举权，从而在奥地利完成了最深刻的国内革命。现在，我们要在奥地利完成一项平静的文明工作，使奥地利进入现代国家的行列。但是，假如我们不能完成这项工作，整个捷克无产阶级将会千方百计、竭尽全力、全心全意、不遗余力地和整个奥地利无产阶级并肩作战，（喝彩声）以使奥地利社会民主党团结一致地冲向敌人，并同声高呼：打倒战争！实现巴尔干各国人民的和平与自由，实现奥地利各族人民的和平与自由，为社会革命打通道路，向着欧洲合众国前进！工人国际万岁！文明万岁！人类万岁！（全场反复响起经久不息的暴风雨般的掌声）

特鲁尔斯特拉（阿姆斯特丹）（受到暴风雨般的掌声的欢迎）：受瑞典、挪威、丹麦、芬兰、比利时、卢森堡、瑞士和荷兰的社会民主党委托，我以它们的名义宣布赞成宣言。（喝彩声）在这个重大的历史时刻，欧洲各小国也有必要发出自己的声音，并强调指出，面对战争和军国主义，它们正处于何种特殊的境地。我代表其发言的各小国中，也有芬兰。我提起芬兰，同时也意味着向残暴的俄国沙皇对芬兰人民的压迫提出强烈抗议。（暴风雨般的掌声）正如资本主义和技术的发展使小企业在大企业面前处于不利境地那样，它们在军国主义领域的竞争方面也给各小国带来了恶劣的后果。目前有迹象表明，各小国的反动派将以巴尔干半岛各小国反抗土耳其这一大国的胜利为借口在我们本国推进军国主义政策。已经有人这样说："你们这些社会主义者，老是说在小国实行军国主义政策有多么邪恶和愚蠢，因为它不会有任何取得胜利的机会。但它在巴尔干半岛却取得了胜利。但愿巴尔干战争能给你们一个教训。"针对这样的观点，我们应当强调：欧洲东角和东南角尚未进入现代社会；而且，在西欧列强或者俄国想要对各小国有所动作的情况下，巴尔干各好战的农耕民族对支离破碎、分崩离析的土耳其所取得的成果毫无意义可言。在反对本国军国主义的斗争中，我们不要因为巴尔干各国人民所取得的成果而误入歧途。（掌声）各小国能否保持自治，取决于欧洲列强的利益对抗。这也是各小国的弱点所在，因为假如诸列强想要并且能够串通一气，它们也能决定各小国的命运。这也是北欧和西欧各小国为什么会间接遭到——我们所抗议的——迫在眉睫的大战沉重打击的原因。

可以肯定，目前，国际政策的关键就在于英国和德国两国政府势不两立。比利时人和荷兰人清楚，如果欧洲战争爆发，如果英国和德国开战，他们的国家将成为战场。斯堪的纳维亚各国人民也知道，他们面临俄国发动战争的威胁。因为如果说俄国想要打一场大战，那它就必然会提出提高对斯堪的纳维亚的领土要求。因此，中立问题会使各小国的统治阶级和政府不断增加军费开支，从而使我们不堪重负。和各大国一样，在我们国家，不断增加的军费负担也变得越来越难以承受了。考虑到近几年在瑞士所发生的一切，谁要是认为常备军和民兵的区别问题在这里有影响，那他肯定要彻底失望了。（有人喊道："非常正确！"）不管是常备军还是民兵，军费开支都一直在攀升。增加征兵一万人或者两万人，制造无畏舰，还有仿效大国的巨额军费开支，都不能保障各小国的自治。而这样一种思想应当深入到各国人民的心中，那就是：践踏历史形成的、以经济为基础的小国自治权就是对文明的践踏！只有这种思想才能保障各小国的自治。（暴风雨般的掌声）只有在我们的文明所信奉的价值中，才能找到我们生存的保障。因此，我们一直以文明诉求反对统治阶级的军国主义诉求。（喝彩声）看一看自由的瑞士、我们脚下的这片土地，看一看像丹麦这样的小国所做的美好的、人道的社会文化工作，看一看比利时和荷兰的艺术、科学和文化，就可以证明，我们不需要很大的国土，就可以成为一个伟大而文明的民族！（热烈的赞同声）

当我们与军国主义要求作斗争时，有人说我们没有祖国，指责我们想让自己的国家听任军事强国摆布。于是,我们请他们参看伦敦社会党代表大会的决议,在此项决议中,无产阶级的国际宣告了各民族的自决权。于是,我们请他们看倍倍尔几年前在帝国国会所说的话:统治阶级不应当认为,不管哪一场战争,德国无产阶级都要参加。于是,我们提起了我们在法国议会的伟大先锋,我们尊敬的饶勒斯——和平的伟大倡导者。他用豁达的社会思想填平了资产阶级在两国之间挖掘的鸿沟!于是,我们向我们的朋友和敌人指出:工人国际的成长壮大才是各小国保持民族自治的最可靠保障。(暴风雨般的掌声)

这并不意味着,边境线一旦确定,就永久不变了。当巴尔干半岛各国人民改变了他们的边境线时,他们这样做是有利于欧洲经济的发展的。今后,边境线还会变更,而我们这些小国人民,我们这些社会党人,我们最关心的是,不要通过杀戮和战争来完成变更,而是要通过各国人民的意志和自主权来完成。我们和各位一起反对发动一切战争。我们大声要求我们的政府和诸列强政府,假如巴尔干问题可以通过国际代表大会解决——对此我们不抱希望,各小国也能参与其中。因为为了保护各小民族用鲜血为了进步而争取到的一切免于落入列强贪婪和自私的魔爪,这些民族都应帮助巴尔干半岛的兄弟们。

假如世界大战爆发,各小国的无产阶级也将履行职责。各小国的无产阶级将全心全意地遵从国际的一切旨在制止战争的决定。(暴风雨般的掌声)另外,我们希望,如果有朝一日,各大国的统治阶级为了在血泊中、在各小国人民的国土上满足他们政府的贪婪和统治欲而征召他们国家无产阶级的子女入伍,在无产阶级父母、阶级斗争和无产阶级报刊的有力影响下,这些无产阶级的子女会在投身于反文明的事业伤害我们这些兄弟和朋友之前三思而后行。

离开本次代表大会以后,我们将回到国内进行宣传:这里所做的工作不仅仅是为了无产阶级,不仅仅是为了各国人民的和平,而且也特别关乎各小国的切身利益。我们要为我们的美好文明事业更加努力,我们要一如既往地、一步一步地和军国主义作斗争。(喝彩声)我们是小国,但是,国际社会主义的伟大力量与我们同在。因为社会主义不仅仅关乎各国人民的和平,不仅仅关乎各国人民的解放,而且也关乎各国人民的存亡。(暴风雨般经久不息的掌声)

蔡特金(受到热烈的掌声欢迎):我以全世界社会主义妇女的名义,特此声明:我们与伟大的社会主义国际团结一致、同心同德。我们一直把分担你们的全部工作和全部斗争视为我们义不容辞的责任。过去,我们每一次都非常高兴地与你们共同奋斗。而此刻,在你们打算把世界无产阶级引向神圣的反战十字军东征之时,我们将毫无保留地、尽心尽力地、全心全意地与你们站在一起!这正是因为我们是女性,我们是母亲!在历史的长河中,不论社会环境如何变迁,几十万年来,我们女性的任务就是孕育和抚养新生人类。这项任务曾经是我们的负担,同时也是我们的幸福。一想起许多生命在现代战争中被成批地毁灭和消灭,我们一切作为人类普遍进步和普遍的文明理想的个人体现而活着的人,就会感到愤怒,觉得毛骨悚然。所有这些生命难道不是母亲孕育的吗?难道他们不是由母亲在快乐和痛苦中照料的吗?对即将来临的灾难的恐惧之情使我们不禁要问:"胆敢进行如此杀戮行为的罪魁祸首到底是谁呢?"找寻罪魁祸首,我们发现在错综复杂的社会现象背后,现代战争——迫在眉睫的世界大战——的罪魁祸首就是资本主义。

在我们的时代,资本主义制度是穷凶极恶的吃人制度。

战争只不过是资本主义即便在所谓的和平时期也一直在对无产阶级进行的大屠杀的放大和延伸而已。(暴风雨般的掌声)在任何一个发达的资本主义国家,每年都有数十万人在劳动这个战场上倒下。在这么短的时间内,这个人数比任何血腥的战争所吞噬的生命都要多。我们妇女自己在提供与日俱增的受害者,连我们的公民权证书也是用血写成的。

但我们认识到另一点：**让各国人民相互厮杀，从而导致令人恐惧、卑鄙无耻的大屠杀，这是资本主义大规模剥削贫困人民的罪大恶极、最丧失理智的形式**。难道不是劳动群众的儿子受到欺骗、挑唆和蒙蔽而去自相残杀吗？而他们本应该在为争取同样的自由的斗争中成为兄弟、同志！（暴风雨般的掌声）

作为女性和母亲，我们反对这一罪行。我们想到的不仅仅是我们的家人被砍伤、撕碎的躯体，我们还考虑到**被毁灭的灵魂**——这是战争不可避免的结果。作为母亲，我们在孩子们心中所播种的一切、我们留给他们的文明——也就是人类进步——的最宝贵遗产都受到这一罪行的威胁。这就是国际团结和各国人民亲如兄弟的意识。这一理想被战争嘲笑、玷污和抹杀了。我们怀着坚定不移的信念和这一切作斗争。在这场斗争中，我们和你们手挽着手地并肩作战。不仅如此，同志们，在反战斗争中，你们丝毫离不开妇女们的帮助。（有人喊道："非常正确！"）**我们将你们引向未来和胜利**。假如作为母亲的我们使我们的孩子对战争深恶痛绝，假如从少年时代起我们就在他们心中培育社会主义兄弟友爱的情感和意识，那么，即使在最危急的时刻，世界上也没有任何力量能够把这一理想从他们的心中拔去并摧毁——这个时代必将到来。因为到那时，我们的女儿和儿子将不仅仅是我们身体的孩子，他们将成长为我们的心灵之子，我们的崇高理想将和他们永存。**因此，在最危急的时刻，他们首先会想起他们作为无产者和人类的责任**。这将成为他们的最高准则。（有人喊道："非常正确！"）

当我们作为女性和母亲奋起反抗大屠杀时，并不会发生这样的事情，即我们因自私和懦弱而不能为崇高的目标和理想作出重大牺牲。我们已经在资本主义制度下经历过生活的严峻考验，我们已经在这个制度下成为**战士**。我们已经有可以作出牺牲的力量，这种力量比奉献出我们生命的力量还要强大得多。**因此，我们能看着我们的同志为自由事业而战，为自由事业倒下。为了这样的斗争，我们希望努力使群众中到处都有这样的妇女，她们具有古代传奇母亲的精神，把盾牌交给她们的儿子，并对他们说："带着它或者倒在它上面！"我们应努力使已经成长起来的女性心智向这样的方向发展，即：使我们的儿子才不会再为了资本家或者王朝的利益，为了服务于少数人的利润、统治欲和野心的反文明目标而被迫去屠杀他们的兄弟；同时，使他们变得坚强而成熟，从而**完全自觉自愿、目标明确地去为争取自由的斗争而献出毕生的精力。**（暴风雨般的掌声）

你们也需要**我们本人，因为我们是必然作为一支力量支持你们的群众的一部分**。军备和战争对于发达的资本主义而言是生死攸关的必需品，它企图通过军备和战争来维持其统治。因此，资本主义不惜动用大量无比强大的手段——科学进步成果、技术奇迹、不计其数的财力、成百上千万的人力等——来服务于战争。所以，假如在大规模群众斗争中也动用一切可动用的强大手段，并动员一切力量，国际无产阶级向战争宣战只会成功不会失败。而要是没有无产阶级妇女参加，大规模群众运动就无从谈起。**无产阶级妇女是群众的组成部分，是半边天。**而作为女性，如同从事日常工作那样，我们也应当在战斗最艰难和最危急的时刻，**发挥我们自己的智慧和精神价值**。同志们，当群众必须作出最重大的个人牺牲来捍卫我们的理想时，你们不可能没有我们的智慧和精神价值所带来的帮助。只有当大部分妇女怀着无比坚定的信念走在"向战争宣战！"这一标语后面时，各国人民才能维护和平。也只有当大部分妇女走在这一标语后面时，和平才会不可抗拒。

世界各国的社会主义妇女怀着满腔热情，团结在我们"向战争宣战！"的旗帜周围。她们知道，帝国主义越是成为资本主义国家的主导政策，这一斗争就越会成为整个无产阶级解放事业的中心和高潮。**这一斗争不但特别有助于把群众集中起来，而且还会对他们发挥越来越好的**

教育作用。无产阶级并不是作为一支完善的、可以称重和测量的力量步入其伟大的斗争的。无产阶级的力量随其斗争产生并成长壮大。因此,"向战争宣战!"将成为成长壮大和力量展示的源头活水,并**将加速那样一个时刻的到来,到那时,榨干人民、奴役人民和屠杀人民的资本主义将不得不在社会主义面前屈膝投降**。正是因为我们在反战斗争中在为社会主义的胜利作出准备,我们妇女才会全心全意地支持这一斗争。对于无产者来说,资本主义民族国家不是真正的祖国;对于我们女性来说更不是。**我们必须在社会主义社会中建立我们的祖国,只有社会主义制度才能为我们保障实现人类彻底解放的条件**。我们迫不及待地、满怀激情地呼唤:"到来吧,社会主义王国!"因此,在"向战争宣战!"的斗争中,在冲锋陷阵时,我们将站在最前列。你们的决议越是坚决、越是自信,我们就越高兴、越欢迎。而共同的运动对我们的训练也不是徒劳无功的。所以,当你们作出明智的判断时,我们与你们同在。当你们勇敢地行动时,我们与你们同在。当那一刻到来时,我们将尽我们所能、把我们的一切都投入到人类和平、自由和幸福的事业中,直到到生命的最后一刻。只有牢记下列诗句的含义,我们所献身的伟大理想才能够实现:

> 如果不敢去冒死亡的危险,
> 就永远得不到生命!

(暴风雨般、经久不息的掌声)

萨卡索夫(保加利亚)(受到热烈的掌声欢迎):假如我不让各位看一看作为战场的国家,我就没有尽到我们的责任。但我不想为各位描述各种战争暴行所留下的印记,我想和大家谈谈那些对于我们来说非常宝贵的斗士。有人说,在我们这里战争受到欢迎,人们为之热情高涨。

的确战争非常受欢迎——这是在战前。那时，人们在大街上和会议上为宣战欢呼。可是，我们也看到了士兵们脸上的忧虑，没有比征兵的那些日子更让人人心惶惶的了。遍布大街的热情——我们都很清楚——是人为的，是表面文章，而不是发自内心深处的。追随着军队的妇女、老人和青年人并不是怀着从前尚武民族的心情，而是怀着为他们亲人的担忧之情这样做的。试想一下，现在，在保加利亚，战争征用了一切。在400万人当中，有36万人在战场上，还有10万人是服务人员和卫生员。在那里，激情很快就荡然无存了！在议会中，当唯一的社会党人发表我们的反战声明时，他的确遭到多数派的粗暴对待。但是，当看到战争所造成的巨大灾难时，民众并没有跟从多数派。如此多的妇女在被父亲抛弃的孩子们的陪伴下，到我这里哭诉她们的苦痛！甚至连一些长期盼望战争的军官夫人也和许多其他人一样赞同我的看法。一旦人民看到战争究竟为何物时，变化就在人们的心中发生了。（热烈的掌声）

我们真的对战争完全束手无策吗？我对各大国的情况不甚了了，无法作出判断。但是，在各小国，我们并没有听凭那些军事统帅的摆布。一支6万人的常备军必须补充30万人的预备役士兵，而在预备役士兵当中，有我们不支持战争的工人，有不支持战争的农民、市民和预备役军官。相对于1个常备军士兵，就有6个反对战争的公民。在这样的国家里，我们是能够控制兵营的。因为枪不在统治者手里，而是在人民的朋友和社会党人手中。（热烈的掌声）

宣言使我们向前迈进了一大步。国际有史以来第一次为其所有支部制定了对外政策。我可以以保加利亚社会党人和塞尔维亚及土耳其的同志们（掌声）的名义声明，万众一心、同心同德的无产阶级国际的无与伦比的行动赋予我们巴尔干半岛的社会党人莫大的勇气，来更加有力地继续从事我们家乡的社会主义工作。（热烈的掌声）在我们家乡，在取得胜利以后，民主主义将幻灭，苦难将加深。不管千难万险，我们都不会后退一步。每天，我们都将向前推进。只有这样，在大灾大难以后才不会失去一切。我们将继续把我们各族人民引向文明和社会主义的道路！（暴风雨般的掌声）

瓦扬（受到暴风雨般、经久不息的掌声欢迎，人们高呼："巴黎公社万岁！"）：我以法国支部的名义宣布我们完全赞同代表大会的宣言。（热烈的掌声）在宣言起草委员会中，我们中的一些委员的确倾向于在宣言中写入体现我们法国党决议精神的思想。但其他一些支部对于明确写入这种思想不可能没有疑虑。尽管如此，它决没有被排除在外。无论是以暴动反对战争还是总罢工的思想都没有被排除在外！在俄国，正是总罢工在最近一场战争之后振奋了革命精神。如今，总罢工再次开始，它定然是制止统治阶级危险野心的最佳手段。（热烈的掌声）

国际坚信，国际每个支部都会竭尽全力、千方百计地阻止可怕的战争爆发。国际在代表大会上的讨论即将结束，它马上就将真正付诸行动了！现在，我们的责任是为全世界无产阶级贯彻这个决议，请各位相信，法国支部在这一点上将铭记自己的革命传统和革命精神。宣言的伟大作用同样在于，它呼吁大家尽一切可能，无所畏惧地去阻止可以想象的巨大灾难发生。如果每一个支部在群众性斗争中履行它的责任，我们将实现这一点。但是，假如战争由于资本主义罪行爆发了，那么它必须承担战争造成的一切后果的全部责任，这些后果会使无产阶级把意志凝聚起来。而这种意志将体现为社会革命！（经久不息的暴风雨般的掌声）

阿尼尼（意大利）：以西班牙、葡萄牙和意大利代表的名义声明同意这个决议：在这里用各种语言发出抗议不是没有巨大的道德意义、政治意义和历史意义的。它不再仅仅是一种象征，而且也是一种事实，即千万颗心汇成了一条心。（暴风雨般的掌声）我代表我们敬爱的帕布洛·伊格列西亚斯同志向大会转达他最良好的祝愿。我首先声明我们西班牙同志赞同这个决议。在西班牙现在有两个无产阶级组织，有10万会员的劳动者总同盟和有9万会员的铁路工人联合会。这两个组织团结一心，都与国际的感情、思想和行动保持一致。在声明我们的葡萄牙同志表示赞同的同时，我高兴地宣布，葡萄牙第一次出现在国际的代表大会上。（掌声）

我们感谢西班牙的同志有力地抵制了对摩洛哥的冒险行动，我们还记得他们在巴塞罗那为反对杀害费雷尔所采取的行动。葡萄牙的社会党人不仅将为建立一个政治意义上的共和国而且将为建立一个公正的共和国而努力。（热烈的掌声）

我可以声明，我完全赞同意大利的无产者。他们刚刚进行了一场反对由教会罗马银行主谋对的黎波里的强盗行径的斗争。我们孤军奋战，坚持了这场斗争。所有的人都离弃我们，诽谤我们。我们采用一切手段，以避免战争的耻辱。如果需要我们再次作出这种行动，我们将又一次采取一切手段，无一例外，以使我们的人民、整个的人类避免这场奇耻大辱！（暴风雨般的掌声）

该演讲由安热利卡·巴拉巴诺娃同志（女）热情地相继译成德语、法语和英语，大会向她欢呼致意。

俄国和波兰代表团的所有小组声明赞同宣言，并且放弃发言。

格罗伊利希主席：各国支部的代表都已经发了言，现在进行表决。这是重要的一步。

全体代表起立，举手表示赞成。拥挤的大厅里呈现出一片令人难忘的景象。同时讲台上也发出了震耳欲聋的掌声。代表们唱起了《国际歌》。大会上充满着热情洋溢的气氛。

格罗伊利希主席：各位怀着满腔热情，一致通过了宣言。因此，各位接受了宣言给我们大家所指定的各项责任。第一项责任是，根据我们的组织和力量，采取一切可能的手段阻止欧洲爆发大屠杀。（暴风雨般

的掌声）

同志们，我们还有一些议题要审议。在我们的会议期间，意大利和瑞士代表已经达成一项共识。事情的起因是，最近出现了领土收复的要求，主张把瑞士讲意大利语的地区合并到意大利——意大利在的黎波里还嫌不够麻烦。我们的同志很快就一致认为，这是军事集团的投机，目的是为了散布不安情绪，并由此唤起对更高的军国主义要求的赞同。在意大利人民当中，这种领土收复主义没有任何基础。瑞士讲意大利语的地区不需要解放，那里有自治政府和自治的行政部门。（掌声）

有关报告这样写道：

"星期日晚，国际巴塞尔社会党非常代表大会的意大利和瑞士代表召开了特别会议。他们讨论了由报纸上刊登的各种沙文主义言论所引起的关于意大利和瑞士两国关系的论战，以及这一论战所制造的不安情绪，特别是在瑞士。因为领土收复运动的目标是实现意大利对泰辛州的吞并。在对形势进行细致考察以后，两国代表确信，这种紧张气氛是由某些当事人人为制造的因素所造成的。旨在把泰辛州并入意大利版图的所谓领土收复运动并非意大利人民心中根深蒂固的想法。出现这样的思想，显然是为了证明所谓的扩充军备的必要性。这一思想到处被用来激发这样一些人对于建造防御工事的热情，他们要是没有这一人为的兴奋剂，是很难为此热情似火的。两国代表一致谴责此类行径，他们一定要利用他们政党的影响力，为意大利和瑞士人民作出必要的澄清。"

同志们！正当我们在这里开会的时候，两名同志在美国法庭受审，面临被判处死刑的危险。焦万尼蒂和埃托尔被指控犯有谋杀罪：不是因为他们杀害了一名妇女，也不是因为这名妇女被杀害时他们正好在犯罪现场，而是因为他们带头进行了一场可怜的纺织工人罢工，而在罢工期间，警察枪杀了这名妇女。（嘘声四起）针对这一当局预谋的丑恶罪行，社会党国际局已经发出抗议书。由于今天要开庭审判，我们以代表

大会的名义,向陪审团和法庭发去了一份电报。我认为,本次代表大会是一致支持抗议的。(热烈的掌声)

同志们!我们认为,我们一致抗议俄国沙皇政府的暴行是自然而然的事,即使不为此专门通过一项决议。(暴风雨般的掌声)

另外,同志们,昨天,在我们举行和平示威活动期间,传来一个令人悲痛的消息:在法国,在一起瓦斯爆炸中,有24名矿工遇难。(代表们全体起立)让我们向这些劳动英雄致敬。无产阶级的劳动犹如战场一般。每年都有成千上万的受害者为资本付出生命。但这也使他们不仅敢于为资本付出生命,而且有朝一日勇于为工人阶级解放的伟大斗争献出生命。(暴风雨般的掌声)

同志们!昨天,正当我们为了和平不遗余力地进行游行示威时,我们英勇的布达佩斯的同志们也在举行同样的游行示威活动。但是,他们没有教堂可以使用,也没有警察为游行队伍开道。相反,统治匈牙利的大贵族和大地主却血腥镇压了和平示威活动。(嘘声四起)针对那些早就应该被赶下台的狂妄的荣克犯下的这一无耻暴行,代表大会一致表示愤慨。(暴风雨般的掌声)

现在由倍倍尔同志发言。

当倍倍尔走上讲台的时候,代表们热烈地向他欢呼达数分钟之久。许多代表起立,向倍倍尔高呼"万岁"。

倍倍尔:亲爱的同志们!这次简短但极其重要的会议就要结束了。这是一次充满热情、决心和对我们所献身的事业崇高执著的会议。它将在国际工人协会的史册上写下光辉的篇章。这次会议不仅对我们所有能够参会的人员和委派我们来参会的人而言将永生难忘,而且——我希望——对于那些我们会议首先针对的人——即那些资产阶级各阵营的我们的对手和敌人——来说也将永生难忘。(热烈的掌声)我希望,尤其是在座的各位,你们会懂得如何评价这次会议的意义,你们会想到,当资产阶级世界分裂成敌对的三国同盟和四国同盟时,**统一的世界工人联盟——伟大的国际——在准备和一切敌人作斗争。**(暴风雨般的掌声)

但是,恕我直言,假如没有得到各方面的支持,这次无与伦比的会议根本不可能召开。首先,我想我要代表各位感谢我们瑞士的同志,特别是巴塞尔的同志们,(热烈的、普遍的赞同声)他们在短暂的时间里完成的繁重工作和付出的牺牲对会议的召开起了决定性的作用。他们圆满完成了任务,大家都感到非常满意。我还要特别感谢政府。同志们,这是国际第一次向政府说感谢。(哄堂大笑)感谢政府友好殷勤地欢迎我们以及这些天来对我们的关照。然后,党员同志们,我也要特别感谢教会。(掌声)昨天,教会当局把富丽堂皇的大教堂交给我们使用,在教堂的钟声中接待我们,如同我们是地球上的大人物、主教或者教皇。作为无神论者,我为能够感谢教会当局而感到高兴。(笑声和掌声)党员同志们,可惜的是,现在,像这样表现出的真正的基督教宽容在基督教国家已经少之又少了。反其道而行之成为基督教国家里看问题的普遍方法,而且,尤其是针对我们。我们被视为宗教、婚姻和家庭的敌人,一群想把什么都搞乱的颠覆者。当然,我坚信,如果耶稣基督今天再度回来,看看这些为数众多的基督教团体,这些自诩为基督徒而徒有虚名的数亿人,他恐怕不会加入到他们当中去,而是会加入到我们当中来。(暴风雨般的掌声)

"在地上平安归与他所喜悦的人。"在未来数周内,这句话将千万次在基督教教堂的布道坛上回荡。但是,说实在的,这才是最大的虚伪。因为同是这些布道者,他们可能会更加愉快地登上同一个布道坛,去试图激发人民对屠杀人类、毁灭人类和破坏一切的战争的热情。(有人喊道:"说得太对了!")我们希望在这里播撒的种子将结出累累硕果。我们的代表大会尤其应该使我们的对手去深思。当明天返回德国读报时,会看到资产阶级报纸对本次大会说些什么,我已经在高兴地期待。我们在这里说了什么、做了什么,他们都不会感到惊讶。对于这些,他们已经预料到了。但是,这享有盛誉的重要城市以这样的方式来欢迎我们,这会让很多人摇头的,(笑声)而教会当局把大教堂交给我们使用,这对他们来说,就如同天要塌下来一样。(哄堂大笑)这样的事从来没有发生过,他们也从来都没有经历过这样的事情。一些人会重复年轻的俾斯麦向瑞士大使所说的话:"你们国家是一个野蛮的国家!"(笑声)当时,瑞士联邦委员会驱逐了德国警官沃尔格穆特。沃尔格穆特闯入瑞士进行特务活动,在写给一位自以为已经被他收买的人的信中,他写道:"现在,你们只需大力煽动!"他被驱逐是罪有应得。但是,一名警官遭到驱逐,这在一个文明国家是不可能的,只有在野蛮国家才会发生这样的事情。(笑声)但我认为,假如我们当中大多数人的祖国都是这样的野蛮国家,他们将会感到高兴。(暴风雨般的掌声)所以,我们将带着最美好、最高兴和最令人感激的回忆告别巴塞尔。不过,在我们离别之前,让我们再一次高呼我们的战斗口号:"工人国际万岁!"(激情洋溢的代表们三呼万岁。会场内爆发出暴风雨般、经久不息的掌声。)

格罗伊利希主席:代表大会就要闭幕了,我只想说几句。昨天,在大教堂,我们亲爱的饶勒斯同志出色地讲解了席勒《钟之歌》开头的诗句:"Vivos voco, mortuos plango, fulgura frango";今天,我也打算讲解一个拉丁箴言,它来自——别害怕——天主教弥撒曲。在这段弥撒曲中部,是尼西亚主教会议制定的《信经》的信条,结尾的一句是:"Expecto resurrectionem mortuorum et vitam venturi saeculi"——"我等待着逝者的复活和未来世纪的到来"。这乍看起来不过是一条简单的信条,我也是在我们伟大的巨匠约·塞巴斯蒂安·巴赫的 B 小调弥撒乐曲中才明白了这句话的深意。这句话先是完全出现在传统音乐令人恐怖的音调中,而就在这时,几只小号响起来了,它们你追我赶、急促而欢快地再一次呼唤:"Expecto resurrectionem mortuorum";接着,犹如兴高采烈的呐喊:"et vitam venturi saeculi"。这时,我对自己说,这就是我们的希望所在。那仍然远离我们的、我们的运动像铅球一样拖着的数百万无产者就是即将复活的亡灵。(暴风雨般的掌声)我们希望,不,我们等待着这些逝者为了在未来过上真正的、更好的生活而复活。这才是最重要的目标,我们不畏艰辛所要追求的最终目标。这是使我们振奋鼓舞的希望,它对我们说:他们将复活,我们会看到未来的美好生活。(暴风雨般的掌声)

现在,在我们即将离别之际,让我们一起高呼:"向战争宣战!向战争宣战!向战争宣战!"① 这就是我们本次代表大会的宗旨。(暴风雨般的掌声)

代表们激动地跟着高呼口号,唱起无产阶级的国际战斗歌曲。最后都汇成了《德国社会党人进行曲》:"人民与我们同在,胜利与我们同在!"

附 录

工人国际的反战决议(1867—1910)

1867年洛桑代表大会决议②

鉴于战争给工人阶级压下的重负胜过其他任何社会阶级,战争不但

---

① 原文中,这三句口号分别为英语、法语和德语三种语言。——译者注
② 依德文版译出,法文版译文见本书第9卷第286—287页。——编者注

剥夺了工人阶级的生存手段，而且必然使工人首先去流血；

鉴于所谓的武装和平给工人压下的重负几乎与战争毫无二致，因为它使这些人民中最优秀的分子徒劳地从事无益的、破坏性的工作；

最后，鉴于要消除这种弊病，一个必要的条件是改变当前以一部分人剥削另一部分人为基础的社会状况；

战争是大众贫困和经济失衡的首要和主要结果；

要消灭战争，仅仅解散军队是不够的，还应本着越来越公正地分配劳动的精神来改变社会制度。

以上述声明为前提，国际工人协会代表大会宣布完全和坚决地支持9月7日于日内瓦成立的和平同盟及其为维护和平所作的种种努力，并要求不仅停止战争，而且废除常备军，代之以建立在互助和公正基础上的各国人民的自由联盟，而这个联盟的成立的前提条件是：工人阶级摆脱被奴役、被压迫的地位及在社会上任人歧视的状况，阶级斗争因现有对立的消除而告结束。

1868年布鲁塞尔代表大会决议[①]

鉴于：

公正应当是人民、国家以及公民之间关系的准则；

战争的主要原因是经济不平衡；

战争只不过是强者有理，而不是法律的认可；

战争仅仅是特权阶级或代表他们的政府使人民服从的手段；

战争巩固专制制度，窒息自由（证据为前几次意大利和德国的战争），战争使家庭支离破碎，使军队集中的地方道德败坏，助长无知和

---

① 依德文版译出，法文版译文见本书第10卷第232—234页。——编者注

贫困；

黄金和人民鲜血的作用，不过是使人民之间的野蛮本能得以保持；

在以劳动和生产为基础的社会里，权力只能被用来为每个人的自由和权利服务；甚至对于社会每一个独特的成员来说，它都只能是一种保障，而不是侵犯；

欧洲目前的政府不代表劳动者的正当利益；

战争的主要和经常的原因是经济不平衡，因此，只有通过社会改革才能消灭战争，虽然如此，但战争的次要原因在于由中央集权和专制产生的独断专行；

人民现在已经能通过反对那些进行战争或宣战的人来减少战争的次数；

这个权利主要属于工人阶级，几乎只有他们必须服兵役的，因此只有他们才能制裁战争；

为此使命，他们有真正的、合法的、立即可行的手段；

事实上，如果生产停止一定时间，社会就不能生活，因此生产者们只需停止生产就可以使个人专制的政府难以行动；

在布鲁塞尔召开的国际工人协会代表大会宣布一致最强烈地反对战争，并呼吁各国协会的所有支部以及所有工人协会和工人团体，不论其性质如何，都全力以赴地行动起来阻止人民对人民的战争，这样的战争只能被看成内战，因为它是在生产者之间，也就是在兄弟之间和公民之间进行的。

大会特别向工人建议，在他们各自的国家一旦爆发战争的情况下停止工作。

大会信赖各国工人的团结精神，希望他们一定支持各国人民的这场反对战争的斗争。

1888年伦敦代表大会决议①

鉴于欧洲各政府维持的庞大武装构成对世界和平的持久威胁,并给工人阶级造成巨大的损害,大会恳请各国民主人士委托他们的代表,以仲裁法庭取代用战争解决政府之间的争端。

1889年巴黎代表大会决议②

鉴于:

为统治阶级或有产阶级服务的常备军或武装力量完全与民主政体或共和政体背道而驰,它是军事统治、君主统治或寡头统治和资本主义统治的表现,同时它也是实行反动政变和社会压迫的工具;

常备军是侵略战争的原因及其结果,是导致国际冲突发生的经常性危险,因此常备军和以军队为工具的侵略政策应当让位给防卫政策和和平民主,即让位给不是为掠夺和侵略而是为捍卫自己的独立和自由而武装起来的、训练有素的全民组织;

正如历史已证明的那样,常备军是引起战争的普遍原因,同时它也不能保卫国家免受占优势的联合力量的侵犯,而是会给国家带来失败,使没有防御力量的国家任凭胜利者蹂躏,而一个训练有素的、组织起来和武装起来的民族在外敌入侵面前是不可战胜的;

常备军夺走了每个国家处在学习和受教育时期的青年的花季,夺走了最广大的劳动力的精华,把他们送进兵营并使他们道德败坏,所以常备军对全体公民的生活起着腐蚀作用;

---

① 这是于1888年11月6—10日在伦敦举行的国际工会代表大会通过的决议,英文版译文见本书第14卷第371页。——编者注
② 见本书第14卷213—214页。——编者注

常备军的存在,使劳动、科学和艺术趋于衰萎,使它们的繁荣受阻,使公民、个人和家庭的发展受到威胁;

相反,在存在着一支真正的国民军,即全国都被武装起来("全民武装")的情况下,公民在国民生活中能发挥自己的天然禀赋和才能,他会履行服兵役的义务,因为这是他的公民权的必要属性;

常备军使军事债款的负担不断加重,使赋税和公债不断增加,这是造成贫困和破产的根源;

巴黎国际工人代表大会愤怒地拒绝正在进行垂死挣扎的政府提出的战争计划。

大会把和平看做是工人解放的首要的和必不可少的条件。

大会要求在废除常备军时按照下列原则建立全民武装:

国民军,即武装起来的国民,由所有能够作战的公民组成,它按地区进行组织,每个城市、每个县和每个区都要建立一个或几个营队(根据居民人数的多少),组成营队的公民彼此认识,必要时可以在24小时内集合起来,整装待发。像瑞士那样,每个公民的家里都有枪支和军事装备,以保卫民众的自由和国家的安全。

大会声明,战争是现代经济关系的可悲产物,只有当资本主义生产方式让位于劳动的解放和社会主义在国际上的胜利时,它才会被消灭。

1891年布鲁塞尔代表大会决议①

鉴于:

笼罩着欧洲的军国主义是持续的——公开的和潜在的——战争状态的必然结果,它是由人剥削人的制度以及由此产生的社会阶级斗争所强

---

① 见本书第15卷第52页。——编者注

加的。

代表大会声明：一切旨在消灭军国主义和建立各国人民之间的和平的努力，如果不针对产生军国主义这个祸害的经济原因，那么无论动机如何崇高，都是徒劳无益的；

只有建立消灭人剥削人的社会主义社会制度才能根除军国主义，并给各国人民带来和平；

因此，一切想要消灭战争的人都有责任加入国际社会民主党这个唯一真正的和彻底的和平党。

鉴于欧洲的越来越险恶的形势和统治阶级的沙文主义煽动，代表大会号召各国工人坚持不懈和有力地抗议和反对战争狂以及为之效劳的同伙，并且通过完善无产阶级的国际组织来加速社会主义的胜利。

代表大会声明，这就是防止世界大战的可怕灾难的唯一方法，而这场战争的无法预见的灾难性后果将首先落到工人阶级头上。在人类和历史面前，只有统治阶级应对这样的灾难负责。

1893年苏黎世代表大会决议[①]

工人对战争的态度，已经在布鲁塞尔代表大会关于军国主义的决议中得到充分表明。国际革命社会民主党要在各国动员一切力量反对统治阶级的沙文主义欲望，使全世界工人团结的联盟变得越来越牢固，不断地谋求消灭把人类分成两个敌对的阵营和煽动各国人民互相仇视的资本主义。随着阶级统治的消灭，战争也将消失。推翻资本主义就是世界和平。

工人党的议员有责任拒绝军事拨款，不懈地反对常备军，提出裁减

[①] 参见本书第16卷第79—80、第93页。——编者注

军备的要求。社会主义政党应该支持一切旨在促进世界和平的协会。

1896年伦敦代表大会决议①

在资本主义社会,战争的主要原因并非宗教或民族矛盾,而是各国占有阶级的经济对抗。正如在劳动场所不断地拿工人的生命和健康作牺牲一样,他们通过打开新的市场,为追逐新的利润而毫无顾忌地让工人们流血牺牲。

因此,各国工人阶级的使命是,像反抗占有阶级对他们进行的其他任何一种欺压一样,反抗军事压迫。

为了实现这一目标,他们必须夺取政治权力,以消灭资本主义生产方式,同时在一切国家里拒绝作为资产阶级工具和维持现有秩序的政府。

即使在和平时期也吸干了各国人民血汗、其费用主要由工人阶级负担的常备军,不仅加剧了国家之间的战争危险,而且还根据统治阶级的愿望成为更加残酷地压迫各国工人阶级的工具。正因为如此,资本家阶级才对"放下武器"的口号,以及向他们发出的其他人道主义的呼吁充耳不闻。

只有工人阶级才有实现世界和平的尊严愿望,只有他们才有实现世界和平的力量。

所以,他们要求:

1. 同时在一切国家取消常备军,建立国民军队。
2. 成立仲裁法庭,其裁决具有法律效力。
3. 如政府拒绝接受仲裁法庭的决定,应由人民直接对战争或和平

---

① 参见本书第18卷第37—38页。——编者注

问题作最终决定。

工人阶级反对国家间签订秘密条约。

只有当工人阶级取得对立法的决定性影响，各国人民因国际社会主义联盟而真正友好，这些要求才会像其他已经提出的有利于工人阶级的重要要求一样得以实现。

1900年巴黎代表大会决议①

大会宣布：每个国家的工人政党必须加倍努力地反对军国主义和殖民政策；首先绝对必须用维护和平的各国无产者的联盟来回答主张战争的各国资产阶级政府的世界政策的联盟。

为此，代表大会决定采取以下的实践手段：

1. 各国社会党为了反抗军国主义应着手进行并努力推动青年的教育和组织工作；

2. 各国议会中的社会党议员有责任无条件地投票反对用于军国主义、海上扩张主义或者远征殖民地的任何经费；

3. 委托社会党国际常务委员会，在一切具有国际影响的适当时机，在各国同时发动一次同样形式的反对军国主义的抗议运动。

大会反对像海牙会议那样的所谓和平会议，在当前的社会，这种会议像最近的德兰士瓦战争所证明的那样，不过是一种欺骗和蒙蔽。

1907年斯图加特代表大会决议②

本届大会肯定了历次代表大会就反对军国主义和帝国主义的问题所

---

① 参见本书第19卷第310页。——编者注
② 参见本书第22卷第197—199页。——编者注

作出的决议,并再次指出,反对军国主义的斗争跟整个社会主义的阶级斗争是分不开的。

总的说来,资本主义国家之间的战争,是它们在世界市场上竞争的结果,因为每个国家不仅力图保有自己的市场,而且还主要靠奴役他国人民和夺取他们的领土来获得新的市场。这种战争还是军国主义无休止地进行军备竞赛的结果。军国主义是资产阶级进行统治并在经济上、政治上奴役工人阶级的一个主要工具。

这种战争得到文明民族为了统治阶级的利益而逐步培养起来的一个民族对另一个民族的偏见的推动,培养这种偏见的目的在于使无产阶级大众背弃他们自己的阶级任务以及国际阶级团结的义务。

因此,战争是资本主义的本质;只有当资本主义的经济制度被消灭,或者到了发展军事技术需要付出大量人力和财力,扩充军备引起了强烈抗议,从而促使人民起来消灭这种制度的时候,战争才会停止。

士兵主要是由工人阶级提供的,物质牺牲主要是由工人阶级承担的,工人阶级是战争的天然反对者,因为战争违反工人阶级追求的目的:建立以社会主义原理为基础的、能够实现各国人民团结的经济制度。

因此,大会认为工人阶级,尤其是它在议会中的代表有责任在认清资产阶级社会的阶级性质、认清这个社会是保持民族对立的温床的情况下竭力反对海军和陆军的军备,拒绝提供为此需要的经费,以及致力于用各国人民友好团结和社会主义的精神来教育工人阶级的子女,使他们充满阶级意识。

大会认为代替常备军的军队民主组织——人民军队——是能够制止侵略战争和有助于克服民族对立的保证。

国际不能用死板的形式为自然条件各不相同的国家的工人阶级规定反对军国主义的行动,这类行动应以时间地点为转移。但国际有责任多方支持工人阶级反对战争的努力,并使其步调一致。

事实上,从布鲁塞尔代表大会以来,无产阶级在其反对军国主义的不懈斗争中通过拒绝批准海陆军装备的经费的办法,通过使军事组织民主化的努力,已越来越坚强而卓有成效地采取了各种不同的活动方式来阻止战争的爆发,或制止战争,或使战争给社会造成的震动变得有利于工人阶级的解放:

例如,法绍达事件以后为保证和恢复英国和法国之间的友好关系英法两国工会所达成的谅解;摩洛哥危机期间社会民主党在德国议会和法国议会中采取的行动;法国和德国社会党人为同一目的而发表的声明;奥地利和意大利社会党人为防止两国间的冲突而在的里雅斯特举行集会的统一行动;瑞典的社会主义工人阶级为阻止对挪威的进攻而进行的有力干预;最后,俄国和波兰的社会主义工人和农民为反抗沙皇政府发动的战争,制止这场战争,利用国内危机来解放劳动阶级而进行的英勇的、不怕牺牲的斗争。

所有这些努力都证明了无产阶级的日益增长的威力,证明了它通过坚决的干预保证维护和平的日益增长的力量。人们越是做好强有力的行动的思想准备,各国工人党越是受到国际的鼓舞,越是与国际步调一致,工人阶级的活动就会越有成效。

大会确信,在无产阶级的压力下,认真利用仲裁法庭来代替政府的卑鄙活动,就能够向人民保证实现裁军的善行,这样,军备和战争所消耗的大量人力和财力就可以用于文化事业。

只要存在着战争的威胁,各有关国家的工人阶级及其在议会中的代表就有责任在国际局的促进团结的活动的支持下,各尽所能,以便利用他们认为最有效的手段来阻止战争的爆发,这些手段自然是根据阶级斗争的尖锐化程度和一般政治形势的尖锐化程度的不同而改变。

如果战争仍然爆发了的话,他们的责任就是全力以赴迅速结束战争,并尽力利用战争引起的经济危机和政治危机来唤醒人民,从而加速资本主义的统治的崩溃。

1910 年哥本哈根代表大会决议

代表大会指出,近几年,虽然召开了和平会议,并且各国政府作出了和平的保证,但是军备却大为扩张。特别是最近达到建造无畏战舰阶段的海军军备竞赛,不仅把公共资金无谓地耗费在非生产性的用途上,致使用于社会福利政策和工人救济方面的经费不足和减少,而且还使各个国家有遭受由于间接税沉重不堪而引起物资枯竭和财政崩溃的危险。同时,正是这些军备近来在威胁着世界和平,而且还必然要永远威胁世界和平。鉴于事态的这种发展威胁着人类的文明,威胁着各国人民的幸福,威胁着群众的生活,本次代表大会确认以往历次代表大会特别是斯图加特代表大会的决议并重申:

各国工人之间不存在任何能够引起战争的争端和分歧。在今天,战争是资本主义特别是资本主义国家在世界市场上的国际竞争和资产阶级在国内的阶级统治以及在经济上、政治上奴役工人阶级的主要工具军国主义所造成的恶果。只有消灭资本主义的经济制度,战争才会完全消除。工人阶级最关心消灭战争,因为他们承受着战争的主要负担,并且遭受最为深重的战争苦难。因此,各国有组织的社会主义无产阶级是世界和平的唯一可靠的保障。所以,代表大会再次号召各国工人党向全体无产阶级首先是向成长中的青年热情地进行教育工作,阐明产生战争的真正原因,并以各国人民友好的精神教育青年。

代表大会坚持并重申,议会中的社会党代表有责任全力反对扩充军备并拒绝为此给予任何拨款,它希望这些代表:

1. 不断要求必须由国际仲裁法庭来解决国与国之间的一切纠纷;

2. 经常提出关于普遍裁军首先是缔结限制海军军备和取消私掠权的协定的建议；

3. 要求停止秘密外交并公布政府间一切现存的和将要签订的条约和协定；

4. 主张各国人民拥有自决权，并保护他们对反对军事侵略和暴力压迫。

在各国社会党议会党团反对军国主义的斗争中，社会党国际局将给予他们物质支援，必要时将促使它们采取共同行动，对于发生军事纠纷的情况，代表大会确认斯图加特如下决议：

> 只要存在着战争的威胁，各有关国家的工人阶级及其在议会中的代表就有责任在国际局的促进团结的活动的支持下，各尽所能，以便利用他们认为最有效的手段来阻止战争的爆发，这些手段自然是根据阶级斗争的尖锐化程度和一般政治形势的尖锐化程度的不同而改变。
>
> 如果战争仍然爆发了的话，他们的责任就是全力以赴迅速结束战争，并尽力利用战争引起的经济危机和政治危机来唤醒人民，从而加速资本主义的统治的崩溃。

为贯彻上述措施，代表大会责成国际局，当出现战争危险时，立即采取必要步骤，促使有关国家的工人党彼此协商、一致行动以防止战争。

在任何时候，当两个或几个国家之间有发生冲突的危险时，而被征求过意见的（有关国家的）各国党对于作出决定又表现出犹豫或拖延时，这时即使有关国家无产阶级中只有一方提出要求，社会党国际局书记也必须召开社会党国际局和社会党国际议会委员会的紧急会议，这种会议应该立即在布鲁塞尔或视情况在其他比较适宜的地方举行。

* * *

下述信件是**瑞典**、**波希米亚**、**意大利**和**俄国**的几位女同志写给社会党国际局的，以期在代表大会会议记录中发表：

我们知道，我国社会民主党的所有妇女都对人们所容忍的战争充满憎恶之情。一位女同志在我们的报刊中表达了我们的激愤：人类又在流血！流自一个敲开的、可怕的大伤口——巴尔干战争！伪善的基督啊！如果你在1912年的圣诞节传布世界和平的福音，你就起码要为自己感到羞愧！国际的妇女们！我们能够袖手旁观，任凭资本主义的文明践踏巴尔干吗？我们能够容忍那些在圣十字架下对无辜的妇女和儿童实施的无耻暴行吗？不能！扯下他们伪善的画皮，将资本主义的强盗本性暴露在光天化日之下。让我们抗议吧！

社会民主党妇女代表大会执行委员会
**安娜·斯泰屈　吕达·厄斯特隆　西涅
埃丽斯·恩格尔斯特伦　安娜·林德哈根**
1912年11月底于斯德哥尔摩

捷克斯洛伐克社会民主党的女工和工人的妻子同整个社会主义国际一起一致抗议巴尔干战争，抗议可能发生的世界大战的危险。异常艰难的时候，特别是日益迫近的战争危险要求我们妇女也要作出非凡的牺牲，号召我们为反对大屠杀而斗争。我们完全拥护在巴塞尔举行的社会党国际代表大会的号召：以战争反对战争！为了自由，前进！

捷克斯洛伐克社会民主党女党员代表
卡拉·马哈
1912年11月底于布拉格

为制止一场世界大战的爆发,为使人民不被推上断头台,免于成为一小撮工业资本家、投机商和大地主利益的牺牲品,全世界无产阶级在巴塞尔结成了神圣的联盟。值此机会,社会党的妇女也要发出自己的呼声,因为她们是劳动妇女的代表,没有她们的可喜合作,无产阶级的男子们就不可能尽全力进行反抗和斗争,就不可能具备伟大目标所要求的热情和牺牲精神。在巴塞尔代表大会上应该以各国社会党女党员和全世界女工的名义,表达出我们的感情和意志。社会党的妇女同全世界无产阶级一道反对屠杀人民,反对策划大屠杀的资本主义制度。她们同世界无产阶级一起表明自己的坚定意志:全力以赴,参加到以战争反对战争的伟大的文明事业中去。

意大利社会党妇女全国联盟委员会代表

安娜·库利绍夫博士

1912年11月底于米兰

圣彼得堡组织起来的缝纫女工声明同社会主义国际团结一致,组织起来的纺织女工也对此表示赞同:

我们圣彼得堡组织起来的缝纫女工抗议目前在巴尔干半岛进行的自相残杀的战争暴行,我们同全世界无产者一起,一致呼吁反对战争。

巴塞尔大教堂泰施勒牧师的和平布道

1912年11月24日上午(当天几个小时之后,倡导和平与各民族兄弟友爱的国际庄严地进入历史悠久的巴塞尔大教堂),在大教堂做礼拜时,虔诚的**泰施勒牧师**布道,内容如下:

今天下午将在这里举行一个旨在抗议战争的大会。是否应该将我们教堂的场所向国际工人代表大会开放，对这个问题已进行了讨论。我们的教区管理委员会**一致表示同意**，为此我们感到由衷高兴。不管个别人对社会民主党的态度如何，我们大家都为这个决定感到喜悦。如果有人企图说服我们，说战争是个善举，或者是件在所难免的不幸之事，那么我们的回答是：战争是祸害，战争应该而且可以被铲除。我们崇拜公正、仁爱与和平的上帝。今天下午将在这里举行的大会是一个充满基督精神的大会，尽管演讲者的表达方式会使我们感到陌生。这次大会要传播基督的原则和思想，所以我们欢迎前来参加大会的人们，欢迎那些远道而来的人们，并对他们表示诚挚的同情。

来自巴尔干战场的战地记者描述了战争的可怕景象。数以千计的人们被雨水浇得透湿，在冬天的凛冽寒风中向前挣扎。那些迅速脱离了苦海而死去的人们是幸运的，在他们身边有上千名拖着伤残肢体的不幸者，他们还在呼救，但由于组织的无力，他们无法被运走。这还不够，瘟疫，这个狞笑着的幽灵在士兵们中间游来游去，那些在大屠杀的战场上幸存的人们又束手无策地被瘟疫夺去了生命。在这些时日里，有多少幸福的妇女成为被遗弃的孀妇，有多少儿童失去了父亲，有多少男人，出征时四肢健全，而归来时却成了可怜的残废人，他们再也不能像过去那样幸福地生活，愉快地工作，致力于他们曾学习过的职业，如果有人能平安无恙地返回家园，他们就会看到，家乡被破坏了，财产被毁掉了，城市和乡村变成一片瓦砾，富饶的田园变成荒漠。要想把战争的铁蹄在短短的几天里或几周里所破坏的一切重建起来，需要数年以至数十年的极大努力。战争像贪婪的火焰，在它冲天的火光中毁掉了多少青春的幸福、健康的身体和富裕的生活。当火焰烧尽的时候，那些孤儿寡母、无家可归和破落的人们睁着红肿的眼睛，呆视着余烬，那里面埋藏着他们珍贵的心爱的东西。

"放下武器！"贝尔塔·冯·苏特纳[①]著名的具有倾向性的小说就是这样命名的。谁想了解战争的恐怖，就读一读这本小说关于索尔费里诺战役和克尼格雷茨战役的描写吧！我们向全世界呼吁，以不幸的人们的名义，用战争反对战争！我们要求世界和平，结成包括所有国家的和平联盟。我们基督教徒也以耶稣的名义抗议战争，因为战争同和平、博爱、人道和高尚的人性的信息——福音书——完全对立。耶稣从未讲过：杀人狂可以得到幸福，他认为温顺宽厚的人可以升天。耶稣从不要人们去追求胜利的战斗带来的荣誉，而让人们去追求上帝的天国和它的正义。他曾说过："我给你们做出了榜样，你们应该像我给你们做的那样去做。"这就是无私和仁爱的榜样。和平是基督教至高无上的信条。在耶稣降临的时候，天使们唱着欢乐与和平的歌。我们都愿做和平救世主的信徒，所以我们以耶稣的名义，以和平救世主的名义抗议战争。圣保罗奉上帝的使命，他说上帝不是混乱秩序的上帝，而是和平的上帝！上帝通过摩西的嘴说"你不应该杀人"，这是针对国王、皇帝和好战的民族讲的。他向着内阁和议会喊道："你们不应该杀人！"当然，也会出现这样的情况：一场导致残忍与野蛮的战争最终却带来了文明，并为在最遥远的国家传播文明开辟了道路。上帝不希望战争，他希望和平。让我们看看发动战争的根源吧！好听的言辞和漂亮的外表是用来掩盖真正的意图的，有人想把战争说成是上帝的指使，而战争却恰恰是违反上帝的意旨的。战争的根源在于利己主义、错误的荣誉观、侵占别国的欲望、追求金钱的贪心和狂妄成性。人们可以随意评论当前的战争。欧洲的外交界在玩弄一切危险的、放肆的把戏，正像一张有名的漫画画的那

[①] 贝尔塔·冯·苏特纳（1843—1914），奥地利女作家，1889年发表了小说《放下武器！》成为奥地利和平运动的象征，1905年获诺贝尔和平奖，是第一个获得诺贝尔和平奖的女性。——编者注

样，在战火的反光中，几只贪婪的恶狼为获取猎物在围着博斯普鲁斯海峡西岸的猎人走来走去。战争撩起了最卑劣的本能和欲望。战争是野蛮的、血腥的暴力；而上帝是仁爱的，他希望消除战争。

人类和平从何而来呢？这就像在大自然中初春季节的汁水自下而上升起一样，在精神世界中也用得着这样一句话：自下而上！不要忘记我主耶稣本是个木匠的儿子。各种改革总是产生于最基层的人民。也许国际和平联盟的工作并非没有成果，但是它的温柔的声音却总是被大炮的嘶哑轰鸣所掩盖。现在广大的国际工人群众已投入斗争的洪流之中，我们对此寄予无限的信任与期望。如果人类在通往和平乐园的道路上再迈进一大步，那么就会实现自下而上地争取和平，这句话必然变成真理。

我们欢迎所有来自远方和附近的人们到我们的大教堂中聚会。我们在精神上与他们同在，因为他们所希望的正是我们内心的愿望，也是上帝的意旨，是耶稣福音，是即将来临的欢乐的圣诞节的信息。

附 录

向战争宣战[1]

巴尔干战争使得中东问题重启,让诸列强垂涎三尺。在无产者看来,巴尔干战争让他们清楚地看到了他们所面临的深渊——而他们中的大多数人都没有意识到,而且统治者随时都准备把他们推向深渊。转瞬之间,他们觉得欧洲战火可能要爆发了,每个国家都会发动数十万劳动人民,把他们武装起来,自相残杀。长期以来,这种对恐怖灾难的担忧一直威胁着我们人类,让所有高尚和正直的人们感到心绪不宁。在文明人类可能将自食其果的罪行面前,他们因为感到憎恶而选择了后退。

在每个国家,有组织的社会主义者比谁都更加激愤,他们没有预料到这样的局势,难以估计战争蔓延将给全世界所带来的可怕灾难。社会党国际局来了,它所代表的正是他们的情感和意愿。社会党国际局敲响了警钟,号召各国支部赶快行动起来,与不再逆来顺受的人民群众一道,齐心协力,共同抗敌,防止危机进一步升级。

假如危险一直存在并加剧,这一斗争就要继续下去,而且还要有所加强。到目前为止,就我们国家而言,这一斗争主要体现在三次大规模游行示威活动上,每一次示威活动都将是刻骨铭心的日子。

11月17日:国际反战游行示威活动;

11月21日:法国社会党全国代表大会;

11月24—25日:国际巴塞尔非常代表大会。

---

[1] 法国社会党全国委员会1913年于巴黎出版。——编者注

国际的游行示威活动

11月初,社会党国际局要求各支部在相同的固定时间——11月17日(星期日)——各自举行反战抗议集会。在集会上,除了本国演讲人外,还有欧洲其他有组织工人阶级选派的演讲人。为响应这一号召,法国社会党特委派饶勒斯前往柏林、让·龙格和罗尼翁前往伦敦、孔佩尔-莫雷尔前往米兰、古斯塔夫·埃尔韦前往罗马、加香前往斯特拉斯堡,以它的名义发言。另外,法国社会党还在各个最重要的工业中心,特别是马赛、里昂、波尔多、里尔、图卢兹、南特和鲁昂,组织了20多场集会,并在巴黎举行了中央集会。

在巴黎的集会上,来自柏林的谢德曼代表德国、来自伦敦的麦克唐纳代表英国、来自维也纳的佩尔讷斯托弗代表奥地利、来自布鲁塞尔的王德威尔得则是比利时和社会党国际局的代表。俄国也派代表鲁巴诺维奇参加了会议。

在和塞纳河联合会达成一致意见后,法国社会党行政委员会同意,巴黎所有想要参加反对战争杀戮的游行示威活动的劳动者都可以参加。为此,行政委员会决定,不在宴会厅和剧场,而在露天设立社会党看台。这是多么独到的创举啊!因为否则的话,我们如何才能接待成千上万——乃至超过十万——应邀前来的同志呢?

可以肯定,巴黎已经有很多年没有见过如此宏伟、如此壮观的游行示威活动了。

第二天,《人道报》的一位编辑写道:

"这就是我们如愿以偿的暴动。对于这场史无前例的游行示威活动——这一社会党和工人组织自发支持的、完全有理由引以为傲的示威活动,虽然太阳没有流露出喜悦之情,但是,雨——前一天还让我们感到心神不定的那场可恶而令人消沉的雨——停了。在苍白的天空下,甚至有一丝春天的暖意。老天爷的惆怅和聚集在'红帽小山岗'上十万多人的沉重心情似乎非常应景。他们聚集在这个'神圣的小山岗'上,意味着巴黎无产阶级憎恶战争。

我没有听到演讲。当时,我的任务就是面对着人山人海,尽可能描述我的感受。这样的感受是无法完完全全表达出来的。有些难忘的景象,即使最敏锐的观察家的笔杆子都要经受考验。

两时许,在开阔的绿色山冈上,聚集了数千人,其中有很多妇女。周围是几个临时设立的看台,铺着红色棉布。看台上,在红色的党旗下,指定演讲人将大声高呼他们对国际的和平和博爱力量的强烈信仰。

会议筹备人员觉得,有必要在相邻的军事区那更加开阔的区域内再增设四个看台。这个区域内沟渠、壕沟遍地,地势极不平坦,而且泥泞不堪,这是士兵们进行军事演习的场所。他们预想,'红帽小山岗'这块私人领地可能容纳不下为响应社会党和《人道报》的号召而蜂拥而至的人群。他们的预想是正确的。

还有一个小山岗俯视着这片开阔地。在这个小山包后面,大约百米远的地方,是防御工事的前沿。

在山顶和四面斜坡上,数百人已经就座。就在那里,在上面,有一幅宽大的横幅,上面白底黑字写着几个歌颂国际的大字:'工人国际万岁!'

应该从那上面看看。我看着,就在远处,在我面前,在对面,在灰白、阴沉的天空下,视野开阔,工厂烟囱林立,烟雾袅袅。

在右边的远处,在贝尔维尔①一侧,可以看到黑压压的、长长的队伍不断地向我们走来。这是游行队伍。他们是从勒佩-圣热尔韦大街②下来的。络绎不绝的人流挤满了百年纪念大街。他们走过来,一直走过来。在左边,在肖蒙门一侧,也是同样的景象。

厌恶野蛮战争的庞大军团同时不停地从四面八方下来。

---

① 巴黎市第二十区。——译者注
② 巴黎东北郊区塞纳-圣但尼省城镇。——译者注

此刻是下午两点三十五分。'红帽小山岗'几乎爆满了。在军事区,也有成千上万的示威者。

社会党各支部都是举着旗帜来的。它们被安排在各个看台的正面位置,所有看台上都覆盖着社会主义红旗。

他们有多少人?'谁知道呢?'一位同志回答道,'整整十万。实际上还要多于这个数。为了到这里来,那些乘地铁的都快打起来了。我是走过来的。'

这是个积极分子。可以肯定,为响应党的号召蜂拥而至的人群——其中不乏妇女,绝大多数人都是社会主义民众和工人。这是一群十分坚定的人。

快下午三点了。第十二区社会党管乐队和贝尔莱维利奥乐队刚刚赶到。他们演奏了《国际歌》,各个看台周围发出隆隆声。其他地方,在等待演讲的过程中,有数千人唱起了《第十七区颂》和《红旗》等歌曲。

全场没有喧闹声。在革命歌曲的间隙,一阵沉闷的声音隐约在这一壮观的示威活动现场上方响起。这一群人是虔诚的。

演讲人的话开始在寂静的空气中回荡,并传向远方。我的任务结束了。在我眼中留下的印象——对这一针对恐怖杀手的社会党和工人示威活动的不可磨灭的印象——难道不像纸上谈兵吗?"

《人道报》就是这样说的。或许吧,但是,从那天起,大多数其他机关报的报道证实了《人道报》的这一报道。不管怎样,这些机关报都不得不说真话。

至于演讲,都忠实反映了那些先是极其安静地聆听演讲、然后狂热地欢呼的人群的情感。再现或者分析这些情感是不可能的。但是,相反,要把它们概括为一句话,却并不是什么难事。这句话出自德国代表谢德曼之口,那就是:

"法国的无产者和社会主义者们,德国工人和社会主义者像对待他们的兄弟那样尊重你们、爱你们。他们不会向你们开枪。"

在每个看台宣读并欢呼通过次日议程后,集会结束。次日议程是当天上午由塞纳河联合会在代表大会上通过的,作为以联合会名义提交给全国代表大会的以下动议:

"鉴于欧洲全面战争及其可怕灾难——在这场灾难中,无产阶级的要求将陷入血泊之中可能长达数代之久——的威胁,

大会特此声明:

没有哪个秘密协定、条文和条约能够为了战争把法兰西共和国与沙皇俄国结合在一起;

法国只有和平利益,不会出于任何动机、以任何托词介入巴尔干战争以及奥地利和俄国帝国主义的战争;

大会号召社会舆论、号召无产阶级反对政府介入由王朝野心、外交阴谋和资本主义金融投机单方面挑起和维系的战争的一切企图;

而假如我们的统治者采取罪恶的政策,冒着战争的危险,把我们卷入上述战争,

大会提醒社会党全体党员注意国际斯图加特代表大会和哥本哈根代表大会的各项决议;

大会提醒他们注意利摩日全国代表大会和南锡全国代表大会的决议,即:在这种情况下,他们要投入'工人阶级和社会党的全部精力和干劲,通过议会干预、社会鼓动、民众示威,乃至工人总罢工和暴动等手段,千方百计地防止和阻止战争爆发。'

大会要依靠他们,依靠社会党各联合会及其各支部,来贯彻国际和社会主义政党的这些决定。

最后,大会意识到,国际所进行的斗争如果能够更加协调一致,将会更加有效;

特此授权国际巴塞尔代表大会代表及其巴塞尔代表寻求各国支部互利和共同的行动,使国际能够尽可能积极、有效地反对战争、维护和平。"

这次无与伦比的游行示威活动和当日在外省举行的同类示威活动具有叠加效应，在法国和国外，都给社会舆论留下了强烈印象。这一印象在几天以后社会党国际局书记胡斯曼公民写给法国支部书记的信中有所反映。这封信的内容如下：

"亲爱的迪布勒伊公民：

上周日，贵党出色地组织了多场集会，给全世界留下了深刻印象。执行委员会特请我向贵党表示祝贺。"

巴黎全国反战非常代表大会

四天以后，在巴黎举行了全国反战非常代表大会，作为国际巴塞尔代表大会的预备会。尽管是仓促召集的，仍有七十九个联合会的两百多名代表参加了在贝尔莱维利奥召开的会议。这样的人数表明各团体对列入议程问题的重视，以及在事态严重性的影响下参与即将达成的决议的愿望。

自首次会议起，就能够轻而易举地体会到，全体与会同志都怀着兄弟般的团结精神。所有人都认为，在这种情况下工人阶级的政治组织比在任何情况下都要团结一致，一旦事态发展严重时，要时刻准备着建立统一战线，来反抗敌对阶级及其反和平的举动。

会议讨论一直在有序、平静和友好的气氛中进行。各种不同观点针锋相对，既不尖锐也不粗暴。当讨论结束、进行表决前，把问题提交给专门负责审议和比较各项动议的委员会时，与会人员已经清楚地感觉到，专门委员会必将会轻而易举地见到全世界都希望的全体决议。

在按照规定简短地交换意见后，审议委员会达成了一项全体决议。审议委员会由公民白拉克、加香、孔佩尔-莫雷尔、多尔莫瓦、迪布勒伊、古斯塔夫·埃尔韦、于贝尔·鲁热、饶勒斯、H. 德拉波特、勒贝、德普雷桑塞、列诺德尔、锡克斯特-凯南、瓦扬和 A. 瓦雷纳等人组成。饶勒斯被任命为报告人。这项决议转交到代表大会后，和在审议委员会一样，也获得了一致意见。

决议内容如下：

"社会党全国代表大会欣喜地看到，法国无产阶级为响应国际的反战号召，已经不遗余力地进行了示威游行。

大会将这些示威活动视为在组织方面进行努力的前奏。我国工人阶级只有组织起来，才能履行其全部职责。

和一切战争威胁作斗争的需要从来没有如此迫切过。欧洲从来没有爆发过比这更加残酷、更加反民族和反人类的战争。

假如欧洲各大国卷入战争，这既不是出于国家独立的考虑，也不是出于生死攸关的原因，而是由于最疯狂的精神错乱和最人为的把戏。

法国劳动人民和民主主义者不容许我国通过秘密条约突然陷入最可怕的战争，而民主主义者对秘密条约的条款却一无所知。

为了使文明免遭最残酷的灾难、使人类免除最痛苦的考验、使理性免遭最灾难性的屈辱，法国无产阶级将和一切战争企图进行深入的斗争。

为了防止战争爆发，他们将使用一切合法手段。在议会，他们将呼吁对秘密条约进行公开说明；他们将坚决要求完全的仲裁程序；他们将揭露排他和狭隘的外交目的。在国内，他们将加强会议场次和群众性示威活动，以便唤醒沉睡的公民，并使他们能够抵御谎言。

假如不管他们怎样努力、厚颜无耻的少数人还是发动了战争，假如法国因秘密外交的把戏而突然陷入战争，本着充分的责任感，法国劳动人民和社会主义者将有权毫不隐讳地说，对于企图使其陷入鹬蚌相争境地的各国人民而言，使用总罢工和暴动等革命手段来防止或者中止战争并夺取发动战争的统治阶级的政权，没有比这更理直气壮的了。

大会坚信，和平的理想保障是使各国政府清楚地知道，他们不可能挑起世界战争的灾难而不殃及自己。

大会希望,全世界无产者的共同宣传和行动将会防止周期性威胁世界的全面战争的爆发。

大会授权其在巴塞尔代表大会的代表,和国际保持高度协调一致,并通过一项全体决议,来努力加强世界各地的反战宣传和斗争。"

国际巴塞尔非常代表大会

11月24日(星期日)和25日(星期一),工人和社会主义国际反战非常代表大会在巴塞尔举行。这次无产阶级代表大会的特点是,它无论从力量还是从规模上讲都是非常可观的。这次会议——可以毫不夸口地说——在人类历史和文明史上都将具有划时代的意义。

在欧洲21个国家中,一共有555名代表参加了会议。美洲、远东和南非各支部因路途遥远,未能选派代表。

按照来源国家,555名代表的分布情况如下:德国代表一共有75名,其中:党代表43名以及工会总委员会的200万工会会员代表32名;奥地利代表一共有59名,其中:工会总委员会代表20名,党代表39名;比利时代表一共有32名,其中:各工会代表10名;波西米亚代表一共有70名,其中:各工会代表38名,其余为党代表;波斯尼亚代表1名;保加利亚代表一共有3名,其中:各工会代表1名;克罗地亚代表有2名;丹麦代表一共有8名,其中:各工会代表4名;西班牙代表2名;芬兰代表有2名;英国代表一共有13名,其中:200万加入工党的工会会员代表9名以及英国社会党代表4名;荷兰代表一共有9名,其中:各工会代表3名;匈牙利代表一共有18名,包括党代表和各工会代表;意大利代表一共有11名;卢森堡代表有3名;挪威代表有3名;葡萄牙代表有2名;俄国代表一共有20名,其中:社会民主党代表 10 名，社会革命党代表 8 名以及各工会代表 2 名；瑞典代表一共有 8 名，其中：党代表 5 名和各工会代表 3 名；瑞士代表一共有 50 名，其中：党代表 25 名和各工会代表 25 名；最后，法国代表一共有 127 名，代表 84 个党的联合会中的 70 个联合会。

周日上午，会议开始。

由瑞士社会主义组织代表向"他的兄弟们——新旧大陆的劳动人民——的代表"致欢迎辞。接着，会议主席——我们来自比利时的安塞尔同志——以社会党国际局的名义，以雄辩的口才发表了开幕演讲，以坚定的语句强调了代表大会所要完成的工作。

会后，与会人员迅速离开，以便能够准时参加公共示威活动。

群众性游行示威活动

要描写这次精彩绝伦的示威活动，并不是一件轻而易举的事情。就让我们尝试一下吧。

下午 1 时许，游行队伍在巴塞尔大本营的院子里集结。这个院子是当地政府提供给与会人员使用的。2 时许，游行队伍出发了。要计算参加游行的人数简直是天方夜谭。从上午起，从瑞士——还有阿尔萨斯——南部和东部以及巴登大公国开来的火车在大街上和广场上扔下成千上万的同志，他们在我们的队伍中就座。

走在游行队伍最前面的是一队漂亮的小鼓手，身穿威廉·退尔①装。然后是青年方阵，后面紧跟着和平彩车。在可爱、动人的象征和平的彩车上，坐着几名身着白色服装的青年女子，手里举着棕榈枝，以充当橄榄枝。另外几个小女孩簇拥着她们，手里也挥动着棕榈枝。

---

① 瑞士民间传说中的英雄。——译者注

接着走来的是市政乐队。乐队后面红旗飘飘，宛如一片红色森林在行进。在众多旗帜中，有一面旗帜古老而令人敬仰，那就是1869年第一国际的旗帜。高举着第一国际旗帜的旗手肩膀上斜挎着一条猩红色宽带，旁边由两名同志协助，手执饰带。

铜管乐队演奏着舒缓而庄重的进行曲，如同宗教仪式队伍的进行曲。而实际上，这是了不起的社会主义仪式队伍，它正前往和平大教堂，同时说出对战争的厌恶和不再有流血牺牲的意愿。这个仪式队伍不再恳求神明的帮助，而是宣告只有人民才是自己命运的主宰，并希望自己的命运得到安宁。

游行队伍从人群中穿过，通过莱茵河桥，来到正面是血红色的诡异的市政府大楼面前进行示威。

当游行队伍到达大教堂时，23名敲钟人摇动大钟，犹如各国人民发出的和平号召。

场面非常激动人心，而低沉的钟声更加重了集会人群沉重的心情。

大教堂的集会

有6000名听众挤满了大教堂。在5个内殿，在耳堂、在祭台区、在祭台回廊区和走廊上，到处都人头攒动。

整个祭廊上是一片旗帜的海洋，红旗的红色基调让这个路德式严酷风格的教堂显得轻松愉快多了。

在祭台区，也满是火红色的旗帜，还有闪闪发光的梭矛。

当庞大的人群平静下来时，全场井然有序；在管风琴的乐音中，杂乱的低语声开始平息下来。管风琴演奏的希望之歌以温柔、神秘而又悦耳的乐音轻抚着虔诚的人群。

而就在此时，集会开始了。

巴塞尔政府主席布洛歇尔博士走上古老的祷告坛。

他以低沉而坚定的嗓音向社会主义国际表达了他的无比感激之情，感谢选择他的城市作为反战"十字军东征"的出发点。

他大声说道："战争是人类的犯罪行为，但也正是人类的一支力量——无产阶级的力量，奋起反抗战争，阻止战争。

反对可怕的战争灾难，一切都是允许的，社会革命是合法的。

然而，我们坚信，社会主义民主会得到和平发展，社会主义民主的胜利必将最终消除各国人民间的血腥战斗这一恶魔般的梦魇。"

接着，哈阿兹（德国）、基尔·哈第（英国）、格罗伊利希（瑞士）、萨卡索夫（保加利亚）、阿德勒（奥地利）、饶勒斯（法国）和达申斯基（波兰）等都代表各自国家相继发言。

在这些振聋发聩的演讲中，我们在此仅选取饶勒斯的讲话，内容如下：

饶勒斯的讲话

饶勒斯说："责任先是落在了我们巴尔干弟兄们的肩膀上。现在，沉甸甸的重担落到了我们奥地利同志们的身上。不过，实际上，这些令人生畏的责任落到了整个国际的身上。首先，原因在于我们实现了世界大团结；其次，是因为我们要一直担心，事态的发展会把全世界人民卷入战争的漩涡。

上周日，在同时进行多场和平示威活动后，我国的资产阶级报纸写道，在我们当前的伟大斗争中，没有人威胁到和平，只有装扮成和平拯救者的荣誉的炫耀。同时，这些报纸不得不承认，局势很不稳定，令人不安。实际上，我们确实处在一个严峻的时刻。资本主义正在考虑的是，发动战争是否比和平更加有利可图。各国政府正在这些自相矛盾的想法之间犹豫不决。命运的天平在他们颤抖的双手之间摇摆,而那些犹豫不决的人会突然感到晕头转向。正因为如此,无产阶级要把它的力量投入和平的天平。

在这场斗争中,但愿我们不会单枪匹马地孤军奋战。

给我们提供教堂的基督徒们将和我们团结在一起,向那些出于自私自利、随时准备把无数人投入战争魔爪之下的无良基督徒发出警告。

对我们来说,受到巴塞尔政府——包括各党派——的欢迎也是令人欣慰和充满希望的事情。这一点说明,哪里实行民主主义,哪里就会有和平。当我走进这座教堂时,在美妙的钟声里,我仿佛听到了和平的赞歌。于是,我想起了席勒篆刻在他那象征性大钟上的诗句:'面对出现在天边的怪物,我号召活着的人们奋起反抗;我为东方无数的死者哭泣,尸体的腐臭飘来仿佛良心的责备;战争的闪电在乌云中虎视眈眈,我要击碎战争的闪电。'

是的,我听到了这段充满希望的话语。但是,这不足以阻止战争。这需要全世界无产阶级全面、一致地行动起来。

这一时刻是悲壮的。无产阶级转向我们、转向自己,并且思忖到,残暴的时刻是否越来越近了,我们的脚下是否就是万丈深渊。

当乌云开始聚集、波涛开始汹涌时,领航员无法说清,在某时某刻,他将如何操作。同样,工人国际也无法确定何时开始行动。但是,它会等待一切机会,利用合法行动或者革命斗争,来防止战争爆发,或者惩罚那些发动战争的人。

通过我们的代表大会,全世界无产阶级都站在了各国政府的面前,抱着同样的想法和共同的愿望。而明天,我们要把这一想法和愿望带回到我们的议会和各自国家里。每当想起战争的时候,世界各国的政府要时刻牢记,我们的行动一直在酝酿之中。

这就是我们代表大会的工作。再没有比这更崇高的事业了。无论如何,他们也想象不出比人类和平更伟大的事业了。

若干世纪以前,为了重新统一各个教派,主教会议曾经在这里召开。而我们,我们要在这里实现全人类的统一。巴尔干战争给无产者的教训是,进行革命比向别人开战流血更少。"

德普雷桑塞和瓦扬的讲话

在进行大教堂集会的同时,在相邻广场和俯瞰莱茵河的平台上还举行了四场露天集会。公民瓦扬和德普雷桑塞代表法国参加了集会。

首先,公民瓦扬在讲话中指出,在奥地利—塞尔维亚战争——危险的直接原因——的背后,其深层次原因在于俄国和奥地利资本家帝国主义之间的战争,在于三国协约和三国同盟资本家帝国主义之间的战争。接着,他指出,法国人、英国人和德国人随时会违背他们的利益和意愿而动,这样一场自相残杀的战斗是多么可怕;在数代人中,工人的请愿和文明将不可避免地消亡,这样的灾难是何等恐怖。

瓦扬认为,要反抗各国政府和资本主义外交的这些阴谋诡计和罪行,离不开国际的努力。国际是唯一的和平力量和和平意志,能够激励无产阶级投身于救亡行动,投身于反对战争、维护和平的革命斗争中去。

弗朗西斯·德普雷桑塞的讲话内容摘要如下:

"公民们!从来不曾有如此直接、如此迫在眉睫的威胁出现在天边。如果说所有或者几乎所有战争都是邪恶的,那么,这一次战争将是愚蠢透顶的。有些战争只不过是革命的另一种表现形式,是某国人民为争取独立所做的努力,而独立是获得自由的条件和补充。在19世纪因民族自决权而爆发的历次战争就是如此。在很大程度上,欧洲外交破产后,巴尔干半岛诸国不得不进行反对土耳其的战争;情况也是如此。正在威胁我们的战争是由于某些大国自私自利的贪婪和卑劣无耻的手段以及把欧洲愚蠢地划分为两个敌对阵营而发动的。而在这次危机中，欧洲本应该是一个整体。

为抗议这样的危险和丑闻，一直以来都有仁人志士在孤军奋战。如今，我们发动了一支半个世纪以来诞生并成长起来的新生力量，奋起反抗疯狂的战争罪行。国际社会党拥有数百万追随者；在你们的议会里，有数百名代表。其方法就是利用一切手段，从合法行动直至革命斗争。

国际社会党知道，在这种情况下，它不但可以依靠自己的军队，而且还可以依靠这个摇摆不定的人群：这个人群经常会毫不情愿地、盲目地为其主子的利益服务，但是却本能地惧怕和厌恶战争。国际社会党知道，所有那些不希望朝气蓬勃的儿子被从身边夺走而在机枪下倒下、在霍乱中倒下的母亲都支持它。国际社会党知道，所有那些感到理智、良心和人性因突然恢复野蛮行径而受到深深伤害的人们都支持它。这越来越接近社会主义的崇高命运了。在继续怀着满腔热血献身于其中心任务——建设未来公正的社会共同体——的同时，从现在起，国际社会党越来越引以为傲地自觉成为和平的捍卫者——唯一的和平捍卫者——和在民主主义中会有的权利、自由、保障、生命原则等所有这一切的捍卫者。

此时此刻，国际社会党站在全世界统治者——君主和政治家——的面前，并对他们说：'你们自称是现实主义者，是负责观察、计算、测量和用理性的天平对各种力量进行称重的人。那好吧！各位要小心了。在你们面前，有一支了不起的新生力量。所有憎恶战争的人都支持国际无产阶级，国际无产阶级敦促你们保护和平。国际无产阶级不会被沙文主义分心，从而偏离他们神圣的职责。国际无产阶级不会成为炮灰，更好地为资本主义企业充当工业原料。国际无产阶级不会忘记永恒的阶级团结，回到穴居时代那愚不可及而粗野的激情中。这是国际无产阶级以劳动人民的权利、工人群众的意愿和文明利益的名义,向你们发出的郑重警告……'"

全体宣言

第二天上午,代表大会召开全体会议,听取由专门委员会提交的反战决议。专门委员会由公民倍倍尔和考茨基(德国)、基尔·哈第(英国)、阿德勒(奥地利)、饶勒斯和瓦扬(法国)等人组成,刚刚获得社会党国际局的批准。

饶勒斯负责宣读法文版决议。决议内容①如下:

"国际在斯图加特和哥本哈根两次代表大会上业已对各国无产阶级反对战争的行动准则作出规定,即:'只要存在着战争的威胁,各有关国家的工人阶级及其在议会中的代表就有责任在社会党国际局——这一行动力量和协调力量——的帮助下,各尽所能,以便利用他们认为最有效的手段来阻止战争的爆发,这些手段自然是根据阶级斗争的尖锐化程度和一般政治形势的尖锐化程度的不同而改变。如果战争仍然爆发了的话,他们的责任就是进行调解,迅速结束战争,并尽力利用战争引起的经济危机和政治危机来唤醒最底层人民,加速资本主义的统治的崩溃。'

近期发生的种种事件比任何时候都更加要求国际无产阶级履行自己的责任,竭尽全力进行步调一致的行动。一方面,普遍的、疯狂的军备竞赛,使本来已经上涨的生活必需品价格进一步上涨,从而使阶级矛盾更加尖锐,工人处于忍无可忍的境地。

---

① 由于版本的原因,此决议内容与第59—64页刊载的内容略有出入。——编者注

他们希望终结这一制造不安和浪费的制度。另一方面，一直在反复出现的战争危险，日益激起人民的愤怒。欧洲各大国人民经常濒临自相残杀的境地，而这种违背人性和理性的行为，丝毫也不能用国家的利益来作其正当理由。

现在已经造成巨大灾难的巴尔干危机，一旦继续蔓延，势必成为对文明和无产阶级的最可怕的危险。

同时，巴尔干危机可能成为世界历史上最大的丑闻，因为它所带来的灾难之深重，是无法跟它所带来的蝇头小利相比拟的。

因此，大会十分满意地看到，世界各国所有社会主义政党和工会组织在'向战争宣战'的斗争中保持高度一致。

世界各地的无产阶级已经同时起来与帝国主义作斗争。

国际的每个支部都已经用无产阶级的抵抗来对付本国政府，并发动本国舆论反对一切战争幻想。

迄今为止已为挽救备受威胁的世界和平作出了巨大贡献的各国工人，就是这样进行伟大合作的。

大会要求各国社会党继续因地制宜、千方百计地大力开展斗争。为了这一共同的斗争，大会为每一个社会党指派了特殊的任务。

巴尔干的社会党人应当反对旧恨添新仇。

巴尔干半岛各国社会党任务艰巨。

欧洲列强有计划地推迟一切改革的做法，导致土耳其的经济和政治混乱，激发了各种民族情绪，这些状况必然引起反抗和战争。

为了反对各王朝和资产阶级利用这些状况，巴尔干社会党人以非凡的勇气提出了建立民主联邦的要求。大会要求他们坚持这一令人钦佩的立场。同时，大会希望巴尔干社会民主党在战争结束后采取一切措施来阻止巴尔干国家的任何王朝、任何军国主义分子以及任何扩张成性的资产阶级占有和侵吞以如此惊人的牺牲为代价而取得的成果。

大会特别要求巴尔干社会党人,不仅要大力制止塞尔维亚、保加利亚、罗马尼亚和希腊人民之间的敌对关系的重现,而且也要大力防止对现时属于另一个阵营的巴尔干民族——土耳其人和阿尔巴尼亚人——进行任何迫害。

因此,巴尔干社会党人的责任是,反对任何侵犯巴尔干各族人民的权利的暴行,并号召巴尔干各民族(包括阿尔巴尼亚人、土耳其人和罗马尼亚人)之间建立起友好的关系,与猖狂的民族沙文主义情绪作斗争。

奥地利、匈牙利、克罗地亚、斯拉沃尼亚、波斯尼亚和黑塞哥维那的社会党人的责任是,继续全力采取积极的行动反对多瑙河君主国对塞尔维亚的侵犯。

他们的任务是像他们迄今为止所做的那样,反对用武力来掠夺塞尔维亚的战争果实、把塞尔维亚变成奥地利殖民地、为了王朝的利益而使奥匈帝国各民族以及欧洲各国陷入最严重的危险的政策。

同样,奥匈社会党人今后将为目前处在哈布斯堡王朝统治下的若干南斯拉夫少数民族争取民主的自治权,即使这些民族仍然在奥匈帝国内也罢。

奥匈帝国社会民主党人,还有意大利社会党人,应该特别注意阿尔巴尼亚问题。大会承认阿尔巴尼亚人民的自治权,但大会绝不希望见到在自治的口实下使阿尔巴尼亚变成奥匈帝国和意大利统治野心的牺牲品。

大会认为这不仅会对阿尔巴尼亚本身造成威胁,而且在不久的将来还会给奥匈帝国和意大利之间的和平造成威胁。阿尔巴尼亚只有成为巴尔干民主联邦的自治成员,才能真正过上独立自主的生活。

因此,大会要求奥匈帝国和意大利的社会党人起来反对本国政府把阿尔巴尼亚纳入自己势力范围的任何企图,继续为保持奥匈帝国和意大利之间的和平努力工作。

大会以极为高兴的心情迎接俄国工人的抗议罢工,认为它证明俄国和波兰的无产阶级开始从沙皇反革命的打击中恢复过来了。

大会把工人的这次行动看成是反对沙皇政府的罪恶阴谋的强有力的保证,这个把本国各族人民淹没在血泊中并屡次背信弃义地把巴尔干各族人民出卖给他们的敌人的政府,现在一方面害怕战争可能给它带来的后果,另一方面又害怕它亲手造成的民族主义运动,因此犹豫不定。

可见,沙皇政府目前所以再次打算把自己打扮成巴尔干各族人民的解放者,只不过是想在假仁假义的幌子下通过流血战争重新取得在巴尔干半岛的统治地位。

大会希望日益壮大的俄国、芬兰和波兰城乡无产阶级,撕下沙皇政府的谎言的层层面纱,反对沙皇政府的任何军事冒险和对亚美尼亚或君士坦丁堡的任何进犯,并集中自己的全部力量来进行反对沙皇专制统治的新的解放斗争。

沙皇政府是欧洲一切反动势力的希望,是俄国人民最可怕的敌人。国际把推翻沙皇统治视为自己的一个主要任务。

但是,在国际的活动中,德、英、法三国工人阶级所担负的责任最为重大。

目前这些国家的劳动者应当要求本国政府不给奥匈帝国和俄国提供任何帮助,不对巴尔干的混乱局面进行任何干涉,并保持绝对中立。如果在人类文明最发达的三大国之间由于塞尔维亚和奥地利争夺一个港口而爆发战争,那将是罪恶的疯狂行为。德国和法国工人决不可能承认任何一个秘密条约所承担的介入巴尔干冲突的义务。

如果土耳其的军事溃败最后会瓦解奥斯曼帝国在小亚细亚的统治,那么英国、法国和德国的社会党人的任务便是要竭尽全力制止在小亚细亚实行必然直接导致世界大战的掠夺政策。

大会认为，大不列颠和德意志帝国之间人为保持敌对状态，是欧洲和平的最大威胁。

大会欢迎这两个国家的工人阶级为缓和这种对立所作出的努力。它认为，达到这一目的的最佳手段是德国与英国缔结有关限制海军军备和废除海上捕获权的协定。

大会要求英国和德国社会党人为缔结上述协定而加强鼓动。缓和德国与英法之间的敌对状态，将消除对世界和平的最大危险。

这样，利用这种敌对状态的沙皇政府的统治就会受到动摇，奥匈帝国进攻塞尔维亚就会成为不可能，世界和平就得到保障。因此，国际的一切努力都应以此为目的。

大会认为，整个社会主义国际都一致同意这些对外政策的主要思想。

大会要求世界各国劳动者以无产阶级国际团结的威力来反抗资本主义的帝国主义。大会警告一切国家的统治阶级，不许用军事行动来加深资本主义生产方式给群众带来的不幸。大会请求和平，大会要求和平。

让各国政府记住，在目前的欧洲局势和工人的情绪下，如果它们发动战争，它们本身也不是没有危险的；让它们回忆一下，法德战争引起巴黎公社革命的爆发，日俄战争激发了俄国人民的革命力量；让它们记得，变本加厉的海陆军军备竞赛所造成的不安情绪，在英国引起了社会冲突，在欧洲大陆引发了异乎寻常的罢工浪潮。

一提到惨绝人寰的战争，就会激起世界各国无产阶级的愤怒和不满。如果各国政府不理解这一点，那它们就是疯子。

劳动者认为，为了资本家的利润、王朝的野心或是外交密约而互相残杀是一种犯罪。

如果各国政府摈绝一切正常发展的可能，从而迫使无产阶级采取绝望的行动，那么它们将担负自己所引起的危机所造成的后果的全部责任。国际将加倍努力，不断加强宣传工作，更加坚决地提出抗议，以防止战争的爆发。

为此，大会委托社会党国际局密切注视事态的发展，在任何情况下都必须保持各国无产阶级政党之间的沟通和联系。

无产阶级意识到，目前人类的整个未来都依赖于他们。为了防止各民族文明的精英由于大屠杀、饥馑和瘟疫而遭受毁灭，无产阶级将竭尽全力。

因此，大会要求你们——各国无产者和社会党人，在这关键时刻大声疾呼！在一切地方通过一切方式来表达你们的意志。

尽一切力量在议会中一致提出你们的抗议，联合起来举行群众性的示威游行和斗争，利用无产阶级组织和力量赋予你们的一切手段，让各国政府无时不看到高度警惕、生气勃勃、热爱和平的工人阶级的意志。

因此，让我们以无产阶级的各族人民和平友爱的世界来反抗剥削和屠杀人民的资本主义世界！"

宣言宣读完毕后，饶勒斯用几句话进行了简短的评述，内容如下：
"这项决议要求无产阶级在所有国际重大问题上都要保持绝对的团结。我们恳请大会全体通过这项决议。

这项决议有三大特点。首先，决议制定了国际各党派统一的对外政策。因此，决议所做的是一件积极的事情，它向各国政府表明，他们要和睦相处是多么轻而易举。只要像社会主义者那样，借鉴民族自治权就行了。

如果说国际没有规定任何斗争形式，那么，国际也不排斥任何斗争形式。国际告知各国政府，假如它们听任于罪恶的、穷兵黩武的欲望，它们将制造最严重的革命形势。

从现在开始，国际宣布，无产阶级在议会和国内要继续统一行动，群众斗争要继续统一行动。

今天，我们向全世界证明，无产阶级的利益和人类及整个文明的利益是密不可分的。当局要求广大劳动者牺牲的不光是生命，还有良知。

因此，我们不是纸上谈兵，而是要极尽良知和理性之力量保证，在这个生死攸关的时刻，我们时刻准备着牺牲一切。"

维克多·阿德勒宣读了德文版宣言，基尔·哈第宣读了英文版宣言。

瓦扬的声明

这次会议结束后，法国支部举行会议，并全体决定给上午社会党国际局提交的动议投赞成票。瓦扬还负责以法国支部的名义，给代表大会看台带来这一赞成意见。

在下午的会议上，瓦扬一出场便受到了欢迎，全场不停地高呼："巴黎公社万岁！"瓦扬的讲话内容如下：

"法国支部完全赞成代表大会的工作。法国支部对宣言表示一致赞成。

在宣言起草委员会中，所有委员都声明，他们希望宣言能够体现法国全国代表大会各项决议的精神。在这项决议中，我们当中很多人非常看重的一些表述可能会对某些支部产生危险或者不利影响，因而不能出现在宣言中。但是，作为反战的最高手段，总罢工和暴动的思想和意愿都没有被排除。

但是，某国支部的语言不可能成为国际语言。国际号召所有各国支部进行反战斗争，并坚信，每个支部都会恪尽职守，竭尽全力、殚精竭虑、千方百计地阻止战争爆发。

法国支部绝不会失信于支部历史，也不会失信于支部的革命精神。

今天，国际在代表大会上的讨论结束了，该是付诸行动的时候了。国际将在这一无产阶级群众斗争中恢复元气、发展壮大。国际所号召的这一无产阶级群众斗争必将千方百计地防止战争爆发。

但是，假如战争由于统治者和资本家帝国主义的罪行而爆发，那么他们要承担全部责任，他们要对战争的灾难承担责任。而国际将推动无产阶级进行群众斗争并不断发展壮大，抓住一切机会，千方百计地实现和平和发动革命。"

宣言的表决

和瓦扬一样，哈阿兹、苏古普、特鲁尔斯特拉、克拉拉·蔡特金、萨卡索夫和阿尼尼等也分别代表各自国家，表示了热情的支持。

现在，格罗伊利希公民要把宣言付诸表决了。

为了表决时更加严肃起见，格罗伊利希请所有赞成这项动议的代表全体起立。所有大会人员——包括20个民族和20个国家——都齐刷刷地起立，表明他们进行反战斗争的意愿。场面非常壮观。

全场到处爆发出热烈的掌声。在各个看台上，挤满了听众，响起"乌拉"、"乌拉"的欢呼声。

这是一个激动人心的时刻，难以用语言形容。

比利时人唱起了《国际歌》第一句，法国人也唱了一遍。不一会儿，大会全体人员都跟着唱起来。

格罗伊利希宣布，国际一致宣告，国际将利用一切手段阻止战争爆发。

最后，由倍倍尔讲话。尽管有些疲劳，倍倍尔想说，看到刚刚进行的国际工人力量的精彩展示，他感到非常激动。热烈的掌声响起，持续时间长达数分钟，他的高尚请求得到了肯定。

大会结束了。格罗伊利希发表了具有崇高理想主义的简短讲话,重新提到前一天饶勒斯在大教堂的讲话,回想起巴赫令人赞叹的复活交响曲①。

他大声说道:"对我们来说,复活就是号召成百万上千万的无产者过上社会主义生活。因为他们仍然远离我们,仍然处在黑暗中,仍然处在被奴役的状态。"

最后,格罗伊利希高呼,并分别用法语、英语和德语高呼:"向战争宣战!"

全场到处爆发出长时间的、热烈的欢呼声。法国人唱起了《国际歌》,奥地利人唱起了革命赞歌,德国人则唱起了优美的《社会党人进行曲》。

欧洲无产阶级反战非常代表大会闭幕。

行动起来

虽然大会闭幕了,但是,大会给殷切的全世界无产阶级所带来的震动仍在耳边回荡。即使在世界的尽头,在车间和工厂忙碌的工人、在田间地头弯腰劳作的农民,都听到了社会党对可能威胁文明人类的最可怕灾难所提出的严正抗议。他们觉醒了,他们重新振作起来了,他们奋起反抗。我们坚信,现在,他们不会再听任别人把他们像羊群一样赶往战争的屠宰场。

当权者们和统治者们也明白了,他们已经向和平方向引导。在这本小册子出版的那一刻,东方天空的漫天乌云或许就会消散了。刹那间气喘吁吁的欧洲将可以更加自如地呼吸了。

---

① 即 B 小调弥撒,里面有一节为"复活"。——编者注

但是，这是不是意味着在不确定的未来，爆发全面战争的危险就排除了呢？答案是否定的。资本主义制度本身就是战争的携带者，如同带电的云朵就是雷电的载体那样。昨日所规避的危险明日突然会重新出现，会更加迫在眉睫。因此，国际在巴塞尔发出的警报要产生越来越大的反响；人民群众要明白，在这个危急关头，只有达成共识、只有全世界无产者达成共识，人类和平才能永远得到维护，解放革命才能得以实现。

未开成的代表大会

——第二国际第十次（维也纳）代表大会[①]文件

前 言

我们根据1914年7月社会党国际局书记处印发的文件[②]，发表已列入维也纳国际代表大会议事日程的有关问题的报告。其中有些是原文，有些是由社会党国际局当时组织翻译的（如鲍威尔、悉尼·韦伯、武尔姆、弗利根的报告）[③]。由于哈阿兹、胡斯托、卡尔·李卜克内西的报告是德文版或英文版，最近才由卡琳·柯尼希泽德和玛丽安娜·拉什利纳两位女士翻译出来。

路·迪布勒伊那封包含有饶勒斯起草的报告的基本思想的信，1914年7月29日至30日社会党国际局会议的报告[④]，1914年7月23日奥地利社会民主党的备忘录（由卡琳·柯尼希泽德女士根据德文原稿译出），以及社会党国际局书记处的报告等文件都是首次问世，原件藏于社会党国际局的档案中（卡米耶·胡斯曼，安特卫普）。我们根据于·库

[①] 原定于1914年8月23—29日举行。——编者注
[②] 关于这些文件的目录参看乔·豪普特《第二国际（1889—1914）》，1964年巴黎版，第240—244页。
[③] 我们尊重这些文件的风格，仅对其中最明显的错误作了纠正。
[④] 见本书第27卷第571—589页。——编者注

琴斯基①的著作,发表了警察局关于1914年6月29日德国社会民主党执行委员会会议的报告,由卡尔勒巴赫先生译出。

除去武尔姆那份关于酗酒问题的过长的报告(32页)只登了他自己做的摘要外,其余文件我们根据原文予以全文发表。

各委员会的报告

第一委员会:失业问题

一、爱德华·瓦扬的报告

当社会党国际局来信要我在6月1日作关于失业问题报告的时候,我还未来得及考虑。在12月13日至14日举行的伦敦会议②上,我经不起再三的友好恳求,竟答应在占据了我所有时间的立法会议选举前夕,在所剩日子不多的情况下去做一个本该花几个月时间去研究、去准备才能完成的报告,我承认这样做是多么冒失。

所以,我只能仓促地写一个既不成熟又不全面的纲要,对此,我要向大会表示我真诚的歉意。

在科学技术进步的推动和刺激以及资本集中的影响下,资本主义积累加速发展并不断扩大。这种资本积累既是失业的根源,也是当前卡特尔和托拉斯时代的特点。随着这种情况的出现,马克思在《资本论》

---

① 于尔根·库琴斯基:《第一次世界大战的爆发和德国社会民主党。大事记和分析》,柏林,学术出版社,1957年版第187—188页。

② 1913年12月13—14日社会党国际局会议。

中对失业产生过程所作的描绘显得比任何时候都更为真实。

同那个时候相比，今天只需要更少的工人就足以使用更多的工具、原料和辅助材料；随着资本中可变资本与固定资本之比逐渐减少，愈来愈多的工人阶级不再是资本生产所必需的了，他们变成了多余的人，在一般的人口运动之外，产生着一支"相对的过剩人口"。

这样就形成了痛苦的失业大军，他们即使人数不是最多，但也构成了工业后备军的主力。而工业后备军是资本主义生产方式生存和发展的必要条件，没有这支后备军，资本主义生产方式就不能生存也不能发展。

这支工业后备军由于其主要成员完全或部分无事可做，由于其所有成员的生活没有依靠，得不到保证，所以它完全处于资本主义的束缚之下。而资本主义就在工业复苏时从工业后备军中吸收经济衰退时积累起来的劳动力。

但是，不断增长的、正常的资本主义发展运动、资本主义周期性的生产过剩以及它的起伏波动，使失业经久不断，甚至于在工业活动最活跃时也是如此，从而使后备军日益壮大。

同时，资本主义的发展使国内的群众日益无产阶级化，它把大部分无产阶级化了的群众投入后备军之中。

于是，作为资本主义生产方式发展的结果，我们看到掌握了生产资料所有权的城乡小生产者都失去了一切独立的地位，落入了资本主义的控制之中，小农的产业或城市的家庭作坊、小企业成了资本主义繁荣时期随时能提供为它服务的、廉价的劳动力仓库。

通过同样的过程，破产或贫困的农民向城市逃亡，农民的迁入使城市增加了无业人口和后备军的人数，为家庭工业提供了完全听命于老板及其包工头的新工人，以便同工业生产和作坊生产进行竞争。

通过同样的过程，工人家庭日趋解体，从而给机器生产提供了越来越多的妇女和儿童，这使老板们有利可图，因为他们代替了成年男人，把成年男投入了失业者队伍和工业后备军之中。

但是失业的根源不止限于资本主义发展本身的结果。

资本主义必须保持一支足够数量的后备大军，以供它随时需要。为此，正如我们当前所看到的那样，资本主义虽然是国家的主人，但它依靠国家的帮助，不惜求助于各种诡计和暴力手段。

资本主义将缺乏技术而又廉价的外国移民劳动力引到它最需要的部门中去，或者根据情况对移民加以限制。

根据一项关于工人的统计数字，1913年德国雇用的外国工人人数达76.7万人，比1912年增加4万人。

奥地利1914年3月的一项法令取消了17—36岁的个人的迁移自由权，这些人不经政府批准不得离开国家。1913年第一季度，移居国外的有117641人。政府根据老板的愿望，将工业后备军的人数维持在一定的水平上，至于这样是否违背宪法，政府无所顾忌。

在法国，《三年法》把1913年的10万多名20岁正当年的青年人排除在生产领域之外，并使劳动力更加贫匮。老板们立即用低价向最落后的国家征收劳动力。至于那些失业者，他们为了找到工作，徒劳地急忙前往煤矿和冶炼厂的办事处，但是他们的劳动力价格太高，遭到了拒绝。于是，人们招来了大批的斯拉夫人、摩洛哥人以及中国人。直至今日，在巴黎郊区还有中国移民工人在那里干活。

1000名卡比尔人①在库里耶尔的矿井下劳动。

波兰人和意大利人涌向布里叶河流域，那里的居民总共才12万人，外国人就有9万人。

在诺曼底，在迪耶普附近的纺织厂里有中国工人，在矿区里有摩洛

---

① 阿尔及利亚的柏柏尔人。——编者注

哥工人。

最近报纸宣布有500名中国人到法国南方去参加收摘葡萄的劳动。

内政部长在最近的一次声明（1913年5月16日的官方公报）中承认在法国有3000名以上阿尔及利亚的卡比尔人和阿拉伯人，其中2000人在罗讷河口省，400人在加莱海峡省，600人在塞纳河省。

这样，老板的愿望就得到了满足，工人都是廉价雇来的，从而也降低了周围的工资。他们和当地居民在习俗和语言上有隔阂。对于工会的宣传，他们在很长时间里是不会接受的。

官方统计和调查以及专业普查表明，尽管生产和市场有扩大也有缩小（即使在表面的繁荣时期，生产和市场的摇摆也是不间断的），但失业人数任何时候都很可观，这样得出来的平均数本身就是对经年累月的不幸的揭露。如果能够实行并普及我们所要求的按地区和按工业部门的调查，那么这些数字会更说明问题。

从总的方面来讲，这些平均数所反映的倾向是持续的增长，这种增长只能是不断发展。与日益迅速的生产发展相比，市场却逐渐趋于收缩。

由此造成了生产过剩的周期性危机，在危机中，失业的人数更多，涉及面更广。

随着经济生活复杂性的增加，这些生产过剩危机和偶发的、经常拖延时日或时断时续的萧条时期，由于它们的根源和发生过程不同，所以各有特点，也各不相似。

正如我们的蒂姆同志在1913年德国社会党代表大会的报告中所指出的那样，这次危机从一开始起就在建筑业中有强烈的反映，以后又扩大到了其他工业部门。

在德国，特别是在奥地利，危机激起了找不到工作的居民们的声势浩大的游行，它对两国的破坏也最大。

工业和商业的不景气在英国和法国已经比较明显，但是根据法国劳动局和《劳工杂志》公布的工会的资料，似乎下降速度缓慢，并不像人们担心的那样增加失业人数。

1907年危机就金融方面而言来源于美国这个金融资本占统治地位的托拉斯国家，首先从它开始，然后扩大到其余国家。

我们经历了1901年开始的工业大危机的初期，那是一次典型的生产资料危机。

在危机发生前生产迅速发展的阶段，我们可以看到，所有商品都在不断地涨价，尤其是煤和铁。特别是铁，它越来越成为衡量工业活动的尺度，以至于必须尽量限制铁的使用。例如1900年在巴黎博览会的建筑物上连铁的影子都没有，可是1889年的博览会的建筑物都是铁的。

铁价下跌后紧接着的便是价格的普遍暴跌，昔日人为建筑起来的繁荣的倒塌。首先是冶炼业，然后是其他工业开始出现尖锐的危机。德国比法国的情况更严重，像其他危机一样，这次危机摧毁了弱小的工业和商业的抵抗能力，加速了资本的集中。

这场危机一直延续到一个持久的萧条时期。期间还伴随着某个生产部门因危机而产生的较为激烈的起伏和反复。这种起伏和反复，根据它们发生作用的范围、强度、所涉及的不同生产部门及其程度，似乎现在使每一场危机带上了更为突出的印记。

这些现象本身的复杂性说明，通过缜密的调查研究，然后仔细地研究这些现象的产生、发展及后果，将会大有益处。

因为在资本主义制度下，虽然不能消灭失业，但减少贫困甚至在某种程度上加以预防还是可能的。通过这种研究可以较好地找到预防和减轻依赖的方法。

在这方面，我们应该为没有时间参考许多新的统计材料特别是国际反失业斗争协会的出版物而感到遗憾。

随着工人阶级进一步认识到，贫困失业的痛苦、危机引起的失业严重化完全是资本主义制度一手造成的，反抗精神在工人阶级身上愤怒地增长着；资本主义制度本身的发展正是这样产生着消灭它自己的反对力量。

恩格斯在《资本论》英文版的序言中写道："而每一个冬天的来临都重新提出这一重大问题：'怎样对付失业者'……失业者再也忍受不下去，而要起来掌握自己命运的时刻，几乎指日可待了。"①

这场摧毁资本主义制度的革命的最初历史时刻，人们还都记忆犹新。

1789年的反抗者就是那些无业市民，他们中许多人被沦为流浪者。

1830年，印刷厂的失业为革命提供了起义者。

1848年2月，在那个危机和贫困的冬天，失业向起义者提供了士兵。

1848年6月起义是由被国家工厂解雇的工人发动的。

因此，可以说，工会和社会主义组织若能将失业的原因、失业造成的贫困及失业的规模向人们讲清楚，那实际上就是做了一件重要的革命工作。

我们可以把工人的统计作为我们必须加以研究的反失业的实际行动之一。

1. 工人失业的统计

德国工人阶级比任何其他阶级似乎更懂得统计的价值，他们自己亲自进行调查；如果有可能，他们也争取社会党人或受社会党影响的市政

---

① 《马克思恩格斯文集》第5卷第35页。——编者注

府的帮助。

1902年1月，当社会党人提出采取措施解决失业问题的要求时，波扎多夫斯基部长虽然不否认存在失业，但却答道，在柏林至多只有7500名工人失业。几天之内，工会和社会党进行了调查并作了统计，确定柏林市民有7.6万名全失业工人，加上那些半失业的工人，总计有11.7万名失业者。

1908年11月22日工会和党又进行了一次关于柏林失业情况的新的统计。

1909年2月12—14日，工会和党在柏林再度对失业进行了一次调查，但不是用简单的失业登记系统的点数法，而是用挨户统计的比较可靠的办法，即由调查人向每户居民发表格，由他们填写。通过这个准确的方法，证实了在大柏林有101300名失业者。

像斯图加特这样的城市，工会组织每年对失业人数要统计好几次。

不管用什么方法，只要对事实作大体上的调查就能对问题有所了解，并可提出应急措施。这样做，从道德和社会主义的角度，总能取得效果。1904年，我根据以前的先例，代表法国议会中的社会党议会党团提出质问，要求在议会劳工委员会的领导和监督并在各市政府和政府技术部门的协助下，由总工会的各工会组织对失业情况作定期调查，其中包括各个生产部门一般的、具体的和专门的统计。

议会通过表决同意以下议事日程：

"议会授权劳工委员会组织对工业和农业部门、全国和地方的失业现象，以及防止和减少失业的方法作定期的调查。"

尽管后来议会多次要求对此事的后果作出答复，但是那次表决始终未有下文。

2. 一般措施

（1）限制劳动时间和劳动强度。 通过限制每日和每周的劳动时间和劳动强度，工会的工作和立法较好地保证了工人阶级在其工作时间内能有保障自己的利益和安全的条件，使工人阶级能够为改善自己的命运作出反应，采取行动。

限制劳动时间：八小时工作制，每周劳动六天，减少每个工人日常的劳动量，增加每个人的劳动机会，当某项劳动能更好地适合于工人的生理条件时，这项劳动的生产率将不再作明显的提高，这样就会使更多的工人得到正常的工作。

如果在限制劳动时间之外，再限制劳动强度则效果会更好。后者是劳动卫生的主要条件，它能有效地预防疾病、事故以及人体机能的迅速消耗，这种消耗通过衰老和过早地丧失劳动力，给雇主提供了富有竞争力的廉价劳动力，从而将健康的工人抛到失业的陷阱中去。

（2）工会自由。工人阶级的结社权。 保证工会自由以及全面扩大工人的结社权是所有措施中至关重要的一条，因为工人阶级正是通过这一条才增强其抵抗、组织和战斗能力。

（3）对妇女和儿童的法律保护。 历史事实是，对工人的法律保护始于对儿童和妇女的保护。正如《工厂法》的历史所表明的那样，为童工和青工而采取的措施不久就扩大到成年人了。

由于在工业技艺的运用中，普遍雇用妇女和儿童的情况越来越多，特别是在法国，这使得失业现象不断增加，因而上述措施对保护成年工人的职业不仅有间接作用，而且有直接作用。

（4）争取工会规定的工资标准，如不成则要求最低工资。 凡在工会行动还不能争取到工会规定的工资标准的地方，最重要的是能制订一个与基本生活费用相符的最低工资额。这样就能在由于老板的作用而使劳动力价格发生不利于工人的变动，以及当技术进步引起工业家的最初反应，或由此产生的劳动日的缩短，从生产计件制改为生产计时制等情况时，可以有所保证。至今，它仍然是英国矿工大罢工所坚持的主要要求。

（5）家庭劳动和最低工资额。最低工资额最初是在澳大利亚、然后至少部分在英国的家庭劳动和所有低工资行业中实行的，并在各方面显示出了它的优点。它似乎在奥地利也不断得到了推广，而且进入到工资比较高的行业中去了。

按照澳大利亚的制度，由劳资代表人数相等的工资委员会确定和监督最低工资额。

英国也是根据类似的制度来确定矿工们举行大罢工后的最低工资额的。

3. 救济性工作

在经济萧条和危机尖锐时期，这些旨在减轻失业带来的贫困的救济性工作，对于工人可以有所帮助。他们在这种工作中可以熟悉职业活动。但这必须有一个特别的条件，那就是这些工作所持续的时间、劳动的报酬必须符合正常条件，而且必须在工会的监督之下。但是这种情况很少，除非是社会党人领导的市政府才会这样做。

通常的救济性工作在法国是很有限的。1912年有关这些工作的统计数字可以证明这一点。

1912年，有52个省的439个市政府为失业者组织了救济性工作，而1911年有549个，1910年有539个，为这些工作所支付的总金额为945960法郎。为20363名失业者所支付的工资金额为911859法郎。

在总共 325 个市镇中，64.3% 的市镇失业者所完成的劳动日平均从 1 天到 20 天不等。

在 414 个市镇中，经统计，失业者的收入为：0—10 法郎的 21 个市镇；10—20 法郎的有 72 个市镇；20—30 法郎的有 53 个市镇；30—50 法郎的有 55 个市镇；50—60 法郎的有 25 个市镇；60—100 法郎的有 74 个市镇。

对 324 个市镇的平均工资额进行的统计表明：其中 66.04% 的市镇日平均工资从 1.50 法郎至 2.50 法郎。

救济性工作的内容有：保养乡村道路，运输和粉碎石块，铺路，清扫壕沟，砍树，挖土。

尽管这些救济工作不很重要，但都得到了认真的对待和实施。

4. 监狱劳动和慈善机构劳动的规章制度

在监狱中，为私人企业所从事的劳动逐渐被为公共事业而进行的劳动所代替，在这一点上，法国有所改进。但这是不够的。

监狱内的劳动，慈善机构的劳动，如缝纫工场等，对于自由劳动，特别是对妇女的劳动来说是一种致命的竞争，也是造成失业的重大原因。

正是出于这个原因，我才多次建议禁止在监狱和慈善机构里进行任何商品生产，我还建议在上述两个地方，劳动不应是为了生产商品，而单纯是为了教育人。

5. 公共工程的实施和系统的协调

由于我深信这个措施具有实际价值，所以 1900 年在我第一次对失业问题进行干预以后，我不断要求对全国以及省、市一级的所有工程进行统筹安排,以便按一定的地点和时间来实施,同时也不忽视其他任何紧急的需要——不论是经济方面,还是卫生、教育等方面,而实施时要尽可能准确地考虑市场情况,特别是地方和全国的失业情况。

到目前为止,不知是因为习惯还是出于某些荒唐的动机,这些工程在经济繁荣时期抓得很紧,而一旦经济出现危机便降低了速度。

如果情况相反,在预见到的严重而紧迫的危机和萧条时期,这些工程加速进行,同时,国家和市镇的订货也加速进行;另一方面,国家和市镇控制的工业活动——如采矿、铁路、电车等——也依此办理,那就完全有可能在私人工业的刺激和带动下,使经济形势出现复苏,使失业工人能找到更多的工作。

几年来,回答这些要求的只是政府几个部的一纸空文,毫无作用。

只是到了1907年11月11日的会议,对于上述要求,劳工部长维维安尼先生答应成立一个部际委员会,由它来研究公共工程的协调以及危机预测、预防和缓解问题。

诺言得到了兑现:所谓的危机问题委员会成立了,它后来又改名为失业问题委员。但是至今,它很少开会。

危机问题委员会成立了一个失业问题小组委员会,它发表了一份卡昂先生和洛朗先生合写的报告,很有价值。报告的结论部分在委员会获得通过,可惜还未得到议会和政府的批准,它从预算和财政角度看,很有实用价值。所以,我在这里引用一下:

"归纳起来,小组委员会根据国家的经济情况,对能使国家的工程和供给多样化的各种不同的财政手段,进行了长时间研究以后,认为应该考虑采取四项改革措施。小组委员会对提出这些措施充满信心,认为它们之间可以相辅相成。

(1)危机时期一旦先前用于某些工程的预算中的贷款超过了协议规定的份额,国家应该更加广泛地动用它所拥有的援助资金以实施这些公共工程;

(2)应该通过法令形式允许将贷款延期使用在新的工程上,该贷款的门类在金融法中只作了有限的规定，它们不可能在当年的财政年度中用完；

（3）由预算结余提供给各工业部门或其他类似部门的特别储备金，可以在发生危机后，各部门收入受影响的情况下用于完成为它服务的订货和工程；

（4）通过同样方法提供的一般储备金是否归政府掌握用于实施同样的工程，应该予以检查。"

以下是小组委员会最后的补充意见：

"国家财政、民族工业和劳动者三方面的利益达到了罕见的、可喜的一致，小组委员对此留下了深刻印象，认为这就是它所提出的建议的最充足的理由。"

但是，问题的本质并未触及。政府在这方面还毫无作为，社会党应该迫使它采取行动。

6. 在全国组织职业安排

职业安排，即将工人和就业机会联系起来，是克服失业最重要的工作。由于雇主的抵制，工人组织在这方面作出的努力迄今为止一直是失败的。采取由国家和工会双重监督的方式，在全国组织职业安排，目前这种解决办法日益受到舆论的赞同。

7. 保 险

失业病不仅在失业者中猖獗，它也不断窥伺着整个工人阶级，每一个工人都受到它的威胁，并迟早要成为它的牺牲品。失业病使工人生活备受动荡、恐惧和不安的折磨。

因此，在所有预防和减轻失业造成的贫困的方法中，最有效的方法是通过给失业者最优惠的救济和补偿，给予工人阶级以最高数额的福利金。

在所有这些方法中，最能达到这个目的的方法是以其社会形式、社会保险形式出现的。

在实现这一方法之前，处于社会保险和个人保险之间还有好几种形式。劳动者是被排除在个人保险之外的，能够享受这种保险的只是那些能支付保险金的有产者。

（1）以补助为形式的保险——工会保险。随着工会的壮大和加强，它们对失业者进行援助，并以此为保卫和扩大自己组织的方法。但这肯定有极大的限制，如果有了国家和市镇的补助，这些限制就会减少。

如果这些补助有足够的数额，而且除了要求能保证工人的就业以外不附带其他条件，那么它们就能形成一种真正的、十分有效的并能将所有工人吸引到工会队伍中来的工会保险。在工会队伍中，工人们通过相互声援，他们的福利得到了保证。

然而，政府当局的补助却不是这样给予的。

例如在法国，一笔21万法郎的贷款还未等到纳入工会设立的失业补助金的预算之中，就已不断被压缩，而且也从未得到充分使用。工会组织首先关心的是工会的自由权利及其尊严，因而这种补助的条件，对它们来说，缺乏吸引力。

1912年失业补助基金会的报告写道：

"国家只是鼓励工人建立自己的组织，目的是为了通过定期的救济来支援他们中那些不得已而失业的工人。"

在计算补助时，救济的最高额从2法郎增加到2.5法郎。

新设立的基金，可得到100法郎的最高额补助作为最初的鼓励。

在一个季度中会员们为失业捐款的总额至少应相当于得到的救济款的三分之一；如果达不到三分之一，而失业基金组织的运转又是正常的，那么可以以20%的比例给失业基金组织以补助，还不算整个季度内会费的总和。

有关基金组织章程的条款是必不可少的，它也作为得到补助的条件。

（仅仅这一必须履行的条件就足以使工会失去信任并放弃要求。）

以下是1912年贷款分配的总结果。一年中有两个季度，其最高额的预计补助比率由于申请人数少，所以是固定的。

在总额为80000法郎的贷款中，分配了47542法郎，而1911年分配了50726法郎。

法国政府正是在这种可笑的保险和所谓"社会互济"的形式下来理解和实行失业救济的。

（2）市镇补助和保险。 市镇较之国家不易引起工会的怀疑，只要市政府掌握在社会党人手中，甚至只是掌握在民主派手中，它们给工会失业基金的补助就可以产生最佳效果。当然，效果是有限的。救济和补助对工会有利，所以只能给予工会会员。

往往尚处于雏形阶段的市镇保险只限于"社会救济"的形式。

在这些方式中，似乎经过调整后的根特制在当前占主导地位，特别是在比利时和德国。

它原本既不是一种保险基金会，也不是给加入工会的工人的补助，而是市镇给工人中那些以个人名义或以集体名义参加失业互济的人的一种援助。工会可以成为把这种援助转交给它的会员的机构，市镇的资助可以是百分之几，例如50%，而个人或工会会员则可以通过会费、储蓄来得到保证。

（3）工人保险。 当国家进行干预并将它的资助和雇主、工人的捐款合在一起，同时普及这种承担多种风险的方法时，它把工人保险作为国家的一种机构。工人保险这个词就是从救济发展来的，过去的工业基金会借用过这个词。

德国的一大功劳便是把工人保险变成了到处被人模仿的范例。工人保险是防止老、残、病和事故的义务性的全国性机构。

法国则把它变成了针对事故的不健全的保险机构。

英国在求助于养老金补助这个方法之后，也模仿了德国工人保险的做法，将其扩大到疾病和伤残，英国也是首先把工人保险扩大到一小部分行业中的国家。

德国工人保险本身孕育着未来发展的诸因素。当工人管理战胜官僚主义的时候，这种发展就会出现飞跃。届时，工人保险将向它已预告的社会保险发展。

（4）社会保险。它之所以被称为社会保险是因为它和其他保险形式不同，作为对象的无产者，工人不是受某个人的帮助，而是受社会的帮助。是社会给他，向他保证，使他能对因社会风险招致的损失进行预防、弥补和补偿。这种保险可以从工人职业生活的一般和特殊两个方面来认识。

尽管一般方面和本报告的目的没有关系，但也必须讲几句，那样可以使人们更好地理解本报告所作的结论。

在上一届议会开会时，在我代表社会党议会党团再次呈递的关于"建立社会保险"的提案中，我力图说明社会保险的特点、形式和发展。

从社会保险的一般形式来看，它适用于所有的年龄段、生活中的一切事件及其风险；社会保险在有些国家里扩大到所有居民，它至少为他们提供最起码的生活资料，因为为最贫困和最虚弱的人服务的救济机构已经改为保险机构，权利代替了义务，即享受救济的权利现在已由参加保险的人实行监督和管理；而过去即使施以救济被认为是义务，但这种义务始终没有认真履行。

通过这种一般的形式或其他形式,社会保险的主要目的不仅仅是对事故的弥补和补偿,而是通过法律和保护措施来预防事故,为此而花销必要和足够的款项。

我们在这里所指的社会保险仅仅限于拥有劳动能力的工人的职业生活时期及其活动,他所承担的风险包括年老、残疾、事故、失业等等,这些情况都具有使工人全部或部分丧失劳动力的共同特点和后果。

由此产生这样的结果,即社会保险和国家,在未能防止风险产生后果的情况下,有义务通过治疗及其他有效手段消除这一后果,并且,除了给予家庭补偿外,还要给投保人一笔金钱予以补偿,这笔钱至少相当于风险后果所造成的(部分或全部)损失。

社会保险有如下显著特点:

首先,社会保险本身以及它的保险金管理处和委员会都由投保人工会自己管理。

其次,工人不捐任何税。

我们坚持要雇主捐税,税款与德国和英国工人保险金的捐税相当,从而得以筹集基金;而在筹集过程中,通过投资积累的收入,可以为更好地防止风险、支付投保人工会管理和监察经费提供额外开支。

雇主捐税是应该的,因为雇主们对风险负有更直接的责任。假如风险增加,那么他们所负担的捐款也就要增加,这样就成为防止风险的可靠手段。

国家从一开始就应通过预算中规定的必要而足够的贷款来提供资金,用以保证社会保险事业及其机构的运行和发展。这些资金是依靠富人阶级的资本累进税和所得税提供的。

这一介绍和报告的成果可以用如下结论和向大会递交的决议案来归纳:

鉴于：

失业只能随资本主义生产方式的消灭而消灭，失业是资本主义生产方式存在和发展的必要条件，目前从一定程度上来讲，有些法律、改革和方法可以防止和减轻失业带来的贫困、痛苦，也可以在萧条和危机时期防止和延缓失业现象的恶化；

失业病不仅使失业者遭受打击，而且不断威胁着工人阶级全体成员，它长期折磨着每一个工人的生活，使他们终日感到不安和恐惧。因而，克服失业及其恶果的首要的、最不可或缺的措施是保护工人，保障他们的安全，增强工人阶级的组织、抵抗及战斗能力。

为有效地克服失业、保卫工人阶级，大会提出以下建议：

1. 扩大工会权利和工人联合的权利；

2. 限制劳动时间和劳动强度：实行如英国的一周工作制那样的八小时工作制，从生理卫生角度限制劳动强度和劳动时间；

3. 在没有工会工资标准的情况下，应付给与生活费用相抵的最低工资额；

4. 对家庭劳动和低工资行业，实行澳大利亚关于最低工资额和工资的劳资委员会制度；

5. 禁止利用监狱和慈善机构的劳动来进行商品生产，用教育性劳动来代替生产性劳动；

6. 根据经济形势、市场状况和失业的严重程度，有条不紊地协调和实施公共工程；

7. 在国家和工会组织的监督下，成立全国性的储蓄机构；

8. 对工人活动和生活中的一切——失业、事故、疾病、伤残、年老等——都实行社会保险，工人不必捐税，由投保人工会独立地经营和管理社会保险金；

通过补偿，保险给所有投保人提供了保证，他们所得到的补偿至少能抵消劳动力或工资所遭受的损失；

建立和采纳一切有利于防范风险的机构和措施；

富人阶级缴纳的资本累进税和所得税，通过年度预算，为社会保险事业的全面运行和发展提供了必要和足够的资金，雇主的捐款成为资金后又补充了有益的额外收入；

9. 如可能，在市镇和国家技术部门的协助下，由工会组织对失业情况进行经常和定期的调查。

报告人

爱德华·瓦扬

1914年5月7日于巴黎

二、赫尔曼·莫尔肯布尔的报告

为研究失业问题所提供的素材

最近，失业问题向大多数对社会改革感兴趣的政治家们提了出来。问题的实质是究竟如何保护劳动者不受失业造成的物质和精神上的后果的影响。只有当劳动者不再成为资本家剥削的对象时，这个问题才能得到答复；也只有当社会主义生产方式代替资本主义生产方式时，失业的可怕后果才会自动消失。但是，即使是在资本主义社会范围内，失业还是可以减少的，我们的首要任务是确定失业的原因及其严重程度。

我并不想借这些篇幅对问题进行透彻的研究，而是想将我在德国经济史中收集的一些材料，作为研究此问题的基础。

可以把德国看做是最年轻的工业国之一。30年前，它还是一个农业国。在 3520 万人口中,从事农业的有 19225455 人,占人口的 52.5%;从事工业和矿业的有 16058088 人,占 35.5%;而 4531080 人从事商业工作,占人口 10%。1907 年,总人口增加为 61720529 人,但依靠农业生活的只有 17681176 人,占总人口的 28%;依靠工业生活的人数则上升为 26386537 人,占 32.8%;从事商业的人口为 8278329 人,占 13.4%,新增加的人口就这样完全被工业和商业吸收了。1882 年,德国是一个向外移民的国家。从 1880 年至 1884 年的 5 年间,864265 人移民到海外。从 1905 年至 1909 年的 5 年间,只有 135649 名移民海外。目前,流入人口多于流出人口。1890 年,德国有 453254 名外国人;1900 年,增至 778737 人;到了 1910 年,又增至 1259873 人。资本家和大地主拼命雇用外国劳工,因而始终有剩余劳动力处于失业状态。

1895 年的失业准确数字如下:

那一年对失业人数作了两次调查,第一次是 6 月 14 日对工业和商业部门进行的,另一次是 12 月 2 日在人口调查时进行的,除了因健康原因不能劳动外,失业人数统计如下:

	6 月 14 日	12 月 2 日
农业工人	19204	162472
工业和商业工人	159800	391174
总计	179004	553646

1895 年可以看做是一个失业情况中等的年头。

1892 年的危机已经过去,但还没有达到繁荣的最高水平;以后的调查表明,12 月 2 日那一天,失业并未达到最高峰。

按一般规律,每一年的 1 月末,失业人数最多。

以下是 1905 年的有关数字:

依附农业的工人和职员有 5723967 人;

依附工业和商业的工人和职员有 8434290 人。

在工业和商业职工数字中包括不同类型的领薪者，也包括蔬菜种植园的工人以及畜牧场的工人。如果不算后面那部分人，那么纯粹商业中的职工人数如下：

	工人和职员	增加人数	%
1882	4431213	—	—
1895	7320448	2889235	65.2
1907	11266072	3945624	53.9

由于1900年以前几乎80%的工人都是由根据法律成立的雇主保险公司保的险，而1901年以后，上保险的工人增加到85%。因此，看了这些保险公司的报告，就可以体会到就业的不稳定性。在很多行业里，一年的工作日大大低于300天。在建筑业，一年的工作日平均只有220天至240天。这意味着，建筑工人一年平均要失业76天至80天。冬天歇工、雨天停工以及某一项施工刚结束不能立即找到工作等，都是正常现象。船员、农业工人、泥瓦工以及许多其他行业的工人的工作在很大程度上取决于气候——天气一坏就会造成失业。在其他部门的工作中，就业取决于季节，工人在旺季不得不延长劳动时间，而在淡季，却不得不失业。

也有所谓季节工，一年中他们只能在原料供应有保证时才能工作一段时间。对于大部分工人来说，由于存在旺季和淡季，所以工作是不稳定的，上述保险公司的报告充分证明了在危机时期失业的面是很广的。根据工业和商业的统计，从1882年到1895年，工人每年平均增加222249人；从1895年到1907年，为328802人。关于事故保险，我们不能一律看待各个时期的不同情况，因为事故保险只是在上个世纪最后十年才出现的，而且人们把所有屠宰工人、钳工、啤酒工人和擦地板清洁工都纳入了受保人的行列,到1901年受保人数增加了。可是从前,只有那些在10人以上或在使用机器生产的企业中劳动的工人才参加保险。从1888年到1900年,在保险公司受保的人数由4320663人增加到6928894人,平均每年增加217353人;从1901年到1902年,由6884075人增加到10178177人,每年平均增加299501人。①

从1888年到1900年,每年平均增加217000人;但1892年,受保人减少15280人,在那一年以后的连续8年中,受保人数不断增加。1902年本来应该有大幅度增加,因为从那一年起,新受保的各行业工人也统计在内了,可是结果却减少了44818人。那一年以后又是连续6年的增加。1908年又出现了本该增加300000人、结果却减少100595人的情况。接着,在4年中还是连续增长。到了1913年,又出现了严重的下降,人数增加的时期越来越缩短。最初是8年、6年,后来是4年;在兴旺时期中交叉出现的危机一次比一次严重。简单地用说明职员人数减少的数字不能清楚地显示某些行业和某些县的失业的波及面。即便是在危机期间,也总有某些自然增长,总会增加一些学徒工。在危机的年代里,学徒工的人数不会减少。雇主们受法律的约束,不能不继续雇用学徒工。也还有一些受危机影响较小的行业,诸如煤气公司和自来水公司,以及有轨电车等等。1908年,在66家保险公司中,受保人达3379000人的20家公司增加了162000人;在其余44家公司中,人数减少了263000人。建筑业减少的人数最多,达105000人;其次是采石场和砖厂,那一年减少了43400人,次年是45200人。冶金和机器制造业职工人数减少54200人,纺织业23500人,木材工业的职工人数也有减少。整个失业时期都造成了灾难性的后果,由于缺吃少穿而给人体健康带来的危害无法计算。许多健康的工人由于穷困,很快就得了病。有的

---

① 数据有误,原文如此。——编者注

人为了吃饱肚子只好乞讨，公路上到处都是忍饥挨冻的工人，他们一旦被抓，就要被判行乞罪。流浪生活导致酗酒，一个规规矩矩的工人就这样变成了酒鬼。

统计表明，犯罪案件大幅度增加。1891年，即危机爆发的前一年，在德国有97933人被判处偷窃罪。1892年是危机爆发的那一年，上述数字增至109193人。随着经济的发展，1896年，犯罪人数下降至91147人。在1901年和1902年发生危机的两年中，被判处偷窃罪的人数分别上升为101558人和103895人。接着，1904年人数又有下降，为98882人。然后在1908年的危机中，人数又迅速上升为115974人。刚才我讲到的由流浪产生后的后果在这里也同样：一个由于穷困而被迫去偷窃的人，很快成为职业偷窃犯。如果换个环境，他本来可以老老实实地工作一辈子的。

无法统计究竟有多少妇女由于穷困而被迫从娼。但是，可以肯定，失业带来了可怕的灾难。除了精神上的危害外，还必须看到经济上的危害。失业者变成流浪者或妓女以后，是社会的沉重负担。通过许多堕落的例子，可以算得出，乞讨和偷窃能得到多少钱，对他们的审讯和判决要花多少钱。在多数情况下，只要从这笔钱中拿出一部分就肯定足够这些工人继续有益于社会。这再次证明：预防胜似治疗的原则是正确的……借助于统计，完全可以了解到准确无误的失业天数。有了健康保险公司的数字，这一点在德国是能做到的。如果计算一下维持失业人员生活需要花费多少钱，人们肯定会感到这笔钱十分可观，但它一定比每年的军费开支少得多。而且，因为失业本身会引起失业，所以这笔钱是很多的。目前，失去工作的工人同时也失去了他们的消费能力。他们无法提供自己所需要的东西，这种情况引起了那些从事消费品生产的工人的失业。如果能使这些失业者继续当消费者，那就可以避免由于他们不消费而造成的失业现象，也就不会加重危机。改进事物的第一步实际上是在回答这样一个问题：什么是保存失业者消费能力的最佳方法？一个完善的失业保险计划就是最佳方法。如果在工人失业期间能给他们以足够的补助，使他们能养活自己，那他们将继续是能付钱的消费者。可是，人们提出种种论点来反对失业保险。甚至那些希望减少失业造成的不良后果的人也声称，如果要设立这样的保险，困难将是不可逾越的。实际上，只要这种保险由工人来监督，困难很容易避免。他们会注意避免发生使用不当的情况。至于健康保险，工人们在政府试图制订医疗保险的法律之前已经设立了专门的健康基金。工人们再次做出了榜样。拥有200万名会员的工会组织已经设立了失业基金会。这种资金支持有一个缺点，即工人们独自承受了负担。如果失业保险要实现其目标，国家、市政府和雇主都要为筹集这笔开支作出贡献。一旦它们分头拿出钱来，那时就可能找到消灭失业的最佳方法。卡尔·马克思在《资本论》(第一卷，德文版，第573—574页①) 上明确地指出了使失业减少到最低限度的可能性。

生产规模已经达到了卡尔·马克思在1867年难以预测的程度。如果我们把当前工商业的原始数字同19世纪60年代英国的工商业数字加以比较，那么后者简直就是微不足道的了。当一个国家的资本主义发展起来以后，现有的劳动力就不足以满足繁荣时期的需要了。

美国和德国是这种现象的典型例子。工人群众依靠他们的气力和灵巧对物质进行加工，表面上他们的价值不能同黄金相比，但事实上却比加利福尼亚的金矿更值钱。

如果大规模的失业要使国家和雇主们损失一大笔钱，那么他们就会很快想办法去防止失业。各种类型的保险事业都有一项任务，那就是千方百计地设法不让投保人拿到保险金。自从创立了火险业务以来，在建

---

① 参见《马克思恩格斯文集》第5卷第737页。——编者注

筑物内的各种防火手段都得到了发展,人们盖起了完全不会走火的大楼,而且改进了防止和扑灭前期火灾的方法。由于有了海洋保险,船只的质量得到了许多改进。目前,设立工人劳动事故险的结果是鼓励人们采取一些预防措施,而设立伤残险的结果则是每年要支出几千万马克以保护工人的健康,这样做竟然使得任何工人都不能得到伤残费。防止失业比防止失火、海上遇难、事故和伤残更容易些。过去,"救援性工作"即便不能说毫无用处,也是用处不大,这些工作往往过分强调了"对穷人的救援",而受援对象折腾了半天却一无所得。

人们对劳动方法越是进行深入的研究,那么就会有越多的工人成为专家,只有劳动分工,才能得到目前所需要的专业知识。一个人越是对某一部门有专长,那他就越是不能从事另外的工作。如果他一时被迫从事他不熟悉的工作,那么他就要失去从事所习惯的行业的能力。如果一名裁缝、一名烟草制造工人、一名制女帽女工或专业机械工人被迫长期从事艰苦的体力劳动,那么一方面他们的劳动率就会很低,另一方面,他们原来的专业技术也要丢失大半。因此,应该发挥每个专家的专长。如果在某些专业方面无事可做,工人应该得到生活的基本手段。如果由国家和雇主给工人以要求失业救济金的手段,那么他们就能很快找到工作。工作意味着生产某种东西,唯一的问题是产品能否得到使用。

近来,建筑工人受危机影响。通常情况下,建筑工人每年平均增加35000人,而1901年人数有所减少,建筑工人从1156923人下降至1096600人,即减少60323人。在1908年危机期间,又减少了105000人。建筑业失业人数1901年为95000人,1908年为140000人。1913年的准确数字尚未知晓,但是我们了解几个地区的数字,我们可以看到,那里的失业人数显然高于1908年。

事实证明,如果所有为那些患有于公众有害的疾病的人服务的医院、疗养院、学校以及康复院都盖起来的话,那么,所有这些建筑行业的失业者就会有工作可做了。若是这样，那么出于人道目的以及为了公众利益而修的建筑物结果将会给所有制砖工人、所有采石工人、水泥工人和砂浆工人，给建筑业的白铁工和木工带来工作。大部分失业工人将从我们的大街小巷里消失，而且他们会成为其他商品的消费者。在修筑公路、铁路、桥梁、运河等方面，要从事的工程还多着呢。只要听一听一年一度普鲁士议会对铁路预算的讨论就能了解这一点。数百名议员要求发言并揭露铁路系统的弊端。仅仅把基础工程建设抓起来，挖土工人就可以连续几代不再失业。沿铁路也需要车站和仓库。建设运河、建设灌溉和排水工程，大面积的种植和伐木至少也就是必需的。解决失业问题的另一个办法是调节劳动时间。例如，那些所谓"基本商品"可以在淡季而不是在旺季生产，这样，大部分季节工就用不着在旺季长时间地在不人道的条件下劳动了。

一个总的失业保险规划可以准确地反映出所拥有的劳动可能性以及雇主们的需要。因而通过调整可以更好地根据要求合理地分配劳动时间。只要国家负责提供必要的款项支持失业者，我们就会有必要的条件就劳动时间进行立法。

自然，还有其他许多与减少失业有关的问题，如调节转岗、调节劳动时间、组织紧急工程等等。

在解决这一问题时，要提出一个问题，它对工人来说是最重要的，因为它符合他们的利益。这个问题就是：如何才能使失业不至于带来贫困？当失业者不饿肚子的时候，失业就失去了最悲惨的一面，那时，人们就可以关心下一个问题：如何减少因失业而造成的开支？还有一个问题：如何减少失业？这些问题只有当统治阶级受到比今天更严重的失业的影响时，才会加以考虑。当前，资本家利用失业以削减危机时期的工资和劳动时间。但如果失业者不再出于饥饿被迫以任何代价进行劳动的话，资本家就不可能这样做了，而且，如果失业使雇主耗费巨额开支，他们自己也会很快就想办法来减少失业了。

决议案

资本积累的明显后果是在这些资本控制下的被剥削者人数的迅速增加。随着资本的发展，劳动者的地位越来越不稳定，劳动需求旺盛时期、衰退时期和失业时期交替出现，其周期很短。在正常情况下，甚至在繁荣时期，对于许多从事季节性工作和有时间性工作的工人来说，也存在失业的危险。承受着劳动的逐渐分工，工人变得越来越专业化了，他们的工作范围越来越有限。如果在他们的专业范围内没有工作可做，他们的生活就要发生危险。

经济生活和劳动市场的变动日益频繁。危机周期的间歇越来越短，受失业威胁的工人一天比一天增多。工会使用的限制生产的体制更增加了失业。一般而言，工人在有工作的时候，依靠其工资可以得到最起码的生活必需品。一旦失业，工人及其家属就只能过忍饥挨冻的日子了。饿肚子会使健康状况恶化，其结果是疾病和死亡。失业是造成女工流浪、犯罪、卖淫的根源。对于开始走下坡路的失业者来说，要重新振作起来、恢复元气，是特别困难的。就业工人也受失业所造成的后果的影响，因为雇主们利用劳动力剩余，降低工资和恶化劳动条件。

这种现象只有当对工人的剥削结束、当我们用社会主义的生产制度代替资本主义的生产制度时才会彻底消除。失业造成的不良后果可以通过受到参加保险的人监督的失业保险制度来减轻。

因此，大会要求实行失业保险，其基金由国家和雇主提供。

大会认为，失业补贴制度是反对失业的一种办法。因为通过以下途径，失业现象可以得到减轻：

1. 增加工人的购买力；

2. 调节劳动时间，即减少劳动时间；

3. 进行服务于文明的工程建设，如建设学校、医院、疗养院、休养所并为之提供设备，以同那些严重损害公众利益的疾病作斗争，同时还给工人建造卫生的住宅；

4. 实施必要的交通建设工程，如铁路、运河等等；

5. 开垦荒地。

赫尔曼·莫尔肯布尔

三、比利时工人党关于非自愿失业问题的报告

比利时的情况
——取得的进步

在比利时，市镇失业基金是由市政府筹集的，其目的是为了把市镇的财政盈余分发给参加了非自愿失业保险的工人和职员。补助或者按人头分发（根特制），或者按集体分到保险银行（列日制）。

根据第一种体制，**工会可从分给失业者的款项中报销一部分开支。**而根据第二种体制，**工会可以得到补贴。计算补贴的方法有两种：（1）所有参加保险的工人，不管失业与否都要交的会费数；（2）由工会出资的失业补贴费。**

在丹麦和里昂（法国），工会的补贴仅仅依靠会费。

在挪威，政府只给予补贴，就像根特制一样。在列日实行的体制处于两种极端之间，更有利于工会。政府提供的金额大小随时有变化，但起伏不大。工会依靠在市镇收集的会费的节余，在顺利的年代筹集一些积蓄，以应付非自愿失业带来的严重困难。

一般而言，除了市镇的代表外，不管采纳哪一种体制，市镇还要向政府申请资金，请政府委派有关职业行会的代表以及有保险业务经验的专家。

市镇失业基金的分配、监督、促进和研究机构已经为工会做了许多工作，它们丝毫没有影响工会的自主权以及工会的行动。

1901年，通过与失业基金有关的工会途径给予失业者的补贴为17895法郎。1913年，达到3108073法郎。

1901年，市镇基金给工会补贴的失业天数只有6676天；而1912年，则为218035天。

有些基金也有利于个人储蓄者，1912年，在这方面补贴了1003天。还必须考虑到，被承认的工会——几乎都是基督教工会——每年补助2万天。此外，那些不参加市镇基金的不被承认的工会也组织了保险，并且每年约补贴5万天。这些工会1912年总计约补贴30万天。

1901年市镇通过的贷款是11500法郎，1912年是192506.21法郎。除了这笔贷款外，市镇还直接给工会补贴，而不通过基金。比利时市镇每年提供给工会作为非自愿失业保险金的贷款为25万法郎。此外，各省在1912年还增加了5万法郎的贷款。同年，政府提供的失业补助只有24911法郎。

以上就是目前的状况。

下一步做什么？

比利时失业危险所涉及的面有多大？

从上述介绍可以看出，虽然比利时作出了很大的努力，虽然它提出了很有价值的措施，但是，任务远未完成。

实际上，在1185381名工业雇佣工人中，大约有125000名工人程度不同地参加了失业保险。因而，100万以上的男女工人仍然有可能受失业的灾难性影响。除了这100万被抛弃者——或者说100万未保险者——以外，还要加上25万名农业工人和10万名商业职员。诚然，人们可以期望20万到25万名工会会员不久将会走上失业保险的光明大道。但是，要指望增加工会会员，那我们离解决问题还相当遥远。我们可以把可能勉强达到的参加保险的人数（30万人）同工业工人、商业职员和农业工人（约153.5万人）的人数加以比较。

可是，要达到这30万人，就必须使目前参加非自愿失业保险的人数几乎增加3倍，即使这样，还有120万名工人享受不到保险的好处。

现在让我们试着估计一下——因为统计很不完整，无法依靠这些资料，比利时工人由于非自愿失业而承受的损失怎么样？

我们从劳动部公布的最新统计得知，每1000名参加保险者的失业天数1909年是2988天，1910年是3038天，1911年是2982天，1912年是3010天。这等于每个参加保险的人每年平均失业3天。整个比利时138.1万名工业工人，总失业天数为350万天。

但是，这个数字大大低于实际情况，因为在我们的统计中，没有把农业工人计算在内。他们至今还没有失业保险，所以缺乏任何最起码的统计基础。

我们还没有把下面几个因素考虑在内：（1）未被补助的失业人数；（2）与参加保险的人数相比，在未保险的人中，失业现象更为普遍；（3）如果季节性工业（服装、建筑等）完全参加保险的话，就要大大增加失业的平均人数；（4）对待农业工人如同对待其他雇佣工人一样，一视同仁。如果把上述因素考虑进来，我们的结论是：我们最初提出的350万天失业天数应该加倍。这样，一旦建立了囊括比利时全体工人的庞大的保险系统的话，每年就要补贴600万—700万天。

但是，我们应该再次说明，这些数字肯定还低于实际数字，因为我们的计算是以工业发展最繁荣的一年——1912年——为基础的。一旦明天出现严重的经济衰退，那么补贴的天数就要增加3倍、4倍甚至5倍。实际情况正如7头瘦牛吃掉7头肥牛的神话[①]所揭示的那样，生产的危机和工业生产的兴旺是交替出现的；必须要等待一段时间才能合理、准确地确定出现失业危险的范围，以便加以克服。经济危机的周期徘徊在6年至10年之间。因此，至少需要25年的实践经验才能提供准确的数字，以根据可靠的统计资料来制定失业保险政策。

在根特、布鲁塞尔和列日，最近5年内失业补贴金平均为每失业一天补贴1.60法郎。

根据劳动部发表的统计表，25%的银行每天付给的补贴为2法郎以上，48.5%的银行至少付给1.50法郎，44%的银行至多付给1法郎一天。

如果把补贴一律提高到1.75法郎或2法郎一天，那么600万天的补贴在通常的年景下就要拿出1000万到1200万法郎来。

25年来，危机年月和繁荣年景交替出现的比例大体是这样：7个好年头和中等年景，3个坏年头。

因而，从费用来讲：7个正常年景，每年1100万法郎，共计7700万法郎；3个危机年头，每年5500万法郎，共计15000万法郎。10年补贴为24700万法郎，每年平均2500万法郎。

一旦全面普及失业保险，就必须向服务于此项业务的各种保险银行

---

① 见《圣经·创世记》第41章。——编者注

每年提供2500万法郎①,相当于每个投保人可分得16.30法郎,加上行政费用,为18法郎左右。

在巴塞尔,包括行政费用在内,1911年每个参加保险的人补贴金为17.25法郎。在英国,工人、雇主和国家三方集资,每人平均为34.70法郎。在科隆,仅工人集资一项,在失业不严重的行业中,每人每年10.40马克,在其他行业中为15.60马克,在建筑业、土方业和农业中为31.20马克。

这些数字证明,我们的估计决不是夸张,对于今后比利时在这方面应如何去做的问题,只需知道投保人平均每年的保险费无论在布鲁塞尔、根特还是列日都是6法郎左右就够了。

因而,余下的12法郎就由雇主和政府来分担。

假设雇主的交纳的费用和工人交的保险费一样,那么各级政府的负担大概是每年每个工人6法郎左右,国家、各省和各市镇共同负担921万法郎。其实,对于8亿法郎的预算来说,这笔钱是个很小的数目。

中央政府落实到每个投保人头上的最低支出可以是固定的,并成为一种义务。而各省和市镇的款项则可以在最低额和最高额之间进行调整,以便使法律能够具有更大的灵活性,更能适应当地的特殊情况。

此外,工会也可以根据职业危险性的大小来调整它们提供的款项的多少。

鉴于各个工业部门之间的失业危险并不相同,从工会组织的利益发出,我们认为,即使普及保险,也应像丹麦那样依靠职业工会组织。

---

① 这笔数字对比利时来说根本算不上什么,比利时尽管不是一个军事大国,但它每年的军事预算大大超过1亿法郎。一般而言,所有国家的情况大体上都如此。这就证明,普及失业保险是可以立即实现的。——特罗克莱注

在英国，只有在四个工业部门中，才规定必须实行失业保险。而在其他工业部门中，政府只是给工会以补贴。

作为社会主义者，我们认为，我们应该再接再厉地去争取，使全世界各国无产阶级都毫无例外地得到全面的保险。

决议案

因此，我们建议为工人们的非自愿失业提出如下要求：

主要原则：

大会赞成实行以工人职业组织为基础的全面的、义务性的失业保险制，由各级政府、企业主和工人共同出钱（工人交款不能超过支付失业风险金的三分之一。）

在此之前，

1. 大会认为目前各级政府提供的财政经费是不够的。

2. 大会要求国家、各省、市镇的补贴直接拨给工会的失业保险金管理处，补贴数额以捐款和补贴两个方面为基础同时进行计算。

3. 大会主张，在工业危机时期进行某些有益于公众的工程，如开伐林木、填平沼泽地、开垦荒地等。

大会也提出了**预防失业的下列措施：**

1. 必须通过工会组织的推动，使失业人员能免费享受职业介绍。

2. 在公共工程方面，有关机构必须立即实行有预见性的、合理的政策，也就是说，把集中和大量的工程建设任务比较均匀地安排在全年。

3. 建立官方的常设委员会，其中有工会组织的代表参加，他们的任务主要是：

（1）探讨造成非自愿失业的深刻的、环境的和偶发性的原因；

（2）研究避免失业和推动劳动市场调节所应采取的措施；

（3）筹备调节职业介绍和外籍工人劳动条件的国际会议，在筹备过程中将参考那些保证自治和尊重移民国家工会规章和条例的原则。

其他针对非自愿失业的灾难性后果的过渡性措施也可能是有用的，但是我们特别要突出指导无产阶级的总路线和总方针。我们认为，应该把次要问题——不管它多么重要、多么正确——搁置一边。

我们也不愿意对工业危机的间隔性、对卡尔·马克思已作了正确阐述的现存的劳动大军和资本的储备大军作理论上的研究。我们认为，既然这些理论上的问题无人怀疑，也没有人表示不同看法，那就不必在这方面多花时间。

在向我们的外国同志概括介绍了比利时的情况之后，我们想，现在只需要在非自愿失业问题上明确我们无产阶级的要求就行了。若是需要，我们可以再进行解释，并补充一些理由。

最后再说一点，如果真是实现了我们刚才提出的纲领的话，我们就可以大大改善工人阶级的命运，同时促进工会力量的扩大。

报告人
莱昂·特罗克莱

第二委员会：生活费用昂贵问题

一、奥托·鲍威尔的报告

生活费用昂贵是个国际现象。如果说，从1874年至1895年，世界市场价格下降的话,从1896年起,整个资本主义世界则开始涨价,而且从那时起一直维持至今。如果我们把1900年的食品价格确定为100,那我们就可以看到,在1900年以后的年代里,食品价格的上涨如下表①:

	1905	1908	1910	1911	1913
澳大利亚	101	106	103	104	116
比利时	110	116	122	128	132
德　国	108	112	117	118	123
法　国	107	115	114	121	123
英　国	103	108	109	109	115
意大利	100	106	112	111	111
日　本	132	136	132	138	—
加拿大	111	129	135	136	151
荷　兰	102	107	115	117	123
挪　威	100	109	108	114	119
奥地利	108	118	126	128	135
俄　国	112	130	116	121	—
西班牙	109	103	—	—	—
美　国	113	126	140	139	150

这些数字不能不分时间、地点地加以相互比较,因为它们是根据不同的统计方法得出的结果。尽管如此,用来说明以下事实是足够的了:

1. 生活费用昂贵是个国际现象,因此它可以用资本主义的发展来

---

① 参看梯什卡:《国际食品价格上涨的事实与原因》,载《社会政策和立法编年史》1914年柏林版。——鲍威尔注

加以解释；

2. 生活费用昂贵问题对不同的国家有不同程度的影响。形成这种差别的原因一方面是由于每个国家的生产和贸易条件不同；另一方面也因为政府的法律和机构干涉结果不同。

20 年来资本主义的发展

在食品价格的运动中首先反映了资本主义发展的程度。

19 世纪中叶在加利福尼亚和澳大利亚相继发现了金矿，几条重要铁路的修建，以及海上贸易的发展，促进了资本主义经济生活的巨大繁荣。但是这种繁荣遇到 1873 年的危机后便突然中止了，伴随这个不可阻挡的资本主义高涨时期而来的是食品价格的迅速上涨。从 1874 年到 1890 年是工业发展较为缓慢的时期，这恰好也是世界市场价格下降的时期。1895 年，登载在《经济日报》上的"生活指数"达到了它的最低点。1895 年以后，再次出现了不可阻挡的资本主义高涨时期，同时又伴随着食品价格的上涨。

近 20 年来资本主义更为迅速的发展是有多方面的原因的。

首先，科技发展在这 20 年间是异乎寻常的迅速。

尤其是动力生产的方法大为改善。在活塞蒸汽机中高温蒸汽的使用，以及蒸汽涡轮机、柴油机、使用煤气做燃料的大机器等发明，这一切成就都是在近 20 年中取得的，自动上油和加温降低了劳动力的成本。

在 1891 年法兰克福的电气展览会上，人们首先展出了电流长距离传导的技术。从 1895 年起，电动机开始在升降机、吊车和绞车的制造中取代了水压机。事实证明，电动机的功能优于蒸汽机，在工业领域中，通过皮带、蒸汽、水压和空气压力来分布力的传统方法被使用电流来分布力的方法所代替。水力找到了新的用途。通过发电厂，广大地区都得到了电力的供应。

在改进原料开采和生产的同时，动力的生产和分配也有了提高。在矿产品的开发中，在利用自然力进行运输方面也有发展。在冶金工业领域，同样也取得了进步。由于技术手段、重型机器特别是运输机器和各种升降机的改进，在提炼生铁或铸铁方面，可以使用更经济的化学方法。而同时，这些化学方法也不断有所改进。现在人们可以把高炉里的矿石炼成生铁或马口铁而不需要一个新的热量的管道，而且这样炼出来的铸铁可以直接去轧材。正因为如此，现在人们把轧铁厂和炼钢厂建在高炉附近。同时，将高炉产生的煤气作为电动机的燃料来加以利用。这样，动力生产就更便宜了。化学工业在这最近的四分之一世纪里发展迅速，特别是在染料和氦的方面。

金属加工方面的进步更为突出。铣床、转塔车床，各种自动装置，以及各种自动的锻焊、切削技术已全部发生了变化。由于使用高级合金钢制造机器，机器的转速大大加快，在使用同样的动力的情况下，高速转动的车床、高效率的钻头极大地提高了生产率。

交通工具发生了彻底的革命。铁路的电气化，长距离的电气化铁路，汽车的出现，蒸汽涡轮机的使用给造船工业带来的巨大变化，船只上使用大型的柴油机，货轮的加长，城市电话线路的建成，无线电报的使用，所有这些都是在最近四分之一世纪中发生的、技术进步中的重大事件。在房屋建筑和城市规划中发生的革命也不是一桩小事。钢筋混凝土的运用，集中供暖系统和浴室的建造，以及照明技术的革新，均是最先进的发展的标志。

这些例子足以说明近20年来技术进步之迅速。在这四分之一世纪中，没有一个工业部门不出现新的方法或新的机器。

伴随技术进步而来的是公共卫生事业的迅速改进。死亡率下降，平均寿命延长。凡是在这种趋势没有因为生育的极大减少而受到抑制的地方，那里的人口都会迅速增长。例如在德国，每1000名居民中：

	死亡	生育超过死亡人数
1881—1890	26.5	11.7
1891—1900	23.5	13.9
1901—1910	19.7	14.3

德意志帝国的人口在30年间从4500万增至6500万。在那些吸引了大批移民的国家，人口增长更为迅速。例如，美国的人口情况：

	单位：100万人
1880	50.1
1890	62.8
1900	75.9
1910	91.9

人口增长最快的国家，特别是德国、美国和日本，在这几十年内，占了世界经济发展的绝大部分。

同时，资本主义扩张迅速完成。这种扩张的最重要的方法和标志是运输线的大幅度增加。铁路的长度在延长：

	1891年（单位：公里）	1911年（单位：公里）
欧洲	233869	338880
美洲	331417	541028
亚洲	33724	105011
非洲	9386	40489
澳大利亚	18889	32401
总　计	617285	1057809

在 20 年内，世界铁路网的总长度增加了 71%，海外国家的增长速度比欧洲快得多。

欧洲和美洲资本主义引起的海外国家的发展，不断给资本主义带来新的投资和销售场所。进口的增加说明，商品销售在海外国家的增长速度极快。

按其价值，进口增加情况如下：

	1893 年 （单位：百万马克）	1912 年 （单位：百万马克）
英属南非	282.0	825.9
阿尔及利亚	194.3	534.5
突尼斯	31.1	99.2
英属印度	100.5	2086.3
海峡殖民地	372.5	1066.5
加拿大	541.8	2236.2
澳大利亚	485.5	1326.3
埃及	180.9	537.6
阿根廷	389.7	1558.7
墨西哥	182.3	383.6
中国	616.4	1327.1
日本	228.6	1299.9

巴西进口额从 1895 年的 6.13 亿马克增加至 1912 年的 13.023 亿马克；朝鲜的进口额从 1902 年的 2830 万马克增加到 1910 年的 8380 万马克；波斯的进口额从 1901 年的 9430 万马克增至 1912 年的 1.817 亿马克。因此，我们可以看到，在所有受欧洲和美国资本直接或间接控制的国家里，进口有了巨额增加，资本主义投资场所不断扩大。

黄金产量的提高加速了经济的发展。

黄金生产情况如下：

		单位：克
1886—1890	年平均产量	169869
1891—1895	年平均产量	245170
1896—1900	年平均产量	387257
1901—1905	年平均产量	484639
1906—1910	年平均产量	652166
1911	年产量	692000
1912	年产量	707000

技术的突飞猛进，人口的迅速增加，资本主义的加速扩展以及黄金产量的提高，这就是近20年来经济得以发展的主要原因。

工业的迅速发展极大地提高了原材料的使用率。以下的例子可以说明。

	煤产量（单位：千吨）		生铁产量（单位：千吨）	
	1892	1912	1892	1912
德　国	92544	259435	4937	17853
法　国	26178	41308	2057	4872
英　国	184704	264749	6317	10033
奥地利	29038	51527	944	2785
俄　国	6946	26636	1072	3588
美　国	162685	450165	9304	30203

工人阶级从最近这20年的有利形势中得到了好处。依靠工会的力量，工人阶级争取到最高的工资。为生产者自身的需要而进行的生产被

为市场而进行的生产所代替。农民在市场上购买过去他们自己生产的商品。教育水平的普遍提高在人民群众中唤醒了新的需求。对食品、住房以及各种群众所使用的商品的需求迅速增长。

近20年工业的蓬勃发展,使工业对原材料的需求迅速增长。同样,对为群众消费服务的一切物品的需求也增加了。但是农业的发展跟不上工业的发展。农业不能稳定地增产,或者说,农业一旦增产,就要增加生产成本,以满足工业的需求,提高生产率,这种比例失调的现象正是生活费用昂贵的原因之一。

农业的发展

1. 欧洲农业

在20年的技术进步中,农业也作出了贡献。农业机器的改进,化肥的使用,畜牧业和轮作制的完善,农业和工业的紧密结合,这一切都提高了农业和畜牧业的单位面积产量。

尽管如此,中欧和西欧国家的农业早已不再处于满足食品的状况之中了。在工业国家中,农业人口不断向工业部门转移。几乎所有国家的农业人口都在迅速减少,以100名农业和林业劳动者的变化情况为例:

每100名劳动者中从事农业的人数变化

比利时	1890	22.9	1900	21.1
德 国	1895	237.5	1907	35.2
英 国	1891	15.0	1901	12.7
荷 兰	1889	32.7	1899	30.7
挪 威	1891	49.6	1900	41.0
奥地利	1890	64.4	1900	60.9
瑞 典	1890	54.0	1900	49.8
瑞 士	1880	37.4	1900	30.9
匈牙利	1890	71.0	1900	69.7

不同国家的这些数字互相不能进行比较,因为它们是通过不同的方法计算出来的。可是,对每个国家来说,这些数字说明,农业人口在减少,而工业人口在增加。只有在意大利和丹麦,农业人口与总人口相比有所增加。根据1906年人口普查,法国农业人口占劳动者的42.7%,而1901年为41.8%。出现这种情况应该归结于统计的角度不同,因为这里把辅助田间劳动的家属也计算在内。

城市和工业中心的人口增长比农村人口增长快得多。尽管农业生产率在提高,但农业人口无法再满足广大工业人口对农产品和畜产品的需要。

有些国家不久前还向外国出口食品,现在它们自己也要依赖外国进口。以奥匈帝国为例,下列数字说明,该国的粮食从出口变为进口:

	小麦进口 (单位:百万克朗)	小麦出口 (单位:百万克朗)
1892	11.8	107.6
1902	33.2	78.9
1910	75.3	39.9
1911	88.1	23.3
1912	122.0	47.0

为满足西欧和中欧工业国家进口的需要,人们首先求助于东欧农业国。大自然赐予这些国家肥沃的土地,它们的农产品肯定能够养活欧洲。但是,现存的社会关系不能使土地财富得到充分利用。耕种土地的任务落在那些贫穷无知、土地狭小的人身上。他们的文化程度太低,思想太保守,无法进行合理的种植和畜牧。只要将它们每公顷土地的产量与西欧和中欧国家进行比较,就能说明东欧国家的农业落后到何等程度。1911—1912年,1公顷小麦的产量如下:

西欧和中欧	单位：公担	东欧	单位：公担
比利时	26.6	波斯尼亚	8.7
波希米亚	22.0	保加利亚	11.8
德　国	22.6	加利西亚	13.4
英　国	19.5	罗马尼亚	11.8
冰　岛	23.4	俄　国	6.9
荷　兰	26.3	塞尔维亚	9.0
瑞　典	22.0	匈牙利	12.7

俄国农业的发展对欧洲的食品供应具有最为重大的意义。俄国欧洲部分的可耕地面积实际上比欧洲所有国家加起来的可耕地面积还大。俄国农业的基础是对俄国农民的残酷掠夺，以及1861年沙皇对农民的所谓"解放"。俄国自耕农平均占有的土地面积不超过3.2俄亩（1俄亩等于1.09公顷）。的确，在这以后的40年间，农民通过购买、租佃使拥有的土地增加了20%。但同时，人口从4500万增加到8500万。农民土地的限制造成了自然力和劳动力的巨大浪费。

由于农民得到的土地很少，他们为了向日益增加的居民提供小麦，被迫耕种尽可能多的土地。荒地逐渐减少，从土地中取走的养分不能继续再生，于是很快出现了地方衰竭的现象。由于肥料不足，更加快了土地的衰竭。在"农民解放"的时候，农民得到很少的牧场和草原。从那个时候以来，畜牧业每况愈下，在1000俄亩的农田上，1880年有655头耕畜，1890年减为631头，到1900年，只有602头。荒地的减少和化肥的使用造成地力衰竭，如果以每人平均需要19普特（1普特等于16.38公斤）粮食来计算，在1890年以后的10年中，各乡粮食产量平均低于农民粮食需求的17%。①

随着地力的浪费，劳动力也减退了。在农村，不断增长的人口无法找到工作，以发挥其劳动力。根据一项官方材料，1900年的收获只需要1100万个劳动力，可是那时能够使用的劳动力却有4400万！

农民对村社的依附，土地被分割成许多小块——这是农业集体为应付税收平均负担的情况下形成的，1893年沙皇制定了禁止农民典押土地的法律，这一切都阻碍了农业集约化，使农业得不到任何提高，农民只好受高利贷的摆布。主要原因是可耕地太少，农民太穷，又缺乏技术知识，沙皇政府长期使这些农民处于无知和远离文明的状态之中。

在革命的压力下，俄国政府决定进行土地改革，可是，土地改革能减轻这种严重的状态吗？这一切都必须看结果。至今，俄国农业无论如何都还不能满足西欧和中欧工业的需要。沙皇政府的制度阻碍人们利用东欧的自然财富。因此，欧洲为了进口食品，不得不依赖海外国家，特别是美洲。

2. 美国农业

近年来美国人口增加了1600万，其中一小部分留在农业中，大部分移民涌向工业、矿业、商业和运输部门。从1900年到1910年，城市人口增加了1180万，而农村人口只增加了410万。全国人口增加21%，农场数只增加了10.9%。全国农场土地面积增加了4.8%，农场内耕地面积增加了15.4%。1900年以前，农场和农场耕地的发展速度高于人口增长速度。但目前，农场和农场耕地面积的增长率低于人口增长率。②

---

① 参看普赖尔《俄国农业改革》，1914年耶拿版。——鲍威尔注
② 参看奥古斯丁《美利坚合众国农业的发展》，载《社会政策协会论文集》第141卷。——鲍威尔注

强大的美国工业在争夺工人劳动力的斗争中击败了农业。

根据农业部的资料，整个可耕地都已被占用，已经不再存在无主的可耕地了。也许，一大部分被占领的土地还没有耕种。但是，它们终究是要种的，不过生产的成本愈来愈高就是了。

即便是早已开垦的土地，生产的费用也愈来愈高。由于缺乏劳动力，工资上涨了。农场主由于向土地投入了更为密集的资本（改良机器、多施化肥等），不得不竭力从土地中索取更高的产量。此外，东部各州土地的衰竭迫使人们实行更为合理的轮作。一方面，可耕地面积在缓慢地扩展；另一方面，在种植已久的土地上，集约化的生产使成本不断上涨。

同时，农业和畜牧业之间的关系在发生变化。迄今为止，在西部各州的大草原上，放牧业占绝对优势。牛一直养到两岁或三岁，然后送到东部各州，在那里再使它们上膘。现在，农业向西部发展。灌溉和"旱地农业"使得农业有可能在这草原贫瘠的土地上发展起来。凡是拓荒者保留了土地、利用了水源泉的地方，粗放型的畜牧业就应该停止进行。减少牧场土地的结果，或是整个畜牧业的减退，就是粗放的畜牧业被依靠圈养和冬季贮草来进行的集约型畜牧业所代替。这种体制自然会使畜牧业的生产费用更为昂贵。

草原畜牧业减退的结果是，居住在玉米种植区负责喂养牲口的农民无法提供足够数量的价格低廉的牛群。因此，东部各州不得不自己养殖牲口。为了能够开辟牧场，他们只能限制小麦的种植。

农业中的这些变动，产生了以下结果：

（1）种植小麦的土地增加不多。的确，农业是在向西部扩展；但同时，东部的许多地方，为种植牧草，小麦和玉米的种植受到了限制。在美国，由于人口急速增加，对小麦的需求也迅速增长，粮食的出口不断减少。以下数字可以说明这一事实：

年份	小麦收成（单位：千吨）	小麦出口（单位：千吨）
1901	15419	6397
1902	22099	6933
1903	19785	6028
1904	18823	3570
1905	16310	1319
1906	20461	2883
1907	16803	4349
1908	21709	4823
1909	20177	3374
1910	18753	1382

1901年，美国可出口41%的农产品，1903年为31%。到了1909年，只剩17%。而1910年，只有7%的农产品可供出口了。过去，美国是世界的粮仓；现在，它变成了一个工业国，为养活本国居民所需的粮食，在它整个收成中所占的比例日益增加。如果说美国粮食的大量过剩是1870年至1880年世界粮价下降的一个原因的话，那么今天，这些过剩的逐步枯竭正是生活费用昂贵的一个原因。

（2）美国只能将收成中的一部分——比过去更少——提供给世界市场，而且这部分的价格比较高。粮食的价格取决于不同土地上的生产费用；但是，好地虽然生产费用低，但却并不能降低粮食价格，它只能保证使土地的主人得到更多的收入。而且，好地早已经过种植。今天，美国农业主要是向西部贫瘠的土地扩展。而这些土地需要大规模的灌溉工程，进行旱地农业，换句话说，需要很高的生产成本和大量的运输费用，这就使粮食价格上涨。1895年，出口1蒲式耳美国小麦的平均价格为0.58美元，1909年和1910年达1.02美元，至1911年增至

1.93 美元！

（3）在贫瘠的土地上发展农业的另一个后果是畜牧业的衰退。牲畜数量没有随着人口同步增长。1880 年每 100 个居民有牛 79 头，猪 98 只；1912 年，减为牛 60 头，猪 60 只。因此，牲畜的出口不断下降。1905 年，出口牛 567000 头，1910 年减为 139000 头。

肉类和奶制品的出口情况如下：

	（单位：百万马克）
1901	829.2
1905	715.7
1910	549.9

一方面，畜牧业在衰退；而另一方面，由于畜牧业从草原放牧改为集约放牧，使得畜牧和喂养的成本更高，这样，所有畜产品的价格普遍上涨。

北美农业和畜牧业由于巨大过剩而向世界市场提供廉价产品的时代一去不复返了。美国从前所占有的地位正在被其他国家所取代。它们是那些掌握着广大未开垦的处女地的年轻的殖民地国家。首先是加拿大和阿根廷。但是，这些国家的发展还没有那么快，能使欧洲因美国粮食剩余减少而对它造成的损失立即得到补偿。尽管每年都有一股巨大的移民浪潮从东欧和南欧涌向美洲，但只有一部分移民投向加拿大和阿根廷的农业，去清理土地和种植庄稼。工业化的过程也影响了欧洲移民。欧洲农业所遇到的"土地荒芜"或"缺少劳力"问题，在这里同样存在。因为移民农场里缺少足够的拓荒者去迅速扩大种植，而北美的工业却吸引着欧洲移民。把移民吸引到农业中已然十分困难，而种植业的扩大又被所有制问题所阻碍，如在阿根廷，大庄园影响着农业的发展。

3. 工业和农业

在这20年间，工业到处在迅速发展。对原料和食品的需求大大增加。但是，农业和畜牧业的发展远远落后于需求。这一比例失调是生活费用昂贵的原因之一。农业生产不能满足工业人口的需要，于是，粮食、毛皮和羊毛就涨价。

这并不是因为大自然吝啬，也不是因为工业国的农业不能提供大量的原料和食品，所以才要涨价。即使按照目前的生产和贸易水平，世界农业产量也可以大大提高。例如，据巴洛德称，世界小麦种植面积可以翻一番。①

此外，每公顷的粮食产量也可以大大增加，这一点，通过各国生产的比较即可证明。阻碍农业生产发展的并不是来自不可逾越的大自然的障碍，而是来自可以改变的社会障碍。

资本主义生产方式的基础是不动产的私人占有制。社会让人去生产粮食，却不给人必要的知识和手段使人能充分利用土地。在地球的最大一部分土地所使用的农业技术，同目前的农业技术——现代社会发展的结果——极不相称。

生产资料私人所有制引起资本主义生产方式的无政府状态。社会让资本家任意将他们的资本投入到所愿意的工业部门中去，而社会又让工人在他们愿意的生产部门使用自己的劳动力。生产方式的无政府状态总是不断使生产比例失调。因而，最近几十年来的国际贸易将资本和劳动力都集中在城市和欧洲及美洲的工业地带，而没有同时考虑到食品和原料的生产是否也相应增长，以满足不断增加的人口的需要。通过国际上物价的普遍上涨，社会认识到，如果它只顾增加纺纱机而不同时按比例

---

① 巴洛德：《统计概要》1913年柏林版，第87页以后部分。——鲍威尔注

增加棉花生产，那么它将受到惩罚。同样，社会若只顾将大量无产者集中在工业城市中而不相应增加粮食和畜牧业的生产，它也将受到惩罚。

因此，生活费用昂贵问题赋予了国际社会党人一个真正的任务，那就是使满足人民一切需要的供应问题摆脱经济力量的统治，摆脱个人对利润的追求，提高生产，增加公共分配，把所有劳动者集合在一起为建设有组织的社会而服务，然后又由社会按其不同需要将劳动者分配到各个生产部门中去。

居民点

20年来工业的迅速发展加快了大城市和工业地带居民点的建设。

1895年，德国居民为10万以上的城市有25个，全国总人口为7261000人。1910年，德国居民为10万以上的大城市48个。全国总人口为13823348人。发展更快的是美洲的城市。美国现已有居民10万以上的城市50个。

人民群众的"城市化"在这20年中进展迅速。人们对农村缺乏劳动力、对城市缺少住房的现象从来没有像这20年中那么怨声载道。

居民的集中居住、城市的迅速发展刺激了住房、商店和作坊租金以及地租和地价的上涨。

在生活费用昂贵问题中，房租涨价是对劳动者影响最大的现象。商店和作坊租金的上涨也增加了城市手工业者和小店主的开支，特别是提高了商品零售价，这些费用的增加又提高了商品的价格。

城市不动产的私人所有制不仅是房租昂贵的主要原因，而且也是一般商品涨价的主要原因。

任何城市都需要一定数量的农产品，如牛奶、蔬菜等，它们首先由郊区供应。城市人口越发展，向城市供应农产品的郊区也就越大。在小城市，这方面的需要可以由少量的、生活在城市周围的供应者来满足。农民可以直接向消费者提供商品，或者至少通过小商贩来提供。但是，如果供应圈扩大了，那么中间商就要周旋于农村生产者和城市消费者之间。中间商在农村买了农产品，到城市里的市场上卖给零售商。随着城市的发展，一个中间商不够了，产品经过一大群商人之手，然后，从农场到达城市。城市周围负责满足农产品需要的供应圈的扩大，由于加上了运输和销售费用，又一次提高了商品的价格。

此外，商业资本成为城市食品供应的主人。有时候，一小批资本家可以通过垄断的手段，成为牲畜市场和整个城市牛奶供应市场的主人。商业资本通过向生产者、向中间商——他们向农民购买农产品——或者向城市小商贩发放贷款，取得统治地位，这也并不是罕见的现象。商业资本使上述人员依附于它，这种情况经常发生在大城市的牲口市场上。这样，商业资本就可以将大大高于生产者最初出售价格的农产品和牲口卖给城市。

在此期间，农业协会的迅速发展导致中间商被取消。农场主的组织代替了商业资本。农村生产者通过合作社同城市消费者建立了直接关系。但是，农场主合作社取代商业资本后，很少能降低价格。一般而言，如同工业卡特尔一样，成立农业合作社后会发生这样的变化：农业协会先在城市掌握垄断权，然后迫使消费者接受垄断价格，这些农场主协会在最近几十年内经常在大城市提高牛奶的价格。

城市和乡村的分化是资本主义发展的结果。资本主义生产方式使资本家得到了随心所欲确定生产地点以及规定劳动者应在那里居住的自由。这种生产方式使城市居住拥挤、农村人口稀疏，城市和工业地带的迅速发展引起了物价上涨——这是发展的固有现象，它最终同导致工农业生产比例失调的、由生产资料私有制造成的资本主义生产方式的无政府状态有着同样的根源。

资本主义企业主的组织

最近20年中工业内部结构正在随着外部结构的迅速发展而变化着。

在所有工业部门中,资本家都希望能消除他们之间的竞争,通过建立控制价格的垄断协会来摆脱商品价格的统治。

他们这些努力的结果产生了卡特尔、辛迪加和托拉斯。

在某个工业部门,一旦实现了私人垄断,消除了竞争,那么商品价格就脱离了成本价格。垄断价格代替了竞争价格,生产费用的减少并不降低价格而只是增加了资本家的利润。

托拉斯化和卡特尔化的生产部门的利润率的提高,也许就是新资本向这些部门不断涌来的原因。因此,或者是由于不属于托拉斯的其他新工厂的建立,或者是由于卡特尔化工厂本身生产能力的提高,这些生产部门被迫降低价格。

但是,人们愈来愈善于避免这类事情的发生。一方面,通过大银行的实力,停止发放贷款,不让新工厂出现;此外,迫使所有企业——不管这些企业主愿意还是不愿意——参加卡特尔和托拉斯。另一方面,采取各种不同方法,让工业托拉斯和卡特尔利用它们的组织同那些组织外的工业家进行斗争。[①]

一旦用这种方式遏制了资本的自由,取消了竞争的自由,卡特尔或托拉斯的产品的价格就可以不受成本价格的影响。

卡特尔和托拉斯取得成功的首要原因是它们在垄断自然资源方面得到支持。美国的石油和钢铁托拉斯,莱茵—威斯特伐利亚煤炭辛迪加,德国钢铁协会,郎韦公司,奥地利生铁卡特尔,它们都是以资本对地下

---

① 参看希法亭《金融资本》1913年维也纳版;克斯特纳《组织的压力》1912年柏林版。——鲍威尔注

资源的垄断为基础的。

由于私人垄断而引起的原料价格的上涨，降低了加工这些原料的工业部门的利润率。

基于这一事实，这些工业部门的资本家不得不也通过组织卡特尔和托拉斯的办法来提高价格。任何托拉斯和卡特尔建立的结果，都是加速了新卡特尔和新托拉斯的出现。

一般而言，迄今为止，这一趋势仅限于原料加工工业和半成品工业范围以内。在成品工业中形成垄断的情况极少。尽管如此，这些商品的价格也提高了，其目的是为了能够把原料涨价后的负担——至少是一部分——转嫁到消费者头上。

20年来的技术进步提高了劳动生产率，降低了工业成本。尽管如此，工业产品价格一般讲并没有下降，而是上涨了。这是因为原材料加工工业成本的减少被原料本身高昂的价格大大抵消。原料涨价的部分原因是工业和农业发展比例失调，部分原因是竞争价变成了垄断价。所以，生活费用的昂贵是由两方面原因造成的：一方面是因为不同生产部门之间的竞争，特别是工业和农业之间对资本和劳动力的竞争；另一方面是因为在某些工业领域内竞争的消失。①

生活费用昂贵既是资本主义生产方式无政府状态的结果，也是资本主义企业主组织起来以后所造成的。

在卡特尔化和托拉斯化的生产部门中，生产已经社会化。生产资料和劳动力被有计划地纳入同一个方向。但是，这种社会化不是由社会造成，也不是为社会服务的，而是在牺牲社会的条件下由资本造成的。这种资本主义的社会化是生活费用昂贵的一个原因。现在，正确的做法应

---

① 参看马克思《剩余价值理论》第2章第2节第58页及随后几页。——鲍威尔注

该是将这些被资本社会化了的生产资料转到社会本身手里，使它们成为社会的财产。用国家来代替托拉斯，这就是生活费用昂贵问题迫使工人阶级去实现的目标。

黄金价值的降低

由于新金矿的发现和以减少劳动量为标志的采金业中的革命，黄金的价值下降了。因此，黄金和食品的交换比例发生了变化。黄金价值的下降反映在食品价格的上涨中。有些经济学家怀疑这种意见的正确性。①

必须对那些反对这一意见的人承认，采金费用的下降不是生活费用昂贵的唯一的原因，甚至不是主要原因。但是，黄金价格下降的确是它的一个原因，用较少的费用就能采金这一事实促进了黄金生产的大量增加。我们已经在前面指出，黄金生产的增加是促使经济发展速度加快的原因之一，从而又引起了物价上涨。

资本主义生产的基础是社会劳动分工。每个生产部门为社会需要制造商品；同时，作为价值的补偿，又从社会那里接受其他生产部门的劳动产品。

只要社会生产继续以生产资料私有制为基础，就将不会由有组织的社会本身通过有意识的行动和调节来对各不同生产部门的社会劳动生产进行分工，而将通过买卖，通过商品和金钱、金钱和商品之间的交换来

---

① 参看鲍威尔《物价上涨》，1910年维也纳版；E. 瓦尔加《黄金生产与物价上涨》，鲁·希法亭《货币与商品》，奥·鲍威尔《黄金生产与物价上涨》，载《新时代》第30卷第2期；卡尔斯基《物价上涨，商品价格和黄金生产》，1913年德累斯顿版；卡·考茨基《黄金生产的演变》，载《新时代》增刊，第16期。——鲍威尔注

实现分工。劳动的社会性、社会生产关系将体现在实物、黄金和金钱中。因此,这些实物的命运使社会生产的比例发生巨大的变革。一件物品或黄金的生产条件的变化,引起了人与人之间社会关系的巨大变化。工人阶级起来反对生活费用昂贵,实际上他们反对的是这样一个事实,即人与人之间的社会关系带上了物与物之间的价格关系的色彩。工人阶级反对的是资本主义生产方式及其表现形式的延伸,社会生产和生产资料私有制对立的延伸。

国家对价格形成的影响

1. 税收和公债

在所有资本主义国家,国家和市政府的开支在这几十年中大大增加。公共开支提高的一部分原因是物价普遍、迅速提高而引起的行政开支的上升以及大城市和工业地带人口的集中居住。此外,这也是陆海军军费[①]大幅度增长的结果。6个欧洲大国和美利坚合众国的军费开支迅速增加,还不算巴尔干战争的庞大军事预算。

	1891(单位:百万马克)	1912(单位:百万马克)
陆军	2664.2	4661.5
海军	882.0	2878.0
总计	3546.2	7539.9

军国主义和陆、海军的巨额开支部分由增加的税收来负担。提高间接税导致食品价格上涨。但是,受间接税影响的资本家可以将赋税的部分负担转嫁到购买他们产品的顾客头上。

---

① 参看《军队和海军》一书。

税收增加的速度甚至超过了公债。从 1891 年到 1912 年，除德意志联邦和奥地利各省以外，欧洲大陆上 5 个大国的公债从 57.409 亿马克增加到 76.625 亿马克。金融市场上充斥着大量的公债券，使典押借据难以流进；所缺的是储蓄银行的现金，这样就使得到必要的借贷资金更为困难。正因为这个原因，建筑业普遍瘫痪，城市房荒加剧，接踵而来的便是房价的上涨。此外，由于难以得到贷款来改善农业经营，所以就降低了农业生产率的提高速度。公债的增加助长了住房和食品价格的上涨。在人民为食品和住房付出的昂贵价格中，也隐藏着由帝国主义和军国主义所造成的因素。

2. 关税和禁止进口

在这几十年经济革命的压力下，关税的效率问题发生了彻底的变化。

当美国和俄国在 1876 年至 1890 年左右向欧洲市场抛售廉价的剩余粮食时，欧洲国家力图保护它们的农业，通过关税壁垒来抵制强大的竞争。这种竞争将低于中欧粮食成本的低价粮投入欧洲市场。在那个时候，为了将中欧粮食生产从破产中拯救出来，使小农免于过快地无产化，设立关税是必要的。当时的关税行动对粮食价格没有什么影响。通过关税，使外部粮食的价格加上关税总额始终高于世界粮食的价格。但是，由于世界粮食价格下降了，其结果是，只要关税不变，保护国国内的粮食价格也相应下降。

今天，情况发生了很大的变化。"美国危险"不再威胁欧洲农业。世界粮食价格上涨太快，欧洲农业不再需要设置关税壁垒来求生存。以马克计算，1000 公斤的小麦平均每年提价的情况如下表：

	芝加哥	伦敦	奥德萨	巴黎	柏林	维也纳
1903	120	135	113	180	161	149
1904	153	144	121	180	174	175
1905	148	149	126	191	175	168
1906	121	143	120	192	180	152
1907	137	155	178	195	206	190
1908	150	160	177	184	211	222
1909	173	186	173	198	233	264
1910	159	157	147	213	211	214
1911	144	155	146	212	204	220
1912	153	172	162	235	217	215

经过十年以后，芝加哥、伦敦和奥德萨的价格与十年前巴黎、柏林和维也纳的价格基本相同。今天，世界市场的价格与几年以前保护国的价格一样高。没有粮食关税，当前中欧农业照样可以生存。虽然说粮食关税已经没有必要了，它对粮食价格的作用还是比过去明显得多。上述表格说明，在设置关税壁垒的国家里，其价格比世界市场上的价格高得多。

甚至在世界市场价格形成很大压力的时期，将粮食价格提到高于世界市场价格的做法也是无法接受的。如果说从前关税壁垒放慢了粮食降价的速度，今天它则在受关税壁垒保护的国家加快了粮食提价的速度。

某些国家下令禁止进口牲畜或肉类，这对粮食价格形成巨大压力。虽然屠宰场肉类的价格各国都在上升，而且速度比粮食涨价还快，但是在下令禁止进口的国家里，涨价的幅度更大。[①]

---

① 参看施潘《物价波动的理论》，1913年维也纳版。——鲍威尔注

100公斤牲口肉的售价情况如下：

单位：马克

	伦敦 阿根廷肉 净重	伦敦 英国肉 净重	巴黎 净重	柏林 净重	维也纳 净重
1903	—	—	115.2	129.0	62.8
1904	—	101.9	113.2	131.5	63.4
1905	47.6	99.0	114.5	137.5	69.1
1906	49.3	97.5	103.5	147.7	69.1
1907	53.1	101.7	122.0	146.6	71.4
1908	58.0	104.3	127.2	139.6	66.3
1909	52.4	106.4	125.3	131.6	68.3
1910	58.2	112.8	10.1	145.0	74.7
1911	51.1	107.1	135.7	153.7	86.3
1912	60.5	117.0	136.3	166.2	91.8

物价到处在上涨，特别是在德国和奥地利。因为这两个国家借口要保护牲畜免于瘟疫，禁止从国外进口牲畜。梯什卡在他的著作中——前面已经引述，阐明了对粮食征收关税以及禁止进口牲畜和肉类的作用。他以100代表1896年至1900年一个普通家庭面包和肉的平均开支，然后再计算出如何在消费内容相同的条件下开支增加的情况，统计结果如下：

面 包

	德国	奥地利	英国	荷兰
1896—1900	100.0	100.0	100.0	100.0
1901—1905	102.3	92.8	101.8	96.9
1906—1910	124.4	114.6	110.8	114.1
1911—1912	127.7	117.0	113.8	114.5

肉　类

	德国	奥地利	英国	荷兰
1896—1900	100.0	100.0	100.0	100.0
1901—1905	108.3	102.4	106.0	121.3
1906—1910	122.0	117.1	109.2	125.4
1911—1912	130.0	138.5	117.8	126.9

面包，特别是肉类开支的增加在德国和奥地利比在英国和荷兰明显得多，因此，在实行关税壁垒的国家比在自由贸易的国家明显得多。

同农业保护关税①的效果起变化一样，工业保护关税的作用也同过去不一样了。欧洲大陆一些国家以及美利坚合众国提出设立工业产品的关税，是为了保护自己的工业不受传统工业国家特别是英国的强大的竞争。人们的愿望是想使工业在关税的保护下得到发展。关税不应该永远进入商品的价格之中。人们希望竞争能尽快降低价格，希望工业在关税保护下加速发展。关税也不应该是永恒的。人们认为，只要年轻的工业在关税保护下变得强大到足以和外国工业竞争的时候，关税就没有存在的必要。

然而，自从现代资本主义的发展促进了卡特尔、辛迪加和托拉斯的形成以后，关税的作用完全变了。首先，在大部分情况下，关税帮助了私人资本主义垄断集团的形成。将英国的政治经济同德国、美国和奥地利进行比较，立即可以看出，保护主义国家里的私人资本主义垄断集团无论是数量和力量都大大超过自由贸易国家。关税也确定卡特尔和托拉斯能够为自己的产品在国内市场上所取得的价格。因为卡特尔和托拉斯总能从关税中得到好处，所以关税虽高，而价格可以定得更高。总之，

---

① 德文"Schutzzoll"此处译为"保护关税"，但多数情况下，应理解为"保护主义关税"。

关税不再为捍卫国内市场服务，而是同世界市场上的竞争作斗争。托拉斯和卡特尔依靠关税从国内市场上赚来的超额利润，使它们能够通过发放出口补贴，加强出口。

所以，工业品的关税不再是权宜之计，它对于正在形成中的工业来说是必要的，以便能同历史更为悠久、更为发达的工业进行竞争。即使资本到了它的成熟期，工业生产率达到了顶峰也需要关税，以便能保证托拉斯和卡特尔的生存，维持国内市场的价格，最终增强在世界市场上进行竞争的力量。① 工业品关税从"保护关税"变成了卡特尔的保护税，而在实行保护主义的国家里，关税对价格的形成起了十分有效的作用，这与过去相比大不相同。如果说，在实行保护主义的国家里，关税使生活费用更加昂贵；而在自由贸易国家，它们的作用正好相反，因为它们加速和推动了保护主义国家依靠高额出口补贴向自由贸易国家的"削价"出口（倾销）。

卡特尔和托拉斯销往市场的商品主要是原料和半成品。卡特尔保护主义关税一方面要尽力使保护主义国家的原料和半成品大幅度涨价；另一方面，要使它们在自由贸易国家里尽量便宜。

在保护主义的原料工业和半成品工业中，竞争关系发生了转移。由于这些原料和半成品掌握在自由贸易国家手中，而且比保护主义国家便宜，它们的制成品工业比保护主义国家发达。

由于这个原因，保护主义国家只能部分地在国内市场上补偿工业遭到的损失，办法是对工业制成品设置保护主义的关税壁垒。

如果对铁征收保护税，那就必须对机器也征税。如果对棉纱征关税，那也必须对布匹、内衣和服装征税。正是以这种方式，一整套提高

---

① 参看希法亭《保护关税作用的变化》，载《新时代》第 20 年卷第 2 期。——鲍威尔注

所有工业品价格的工业保护关税体制,在原料和半成品保护税的基础上,在卡特尔和托拉斯的监督之下,建立起来。于是,总的价格水平大幅度上涨了。

反对生活费用昂贵的斗争

1. 反对保护关税的斗争

世界市场的价格上升是最近这四分之一世纪中资本主义迅速发展的结果。因为这是由资本主义的本质决定的。在资本主义社会中,价格上涨是无法消除的。但是工人阶级能够做到的是在每个国家内进行斗争,使他们国家商品的价格不超过世界市场的价格。工人阶级的斗争首先是反对政府旨在使国内价格超过世界价格水平的立法或行政措施。

只要商品价格上涨是由提高税收和增加公债引起的,工人阶级就应该反对军国主义,同生活费用昂贵现象作斗争。工人阶级应该要求征收财产直接税来代替食品税和人民住房税。

如果商品价格上涨是某一个国家关税政策造成的,工人阶级就应该同征收保护税和禁止进口的做法作斗争。随着近20年来国际贸易的发展,在迄今为止始终遵循自由贸易方针的国家里,工人阶级被迫阻止实行保护主义关税政策;在那些已经实行保护主义关税政策的国家里,工人阶级要努力为取消这些保护主义关税而斗争。工人阶级应该进行反对保护主义关税制度的斗争,但同时又不对自由贸易抱有幻想。

自由贸易意味着任何国家都应绝对依附于世界市场,意味着各国之间的竞争是无界限的;而竞争就是斗争,直至把对方消灭;伴随竞争的必然有危机、破产、失业和不足以糊口的工资。

两种资本主义政治经济体制中的任何一种都不能医治资本主义生产方式的弊病。它们只能以一种弊病代替另一种弊病。关税保护制度不能消除失业，自由贸易也不能消除生产费用昂贵现象。失业和生活费用昂贵现象只能随着社会主义的到来而消失。

但是，在资本主义发展的现阶段，特别在最先进的工业国家里，关税保护制度是最大的弊病。

无产阶级不应该不加区别地反对任何关税保护制度。但是，无产阶级应该反对两种关税，它们是当前关税保护制度的基础，这就是农业保护关税和保护卡特尔及托拉斯的关税。

首先，斗争要针对食品税、粮食和饲料税、牲畜和肉类税，针对进口牲畜和肉类的禁令。世界市场价格的上涨使这些税收毫无用处，难以接受。

工人阶级在反对农业税的斗争中不应该被骗人的论点所迷惑。按照这种观点，为了防止大批小农破产，保护税是必要的。工人阶级要用以下事实来批驳这种观点：

（1）以目前世界市场的价格，即使没有保护税，中欧和西欧的农业可以生存下去。虽然由于取消税收，会引起农业生产的某些下降，但工业发展会有所加快，因为当城市居民以较少的钱满足其粮食需要后会来购买更多的工业品。农业对劳动力需求的减少会得到工业对劳动力需求增加的补偿。

（2）恰恰是小农最接近无产阶级，保护税对他们没有任何好处，因为他们不是为市场而是为自己的消费种植粮食。如果他们被迫去购买粮食，那他们也会和别人一样，承担保护税价格所造成的损失。

（3）在实行租佃制的土地上，由于关税引起的价格上涨会导致租佃的提高。从关税保护制中得到好处的不是佃农，而恰恰是不劳而获的地主。

在有地农民自己经营的土地上，实行关税保护制以后引起的价格上涨导致土地价格的上升，因而也造成了抵押负担的加重。从关税保护制中受益的不是有地的农民,而是抵押资本。

因此,在奥地利,经过买卖或继承,每一处不动产(城市和矿业地产除外)的转手,总会有新的抵押负担。按克朗计算,其平均情况如下:

	购买财产	继承财产
1892	2.243	1.456
1901	2.774	1.784
1911	4.495	2.020

(4)土地价格上涨使农业工人和小农要获得土地更为困难,使土地进一步集中到大地主手中。

因此,在社会政治方面无论作什么考虑,工人阶级都应该为取消保护制而奋斗。

其次,工人阶级应该针对保护关税进行斗争。保护关税阻止外国人同卡特尔、辛迪加和托拉斯进行竞争;保护关税也保证了私人垄断,使得它们能够在国内维持高价,而对国外则实行"削价"。

工人阶级在同保护卡特尔的关税作斗争时,不应该被一些伪装起来的由资本家提出的所谓"劳资两利"的观点所迷惑。对于资本家的这种观点,工人阶级要用下列事实来驳斥:

(1)许多今天得到关税制度保护的大工业,在对其生产能力不作任何压缩的情况下,也能存在下去。取消关税并不能阻止刚刚诞生的、能够进行竞争的工业的发展,它只会恢复竞争,某些托拉斯和卡特尔可能全部被淘汰,而其他托拉斯和卡特尔至少会被迫降低它们的价格。

(2)也许,其他在关税制度保护下繁荣起来的工业可能会因为取消关税而使其发展受阻。相反,制成品工业可能受益。因为,今天它受原料和生产资料涨价的影响,这是卡特尔和托拉斯给当地制成品工厂造成的。同时,它们却把原料和生产资料廉价出售给外国竞争者。虽然原料和半成品工业的发展受到了阻碍,但它因成品工业的迅速发展而大大得到了补偿。例如,在德国和奥地利,取消对铁的保护关税以后,生铁工业的发展速度降低,蒸汽机制造等工业的发展却加快了。这个变化是有利于工人阶级的,因为同样的资本,制成品工业雇用的工人多得多;而且一般讲,在这些工业中的劳动条件也比原料工业的劳动条件要好得多。

取消有利于地主和卡特尔的关税有可能导致逐步取消其他关税。因此,尽管生活费用昂贵问题不会得到解决,但价格有可能会降到今天自由贸易国家这样的水平。

我们已经看到许多国家的无产阶级在进行反对农业和资本家关税制度的斗争,如德国、奥地利、意大利和瑞士。在美国,统治阶级不得不降低关税,以平息群众对生活费用昂贵的愤怒。在英国,联盟分子已被迫放弃约瑟夫·张伯伦先生的关税计划,因为这几年来英国工人阶级忧心忡忡,他们不会接受食品价格再次上涨。

在同地主、资本家保护制的斗争中,不同国家的社会党之间实行合作是可能的,也是必要的。

中欧和西欧国家之间签订的贸易协定到1917年即将期满。对于各国社会党来说,这是一次向关税保护制度发起总攻的机会。如果每个国家的党派实行合作,届时就能增加它们的打击力量。既然各国社会党已在反对军务的斗争中进行了联合,它们也应该学会根据一个全面的计划,对保护关税进行共同斗争。

2. 合作社

资本主义的发展在生产者和消费者之间插入了一个庞大的中间人体系,它是为交换服务的,受商业资本的控制。但是,在资本主义发展的后一阶段，出现了取消商业资本的趋势，使生产者和消费者直接见面。

这首先是生产者组织的要求。前面我们已经讲到了农业工会在这方面所作的努力。托拉斯和卡特尔一样，它们或是力求取消商人，或是努力将商人干脆变为它们的代理人，通过这些代理人，尽量直接将它们的商品销售给消费者。

另一方面，消费者组织也要求这样做。联合成中央协会的消费合作社力图向厂家直接购进商品以取代商人。

价格的确定同这些组织的力量强弱有很大关系：一方面是卡特尔、托拉斯和农业辛迪加，另一方面是消费者合作社。如果雇主们的组织力量更大，那么过去一直被商业资本攫走的利润，在商业资本被取消后，就会落到工业和农业组织手中。可是，如果消费合作社的力量大，那么一部分利润就会被消费者占去。

如果合作社不限于分配商品，而是自己也进行生产，合作社的力量就更大了。这样，合作社就可以把雇主的利润也分给消费者。建立了合作社工厂后，消费者就可以摆脱资本主义垄断价格的统治。

无产阶级合作社在其成立初期遭到很多困难，因为它们很穷，而工人阶级在做买卖方面又缺乏经验。但是，这些由于不成熟而产生的缺点一经克服，合作社就可以成为同生活费用昂贵作斗争的强大武器。合作社的这种重要性已经在哥本哈根代表大会上得到了承认。①

3. 市政府和国家的任务

在反对生活费用昂贵的斗争中，市政府可以起到与合作社相似的作用：为市镇争取土地，建造廉价的住房，通过征收地租税来支付建房的

---

① 1910年在哥本哈根举行的国际社会党代表大会。

开支，建立面包房、牛奶店和市区屠宰场。市政府可以有效地同生活费用昂贵作斗争。

国家可以在更大的范围内完成上述任务。首先，国家可以鼓励私人的积极性。例如，推动私人建造廉价房屋，为此发放贷款；帮助小农场主改良他们的生产条件，这将提高农业生产率。国家也可以征购铁路、矿山和某些工业部门，以减少私人垄断资本的压力。

所有这些措施自然只有当市镇和政府的企业在民主议会的有效控制下，在工人阶级的有力影响下，才能得到支持和赞成。如果工人阶级还不能施加影响，那么，增加这些市镇和政府企业只是为加强统治者的力量添加一种手段而已。因此，市镇和国家掌握部分企业是否能看做是反对生活费用昂贵的一种斗争手段，要取决于每个国家的阶级力量的对比。

生活费用昂贵的后果

最近几十年来工业的大发展首先使工人阶级的状况得到了改善。对劳动力的需求增加了。失业比过去减少，萧条持续的时间也有所缩短。工资上升了，剥削程度似乎有所减轻。甚至在国际社会党内部，人们普遍产生了这样的希望：工人阶级可以逐步地、和平地"破坏"资本家的剥削。

但是，工业的这种迅速发展虽然一时使工人阶级的状况大为改善，却造成了生活费用的昂贵。

工资的增加被食品价格和房租的提高而大大抵消。工人阶级通过充满牺牲的斗争而得到的较高工资待遇这一成果因此被窃走。对无产阶级的剥削加剧了。

梯什卡将工资上涨和物价上涨作了比较，在家庭开支的基础上计算了实际工资的上升情况。如果把1900年的实际工资比作100，可以得出

下表:①

	比利时	法国	英国	普鲁士	西班牙
1890	82.6	89.5	82.5	77.7	89.5
1895	92.3	—	84.3	69.1	94.2
1900	100.0	100.0	100.0	100.0	100.0
1905	86.0	104.5	88.1	88.1	94.1
1910	—	106.0	82.9	82.9	102.0

从1890年至1900年，实际工资上升的幅度大、速度快。

1900年以后情况发生了变化。从那时起，法国和西班牙的实际工资增长缓慢，比利时、英国和普鲁士则下降了。

群众生活水平的下降引起了动乱和愤怒。在英国，到处都是"工人闹事"。在美利坚合众国，群众的不满导致共和党下台和分裂，它改变了资本主义民主的面貌，加强了社会主义。在德国，生活费用昂贵问题是1912年在帝国国会力量对比发生巨大变化的主要原因。生活费用昂贵使法国和奥地利在1911年发生了街头骚乱。在意大利，这个问题曾经一度成为社会巨大动荡的导火线，其表现形式常常是爆发总罢工。甚至除了资本主义工业国家以外，生活费用昂贵也成为社会和民族运动的动力。在关于土耳其、波斯、印度和中国的革命运动的文字材料中，生活费用昂贵问题一直被形容为普遍不满的主要原因之一。

生活费用昂贵迫使工人阶级为增加工资而斗争。雇主组织为了反对工人，一天比一天更咄咄逼人了。工会斗争的条件发生了变化，各国都发生了罢工和停工。

---

① 梯什卡《西欧19世纪的工资与生活费用》，载《社会政策协会论文集》第145卷。——鲍威尔注

随着资本主义国家内部阶级冲突的加剧以及殖民地国家对欧洲资本主义构成新的危险,出现了消灭资本主义统治的初步条件。生活费用昂贵增加了地租收入和托拉斯化、卡特尔化的资本的利润。迅速增加的财富集中在一小撮人手中。在大的卡特尔和托拉斯中,生产合作化了。资本主义本身的迅速发展,产生了使生产资料向公有转化——使其成为管理生产资料的主人——的必要条件。

生活费用昂贵本身是资本主义高速发展的产物,反过来又加快了这种发展。它使劳动发生巨大变化,并使资本更加集中。一旦工人阶级掌握了有组织的资本力量以后,它将大步前进,并摧毁资本主义造成的种种恶果。届时,工人阶级也将结束生活费用昂贵现象。

二、悉尼·韦伯的报告

生活费用上涨

最近15至20年内,生活费用的不断上涨在世界各国都很明显,统计数字告诉我们,自从1895年——那是生活费用最低的年头——以来,几乎所有食品在各国都涨价了。在英国和奥地利,上涨幅度约为15%;在法国和加拿大,约为25%;在德国约为40%。至于工人的生活费用,这些笼统的估计毫不准确,它们是以一小部分原料、制成品以及某些经过选择的食品的官方价格为基础计算出来的。所选的对象不同,其结果也就不同。这些估计没有把工人的许多家庭开支项目考虑进去,例如房租、药费和医疗费以及其他开支,如殡葬费、通讯邮资费、旅游费(现在已成为一个不可缺少的项目)、书报费、休假费、娱乐费以及家庭中其他成员的零星开销。另外,还有政府或当地机构直接抽走的税金(包括保险费)。除了书报费、通讯费和旅游费之外,大部分费用的涨价幅度显然是一样的。另一方面，统计人员的估计在某些方面有所夸大。自然，广大消费者所购买的商品的零售价（包括廉价的食品和转销的服装）同批发价的涨价幅度不同，特别是没有像主要原料批发价涨得那么多，因此，对这个问题不能笼统地讲。

生活费用上涨的原因既是因地而异的，也是因阶级而异的。但是可以肯定地说，几乎所有工人，不论他居住在欧洲、美洲、北非、南非或西非、澳大利亚、印度、日本或是在太平洋群岛，都觉得现在的生活费用比20年前贵了，其上涨的比例约在10%至60%之间。

工资提高不足

如果工人的工资与食品的价格同步增长，那么生活费用上涨对他们可能不会有影响。可是，事实证明，在世界上没有任何国家工资上涨会与食品涨价同步进行。几乎所有国家的许多行业中，在最近20年间，工资有明显的增加。只是，没有一个国家的统计学家会认为，工资和生活费用是在同步增长。工人们认为，生活费上涨的幅度有时达到了60%。而他们的工资增长率是5%，有时达到30%。对于低层阶级，例如对英国中型工业的非技术工人来说，甚至很难肯定他们的工资是否有所增长。普遍可以得到证明的事实是，全世界各种级别的工人——只要他们是完全依赖工资为生的——在这20年间，都由于生活费用的上涨被迫降低了他们的生活水平。另一方面，在文明国家里，无产者作为公民，由于市镇和国家的干预，得到了除工资以外的小恩小惠（如接受教育、疾病和年老时的救济）。在这20年里，不同形式的干预的增多（基本上是不彻底的共产主义原则），在一定程度上减轻了生活费用上涨给工人阶级带来的痛苦。但人们遗憾地看到，在这种财富飞快增长的环境下，尽管由于集体主义的发展使工人受到某种保护，但比起20年前，大部分家庭能为饮食、服装、住房和娱乐支出的钱是更少了。

实际工资下降的原因

对于生活费用上涨的原因，统计学家和经济学家之间有不同看法。前者把涨价的原因归之于黄金生产的巨大增长；后者对上述看法作了修正，补充了其他理由，如银行货币、支票及银行贷款流通量的增加等等，它们代替了黄金——这种说法也有道理。所有这些把生活费用上涨的原因归结为货币流通的解释也许有一定道理，但是作为商品的劳动力价格为什么没有因为上述原因而同其他商品一起涨价，这个问题没有得到解决。还有人把生活费用上涨的原因归结为世界生产的发展速度赶不上地球上人口的增长速度（由于东方国家对欧洲国家生活必需品的需求增加而加剧了）。生产速度减慢的主要原因是资本和人力流向加拿大、南美、俄国等新开发的国家，那里修建铁路，开垦荒地，建筑房屋的规模很大，使生活必需品供（即生产）不应求。然而，出现基本消费品生产下降现象并非是必然的。据统计，投入世界主要市场的食品、原料和制成品的数量，以人均计算，从没有像现在那么多。这是在当时备受非议的机器——力量的源泉——以及不断出现发明的唯一能预见的事情。

所有这些资产阶级的解释都是错误的，因为它们只注意问题的一个方面，而实际上，这有多方面的原因，既不是各种商品（包括劳动力这个商品在内）的程度不同的涨价，也不是工资没有同步增长。

20年来，领工资阶级对食品、服装、住房、娱乐活动的平均购买力下降的真正原因应该从资本家阶级商品力量的不断增长中去寻找，这样就能把问题看清楚了。因为：（1）工业领导权集中在愈来愈少的一小撮人手中；（2）资本家以垄断集团和企业家协会的形式迅速在他们之间达成越来越多的谅解。

在过去20年中，全世界的资本家从行情的变化、资本的输出和工业的发展中获得比从前更多的利益，从而加强了他们的地位。商品价格的上涨是被这些垄断集团人为地制造和加剧的。在德国、奥匈帝国、俄国、美国、意大利和其他国家，这些做法受到保护主义税收的保护和鼓励，这就使得这些国家的生活费用比英国或其他没有这些过分税收的国家要高得多。同时，大工业集中在一小撮资本家手中，而垄断集团和雇主协会的发展又大大加强了雇主们收买工人力量的实力。这期间，在许多国家里，工会组织在增加。但是，除了有几个城市的某些工会以外，还不能肯定地说，英国、法国、美国和意大利的工会组织有什么改进。在印度和日本，在非洲或大洋洲，也许还有俄国或匈牙利（除了少数几个城市的某些特殊工业以外），还不能说，现在的工会运动比20年以前更加发展。在瑞士、斯堪的纳维亚半岛、荷兰、比利时，特别是在德国，工会组织略有进步。从全世界整体来看，很难说无产阶级的力量在劳动市场上比20年前更强了。而另一方面，雇主的力量恰恰有了很大的增强。我认为，世界黄金产量的增加，把贷款工具作为购买力来使用，这些都造成了生活必需品价格的上涨。一方面，资本向新开发的地域的流入会提高直接消费品的交换价值；另一方面，我们也应承认，新发明的影响和不断增长的生产能力降低了除劳动力以外的商品的交换价值。因此，衡量商品价格和被看做商品的劳动力价格的标准不大明确。一方面，通过资本家的协调，雇主们在劳动力市场中的经济地位不断增强，进而降低了工资标准；另一方面，工资收入者在提高工会组织战斗力方面，未取得丝毫成功（德国除外）。

由于工业发展、流通体制、商业贷款的不同，以及保护税的不同，所以每个国家资本家所掌握的手段也不同；而且在不同的国家里，资本家和工会各自改进其组织的程度也不同，这就使每个国家所遭到的损失也不一样。在不同的国家里，由于集体主义性质的措施的扩大，这些损失得到了不同方式的缓和。因此，当工资收入者的标准型的生活普遍受到不利影响时，自然，只要我们同意上述解释，我们就会发现每个国家的损失是不同的。

在生活费用上涨的情况下能够起保护无产者作用的缓解措施

1. 市政府商店

我们应该看到，往往是由于资本家商人的行为，才使生活必需品的涨价格外严重。每当批发价上升时，他们就拼命提高零售价。这时候，市政府商店维持了原有的价格，取得了好结果。对供水、供煤气和供电有利的做法，对食品也是有利的。在布达佩斯以及在许多德国城市里，市行政当局为了以最低的价格进口和销售——有时没有任何利润——肉类、鱼类、黄油、鸡蛋和其他食品，开设了一些商店。在维罗纳和其他意大利城市，市政府开设了面包房，以成本价格出售面包。在俄国（以及在美因茨），市政府开设的药房以成本价出售药品。凡是在工人阶级控制市政府的地方都应该特别发展这种市政府商业。

2. 政府和市政府的工人住宅

只要提一下以下事实就够了：许多地方，如爱尔兰和加勒的市行政当局，以及某些政府为无产阶级修建了工人住宅，这些工人住宅的房租仅够付给用于购买土地和盖楼房的开支的利息。

3. 合作社

几乎在所有国家里，特别在德国、英国、比利时、瑞士、丹麦和奥地利，合作社公司在取消经营食品的一切利润后，无论是数量还是力量都有很大增长。食品的营业额不断增加，而且这些服务都是在民主监督下进行的。

4. 工资的确定

在德国、英国、澳大利亚和新西兰，工资增长幅度很大，也许超过其他国家。这是根据法律或是根据大工业中关于工资标准的集体合同的要求来确定的。另外，它也根据以生活必需开支为基础的不能减少的最低工资额来确定。为此，可以指望，即使在困难时期，今后的工资也决不能再降低。

5. 公共机构中职员工资的提高

世界各国的公共机构，无论是国家一级的还是市政府一级的，被迫考虑——本应早作考虑——将公务人员的工资同生活费用上涨挂起钩来。在德国、奥地利和其他国家，工资是按家庭人口的多少来增加的。有人提出这样的看法，建议全世界社会党和工人党同有组织的工资收入者一起，关心一下生活费用上涨的控制问题，还建议由当事人向国家和市政府机构以及各国议会提出强行采取上述严格措施。

根据物价自动调节工资

现在，工人的个人受雇已日益被集体招工所代替，而且人们开始合法地把最低工资额强加在工人头上（如在英国、澳大利亚和美国）。展开反对将现存工资保持不变并在生活费用上涨的情况下阻碍工资增长的斗争，具有重大意义。有人建议，所有确定工资类别的集体合同和仲裁裁决以及规定最低工资额的法律，都要包含关于今后在生活必需品价格变动时工资也要自动升降的条款，其根据是由独立的统计人员组成的委员会所制订的严格的生活指数表，该表每年由政府公布。

英国支部通过的决议

现将英国支部一致通过的下列决议交由大会批准通过：

关于生活费用上涨问题

一、鉴于在所有文明国家中,所有生活必需品几乎都在涨价,且这种情况已经持续了18年之久;而涨价后,工资又未相应提高。因此,尽管工会作了努力,但是绝大多数无产者的生活水准降低了。

二、生活费用普遍涨价的主要原因要从事实中去寻找:全世界资本家依靠他们对价格的垄断以及他们的联合和一体化,愈来愈成为生产资料、生产手段、市场和分配方法的主人。这一方面导致消费者要为涨价而增加开支;而另一方面,由于这些卡特尔的力量日益强大,工人为了得到工作相互竞争,因此,工资不断下降,乃至使工人无法保证自己的生存。

三、鉴于这种资本主义剥削和建立在竞争基础上的工资制度带来的恶果,立法机构要进行紧急干预,在彻底结束弊病之前——这只能由建立在社会主义基础上的社会改造才能实现——可以采取一些缓解措施,以有效地保护无产阶级。

四、大会提到了以下几项可能具有某些效果的缓解措施:

1. 德国、匈牙利和其他国家的许多市政府采取了稳定价格的行动,办法是开设市政府商店和面包房,提供肉、鱼、面包等,以及向病人以成本价出售药品。

2. 发展以成本价出租的市政府工人住宅,可惜目前发展太慢。

3. 几乎在每个国家里,工人合作社社员有所增加,这就可能将群众的大部分供应问题置于工人阶级的监督之下。

4. 接受工会的要求,确定以一定的生活费用为基础的最低工资额,工资不许再低于这样的生活费用。

5. 由公共机构来普及这些目前还拖延未办、贯彻不力的措施,它们还应努力使其职员工资与生活费用同步增长。

工人阶级应该为在全世界普及这些措施做出必要的一切。

6. 鉴于经法律、公共机构或集体合同确定的最低工资标准的不断普及，鉴于由此造成的工资数额长期不变，所以，最理想的是在所有这些工资标准中包含有根据商品价格的普遍提高——这种提高是每年确定和公布的——而能使工资自动调整的措施。

三、胡安·B. 胡斯托的报告

黄金是目前衡量价格的标尺，而价格则是价值的反映。价格的普遍上涨相当于黄金价值的下跌。为什么黄金价值会下跌呢？

至少我们应该把这一现象部分地归咎于这样一个事实：在采金的过程中，人类的劳动生产率比其他生产部门提高得快。

依靠氰化法，黄金生产技术经历了历史上最伟大的革命，这是一般技术通过持续和重大革新所未曾经历过的。

但是，黄金在世界上自由流通，而商品交易却几乎到处都受到关税的阻碍，特别是1892年法国海关立法、1885年和1902年德国通过法律、1887年意大利实行税收制以及1897年和1907年美国公布了法律之后，这种情况更为严重。

因此，黄金生产可以在全世界自由定点，只要哪里的自然和社会条件最有利，哪里就可以生产。可是，不利的土地条件、土地和作物的分布、机器、职业教育和适应能力等情况对最主要消费品生产的价格上涨都会发生很大影响。

相对而言，世界黄金的供应高于商品供应，这就促使物价上涨。在有利条件下生产出来的商品，因为是进口的，加上高额关税，价格更贵。

同时，对黄金的需求呈相对下降的趋势。因为：（1）黄金比其他商品容易保存和储存得多，黄金更具耐久性，不易磨损，所以人们在流通中用储存贵金属来代替可兑换的纸币。（2）将黄金作为流通货币来使用和消费的现象更为减少，因为在管理有方的国家里，黄金已经部分地被不可兑换的纸币或无黄金担保的纸币所代替，或者在国内货币流通中已全部被代替。在滥用信用货币的国家里正是这样做的。（3）通过银行、支票和证券交易所等途径，与流通中的货币数额同等的交易不断地增长着。

那么，如何采取行动来反对生活费用日益上涨呢？我们不应该考虑给黄金流通强行设置关税壁垒，以阻止它的价值下降，而必须逐渐减少直至彻底取消商品的关税，那些征收国内税的不受欢迎的消费品则除外。

还必须取消肉、糖、盐等的国内税。应该进一步扩大自由合作社和无产阶级在这些合作社范围内的经济活动。

只要黄金仍然是衡量价值的标尺，就无法阻止在黄金价值和商品价值之间产生新的波动，条件是黄金生产比一般技术发展得更快。

建立在生活指数基础上的、多形式的价值标尺的想法是行不通的：它得不到足够强大的社会力量的支持，因为工业家和一般商人能从生活费上涨中得到好处而不受损失。生活费用昂贵使实际工资下降，工资收入者最受打击，工人千万不要梦想一个比索里会包含什么可靠的购买力。

为了使领工资工人的"生活标准"不至于时刻受黄金价值——人们正是以此来支付工资的——有可能下跌的威胁，必须使工资和生活费用相适应并与之同步提高。

应该由合作公司根据房租以及工人家庭预算中不同的日常消费品的零售价格来计算出反映工人生活开支的指数表。人们应该通过工会行动来努力争取使名义工资至少与生活费用同步增长。此外，还要通过政治行动，迫使各国政府以同样的比例向职员们支付工资。

第三委员会：帝国主义和仲裁

一、胡戈·哈阿兹的报告

报告的基本观点和关于帝国主义与仲裁的决议

在所有工业国家里，不论是在欧洲还是在美洲，资本主义生产达到了空前的规模。个人企业主让位于强大的股份公司。人们将一些独立的企业集中在单独一家大企业中。垄断取代了自由竞争。卡特尔和托拉斯统治了经济生活。与此同时，也出现了银行集中化的现象。

与大工业紧密相连的大银行，对生产、贸易和国内国外政策起着无法抗拒的影响。

不断增长的对利润的欲望刺激着统治阶级去征服新的原料产地、推销工业品的新市场、进行资本剥削的新地区。商品和资本的出口在不断增加。

帝国主义成为现代国家生活中的决定性力量：它的愿望是将本国领土和它的殖民地合在一起，成立一个统一的帝国；它的野心是建立一个既可以由本身来提供工业的原料又能把所有工业品在其自身的国界内进行销售的巨大的帝国。

不管这是一种多么乌托邦式的想法，但它不仅对资产阶级而且对中间阶级中的相当一部分人以及那些缺乏理想的知识分子都有吸引力。

导致土著居民被粗暴地剥夺和赤贫化的殖民政策，以及以在走资本主义道路的不发达国家中建立势力范围为宗旨的扩张政策，成为对外政策的支柱。

资本主义的入侵到处打乱了现存的社会秩序，破坏了原始人民的独立，威胁了经济落后国家的自发的发展。

对异国人民的压迫和剥削，也包括相互竞争的资本主义国家之间日益增大的战争危险，是这种入侵所引起的并与之不可分割的现象。

为了捕获同一猎物而进行的斗争引起了摩擦和冲突。为了保持竞争优势，人们不断增加战争手段并进行备战。达到疯狂程度的军备竞赛使人民更加贫困，越来越多地占用了国家本应用于文化事业的经费，并煽动人们进行侵略。

由于受盲目服从的束缚，常备军变了帝国主义政策的驯服工具。

所谓资本主义国家的"使命"是向全世界"传播文明"的虚伪言辞无法掩盖其帝国主义性质。实际上，帝国主义为了所谓神圣的利润在执行一项无耻的剥削政策，它导致人民破产。

所有那些唯利是图的帝国主义分子，首先是那些对军事工业感兴趣的人，希望维持并加剧动乱，这样他们的利润就会增加。他们不让人民休养生息，阻碍和平亲善，一直在人民中不断散布怀疑和仇恨，并利用从属于他们、为帝国主义效劳的报纸，毒化国际关系。

国际不仅以憎恶的心情，而且也竭尽全力反对这种动乱。它坚决要求各国把它们的常备军改为单纯用于防御的军队。

在反对常备军和军国主义的斗争中团结一致的国际，强烈反对摧毁人民的疯狂的军备竞赛，全力以赴地支持各国同时裁减军备。

国际坚决反对外交家把人民变为他们的玩偶，将外交服务于统治阶级；国际还反对由外交家的秘密协定来决定人民的命运。

国际要求，各国人民之间可能发生的纠纷都由仲裁法庭来调解。当外交家们想利用某个冲突来发动战争的时候，他们总是提出所谓国家的

"荣誉"或"根本利益"受到侵犯,这其实不是拒绝仲裁程序的理由。

帝国主义是资本主义发展的特殊阶段,只有在后者消失的同时,前者才能消失。

但是,依靠工人阶级的警惕性和力量,完全可以缓解和减少对有关国家人民的自由和利益的威胁。工人的战斗队伍愈是扩大,他们愈是意识到自己的历史使命,无产阶级群众就愈是能本着社会主义精神在人数和力量上组织得更为壮大,统治者就更加不敢发动战争,因为他们在采取行动时不得不考虑群众的和平愿望。

1912年巴塞尔代表大会认为,英德之间的争夺是欧洲和平的最大威胁,这种看法当时是对的。现在,由于国际的不断努力,更主要的是由于这两个国家的领导人逐渐接受了关于克服对抗对两国更有利的看法,因此,一种相互信任的气氛代替了它们之间的争夺。

为了克服法德之间的冲突——它包含着对世界和平的严重威胁,两国工人阶级在整个国际的支持下将加倍努力,排除各种沙文主义的挑拨,坚忍不拔地鼓励两国的接近。

全世界各国的社会党人将竭尽全力反对帝国主义、沙文主义和对人民的压迫。他们将牢记斯图加特、哥本哈根和巴塞尔国际代表大会宣布的原则,利用一切手段,争取维护和平,阻止战争。

胡·哈阿兹

二、W. H. 弗利根的报告

国际社会党和仲裁

在我们的社会中,真正为反对威胁人民的战争,为反对摧毁各国的军备而斗争的唯一力量，是社会民主党，是无产者国际。

尽管在资产阶级政党中，有相当多的人和我们一样对军备和以暴力解决争端的方式也不表示好感，但是他们从未能组成一支有效的力量去达到这个目的。

在资产阶级中，赞成和平的人往往在他们自己国内都是些扩军备战的热烈支持者，只是在很少的场合下，他们中才有个别人真正表示反对。

因此，虽然认识到威胁世界和文明的危险在不断增长，它是由日益强大的军备造成的，但世界各国仍在继续走着老路。人们只是听到和平的言论，然而战争预算却在不断增加。

各国人民在军费的沉重负担下呻吟着，他们在军人的摆布下逆来顺受。几乎在所有国家里，军人都起着关键作用。虽然在资产阶级阵营里，时而还能听到明智的和人道的声音，然而只要爱国主义的说教一出现，立即又能使所有外交家、报界和宗教界向军国主义屈膝下跪。由那些从军备中获利的人鼓吹起来的蛊惑人心的爱国主义论调，的确也使资产阶级感到厌恶，但是它只能作些极为软弱的反抗。

只有无产阶级在反对军国主义的公开而有力的斗争中没有放下武器。

国际社会党历次代表大会多次明确无误地表明了无产阶级在反对现代国家军事扩张中应采取什么观点，因此在这里重复这些内容是完全多余的。

迄今为止，只有各国社会党独自开展反对军备的斗争，几乎整个资产阶级都赞成要加强军备。然而，有一个运动在资产阶级中比在社会主义无产阶级中得到更大的响应，那就是用仲裁的方法来调解所有国际争端。

的确，到目前为止，各国政府，特别是大国政府，根本不支持这个想法，或仅仅勉强支持。毫无疑问，在目前的形势下，来自资产阶级行列的著名政治家反对任何涉及军备的斗争。

虽然可以肯定，宣传以仲裁解决分歧的体制不是反对军备的办法，但是必须承认，这是除了暴力以外的解决冲突的一种方法。

各国社会党关于这方面的观点已成为历次社会党代表大会积极讨论的题目。

1888年在伦敦举行的国际代表大会已经同意进行仲裁而不赞成战争。①

1889年巴黎代表大会的决议、1891年布鲁塞尔代表大会的决议以及1893年②苏黎世代表大会的决议的确没有谈到仲裁，但是在最后一项决议中有这样的段落："社会主义政党应该支持一切旨在促进世界和平的协会。"

然而，在1900年巴黎代表大会决议中，却有表示反对的话："海牙会议那样的所谓和平会议，像最近的德兰士瓦战争所证明的那样，不过是一种欺骗和蒙蔽。"

但是在1907年的斯图加特代表大会上，又出现了下列观点：

"大会确信，在无产阶级的压力下，严肃的国际仲裁将在所有的争端中代替各国资产阶级政府拙劣的企图。这样，人民从普遍裁军中获取的益处将得到保证。而普遍裁军将把被军备和战争吞噬的巨大的人力和财力用于促进文明的进步。"③

1910年哥本哈根大会的决议要求各国议会中的社会党党团：

---

① 指1888年11月6—10日在伦敦举行的国际工会代表大会。
② 弗利根说的是第二次国际代表大会。
③ 原文为法文，与本书第22卷第199页据德文本译出的决议措辞略有出入。——编者注

（1）不断要求必须通过仲裁法庭来解决国与国之间的一切纠纷；

（2）经常提出关于普遍裁军首先是缔结限制海军军备和取消私掠权的协定的建议。

人们可以满意地看到，各国议会中的社会民主党议员屡次完成了这个任务。因此，关于必须依靠仲裁的想法开始在公众舆论和各国政府中得到了支持。

造成这种想法的主要论点是：任何用暴力来作出某种决定的企图都将遭到各国社会党的有力反对，因此，统治阶级的风险就会更大。此外，人们还懂得，现代化的武器已发展到了这样的程度和规模，各国政府日益惧怕战争在当前各大国之间爆发后可能产生的不可估量的后果。

只要作为资本主义制度一部分的竞争关系继续存在下去，各国之间就会由此产生分歧。

这些分歧可能涉及经济原因，也可以是由于两个或几个大国的帝国主义争夺而引起的。

造成这种分歧的经济原因对个别人或某些人来说可能是重要的，但决不会影响整个国家。此外，不管经济原因多么深远，然而将它和一次战争的开支相衡量都是不可思议的。

以巴拿马运河为例。究竟美国海军是否享有某种使用运河的特权，解决这个问题当然很重要，但是欧洲国家在发动一次欧洲和美洲之间的战争中所花去的钱可以挖凿一条或几条海上通道。这样做完全不必要，因为如果美洲能使运河为美国海军垄断，美洲的经济利益将遭到极大损害，即使在国内，美国人也会反对并结束战争的。

其实，世界上没有任何一个大国愿意发动战争，这已不是一个秘密了，因为即使赢得了战争，也不能得到足以补偿战争损失的经济利益。

今天的国际贸易已经发展到了这样的程度，两个工业和贸易国家之间因遽然中止来往而造成的损失将无法计算。

世界进出口贸易总额从1890年的750亿马克增加到1910年的1390亿马克。

目前，任何一个国家的经济生活发生问题都不可能不严重地影响其他国家。从资本主义的观点来看也一样，即使作为一条原则，战胜国可以迫使战败国拿出相等数额的战争赔款，但是，任何国家都不会得到什么好处。只要一个大国经济崩溃，全世界文明国家都要遭受经济灾难。

对一些被欧洲列强视为殖民地的地区产生的争执的理由几乎都已消失。而现在对摩洛哥和的黎波里的占领是个既成事实。在解决摩洛哥争夺——这个争夺多次威胁了欧洲和平——中所决定采取的方式，是运用国际公约处理一桩特别棘手的公务的范例。我们认为，当时的形势尤为危急，因为国家和人民的命运掌握在别人手里，他们的愿望得不到考虑。然而，令人欣慰的是欧洲避免了一场战争。这场战争也可能将这些国家置于异国统治之下，而且要以无法统计的牺牲作为代价。

各国社会党的责任是对这些被看做是殖民地的附属国，执行尽快恢复它的独立——比过去具有更高形式的独立——的政策。

第三种冲突发生在大国之间。原因在于究竟由谁在不加占领的条件下，在哪一个地区占据统治地位。这样的冲突引起了日俄战争。另一个冲突险些在巴尔干战争中发生。第三次冲突规模很小，现正在阿尔巴尼亚进行。① 可是，人们只能把利害冲突作为理由来解释挑起欧洲战争的原因。一旦人民提高警惕并坚决表明，这样的利害关系并非注定必须流血，大国之间召开会议就能找到解决办法。

既然为战争辩解的真正确实的利益是根本不存在的，所以，各国好

---

① 阿尔巴尼亚是1912年11月18日宣布独立的。1914年，由于与希腊的边界划定问题，两国外交关系紧张。

战分子就竭力利用所谓伦理的动机，以及涉及国家荣誉和国家力量等借口来为扩军备战辩护。他们和毛奇①一样，甚至不认为世界和平是"美好的梦想"。他们声称，战争能锻炼一个国家的意志、能量和力量，而长期的和平要销蚀人性，世界的统治权过去和将来都属于战争中的强国人民。

现在，这些诡辩正好说明，战争对人民利益造成的损害愈来愈明显了。

只要研究一下各国的情况，上述主要论点便不言自明。如果说，长期和平生活会消磨人民的意志，以至堕落下去的话，那么瑞士人、比利时人和斯堪的纳维亚人都将变成懦夫，而土耳其人则反成为强者了。如果说对世界的统治权要归那些好战国的话，那么墨西哥和委内瑞拉就要名列前茅了。

迄今为止，各国之间的斗争常常是武装斗争，但这丝毫不能证明，这种斗争给它们、给人类带来什么好处。对其他领域内的斗争来说道理也是如此。上述那些为了支持战争所运用的论点本身也证明，要让人民相信军国主义还有什么用处，那是毫无成功希望的。既然如此，那么，为摆脱军国主义的重压而发出的呼声，必然会在群众中得到响应。防止战争的道路，自然是指出解决冲突可以不用武器而用别的办法。

事实已经指出了这条道路，那就是国际仲裁的道路。许多政府已经走上了这条道路，它从来没有像今天这样笔直和宽广。现在，承受军国主义重负的必要力量几乎已经到了极限，大部分国家的形势危急，迫在眉睫。从1899年到1910年，许多国家向总部设在海牙的仲裁法庭通报，90个已经签订的条约都和解决冲突有关，还不算其他尚未向它递交的30个条约。顺便提一下，有些条约是那些无法发动战争的国家

---

① 赫尔穆特·冯·毛奇将军是德国大本营参谋总长。

之间签订的，如 1904 年 2 月 26 日丹麦与荷兰之间签订的典型的条约，除了规定冲突的利益不能涉及第三国之外，这可以说是第一个不加任何保留的条约。

下面是对签订仲裁条约国家的统计：

德　国：1	美　国：21	奥匈帝国：3
比利时：8	波利维亚：11	巴　西：4
中　国：2	哥伦比亚：3	哥斯达黎加：1
丹　麦：11	圣多明各：9	厄瓜多尔：1
西班牙：18	法　国：11	英　国：4
希　腊：2	危地马拉：2	海　地：1
洪都拉斯：1	意大利：8	日　本：1
墨西哥：11	尼加拉瓜：2	挪　威：11
巴拉圭：9	荷　兰：6	秘　鲁：9
葡萄牙：14	罗马尼亚：1	俄　国：4
圣萨尔瓦多：10	瑞　典：10	瑞　士：8
乌拉圭：9		

在这份统计中，中美和南美的共和国出现得相当多。不可否认，依靠这些条约，在这些国家中战争的危险大大减少了。至于大国，只有德国可以说是完全拒绝签约的，唯一的条约是 1904 年 7 月 12 日签订的，1909 年 12 月 7 日又和英国重签了。

可以发现，邻国之间在签约问题上有些保留。如法国，它和荷兰签订了条约，但和比利时没有签。奥地利和哪一个邻国都没有签。

对这些条约的内容没有什么可说的。有些条约带有许多保留，另一些条约则把一切问题都交给仲裁者去决定。关键是有没有条约。一旦发生冲突，有了条约就可以有所遵循，而不至于在讨论中，一个党有可能被国内另一个支持战争的党指责为怕死鬼和变节分子。首先,固定的条约有它的实用价值,因为一旦发生冲突,仲裁机器立即就可以运转起来。

此外,由于在当事国中,人人都知道,冲突可以通过仲裁来处理,公众舆论会保持镇静,因此难以被蛊惑人心的沙文主义言论所蒙骗。但是,问题在于签什么样的条约。

现在有几个可以作为模式的条约,如1908年11月20日意大利与荷兰签署的条约,1905年12月16日意大利与丹麦签署的条约,1904年2月12日丹麦与荷兰签署的条约,1907年3月20日丹麦与葡萄牙签署的条约以及1902年1月29日签署的中美洲条约。

最近这几年签署的条约没有1904—1909年之间那么多。原因可能在于国际形势,从1910年至1913年,国际形势无疑不如前几年那么好。但是也不要忘记一个有利因素,那就是美国政府的态度,不论是在塔夫脱总统还是在威尔逊总统领导下。

威尔逊政府尽力想制定一种新的条约,即美国政府宣布准备与世界各国签订一个条约,通过此条约,各方保证要把各种性质的争执都交给一个国际委员会去解决。这个委员会要在一年内作出报告。各国可以不受报告结论的影响自由行动,但它们要保证在整个调查期间不能宣布战争或采取战争行动。根据条约的最新形式,人们给它起了"布赖恩计划"这个名字,因为1906年在伦敦举行的第十四次国际议员代表会议上,布赖恩已经阐述过这个想法。如果世界各国都赞成这样的条约的话,那它对于和平解决争端有多么重要自不待言了。战争的最大危险在于,当争执突然发生时,公众舆论毫无思想准备,各人说各人的,没有时间弄清事实真相。

这就是秘密外交的危险所在。而当战争宣布以后,以国家利益为名义的理由恰恰要求一切情况都不能公开。如果1870—1871年的战争中德国吃了败仗的话，人们能知道电报的故事①吗？

美国的建议很有可能被采纳。1913年12月3日，卢登大臣向荷兰三级会议通报美国和荷兰之间以布赖恩原则为基础签订的条约正在送往华盛顿的途中。看来，人们的目的是想把它作为一种标准。

在这之前，9月1日，已有29个国家宣布原则上同意该条约，它们是：意大利、英国、法国、巴西、瑞典、挪威、俄国、秘鲁、奥地利、荷兰、玻利维亚、德国、阿根廷共和国、中国、圣多明各、危地马拉、海地、西班牙、葡萄牙、比利时、丹麦、智利、古巴、哥斯达黎加、圣萨尔瓦多、瑞士、巴拉圭、巴拿马和洪都拉斯。需要指出，6个欧洲大国，不论是3个同盟国还是3个协约国都赞成该条约。

必须承认，如果没有由社会主义无产阶级组成的真正的和平党，所有这些工作即使不是毫无意义的话，也会失去很多意义。但是，对于这个和平党来说，能否使其事业取得成功，这些工作具有重大意义。历史可以证明，沙文主义思潮在一个时期内可以发展成一般巨大的力量。而且，战争一旦爆发，沙文主义的狂暴力量会一天比一天更强大。可是，如果从发生冲突到爆发战争规定一年期限，那么在这个期间，理智完全可能占据上风。当然，在有一个强大的社会党的国家里，情况肯定会是这样的，因为社会党在议会里有它的议席，又有它的报纸，还有必要的勇气去坚决抵制那些好战的政党。

我要得出的结论并不是新的。它已经在许多次国际代表大会上提到过了。然而，形势给这个结论带来很多新的因素。对于不断增长的社会党的力量及其防止战争——即使各国政府作出了战争的决定——所使用的手段，人们可以有很乐观的看法。但我不属于乐观派。战争一旦爆

---

① 指埃姆斯密电，俾斯麦以此激起德、法人民的民族仇恨，藉以令法国宣战，发动普法战争。——编者注

发,说话的再也不是理智的声音而是大炮了。一般而言,民族感情是最强的,好战思想传播得很快,可惜的是工人阶级还很少能摆脱这种思想。

社会党的骨干会继续主张和平,但是盲目的群众很可能鄙弃和平。因此,建立仲裁制更为安全。

最好是防患于未然。万一因统治者的阻挠而使仲裁失败,则针对那些统治者的反战运动就会大大加强。

此外,一旦仲裁条约得到普遍实施,人民不仅会很快就不能忍受武器,而且会认为它们完全是废物,而今天缺少的正是这种感情。

对于危险的印象还不深刻,所以影响各国迈出第一步,或者至少不要再继续走拼命扩军备战的道路。

每个国家都有理由这样说:看看你们的邻居吧,他们可能成为你们明天的敌人,他们已经武装到了牙齿。在这种情况上削减武器,这是什么意思!你们先去说服别人再来找我们。执行仲裁原则将使人产生安全感,这是首先要做到的,然后再谈裁减武器的问题。

正如对待其他许多在国际代表大会上作出的决议一样,在这个问题上也必须让各国社会党自己去选择实现目标的方法。最自然的是在议会强调推动各国政府与世界各国——如有可能——签订仲裁条约。但是,各国自己支持和平思想,直至向政府施加一切影响,这也不是没有用处的。要抛弃这种偏激的想法,即将无产阶级和资产阶级截然分开,前者是要和平的,而后者则是好战的。认为所有非无产阶级的人在战争爆发后都会有利可图的看法是不正确的。从经济利益上来看,这一点是一目了然的。此外,统治阶级利用别人为他们火中取栗的时代已经一去不复返了。由于各国几乎都实行了义务兵役制,战争要求各个阶级都流血牺牲。

无产阶级独立进行的坚持不懈的反战斗争,同他们进行的其他活动有其共同点：他们捍卫的不仅是其自身的利益，也是全人类的利益。

动员和促使交战国人民在反战中进行合作，以便让各国政府在任何情况下都接受仲裁，这就是每个社会党在国内要完成的实际任务。

综上所述，报告人荣幸地向大会建议，将下列条款写进关于帝国主义和仲裁的决议中去：

大会责成各国社会党，通过它们在议会中的议员，并通过各种宣传，如有可能，在同其他志同道合的人员合作的情况下，向各国政府施加最大的压力，以尽快地把所有国际争端送交仲裁委员会。希望各国在签订双边仲裁条约时，保证根据事先确定的程序将争端递交给这些委员会。

上述委员会的成员也希望能在这些条款中加以确定。

W. H. 弗利根

1914年6月于阿姆斯特丹

三、社会党（工人国际法国支部）书记迪布勒伊致卡米耶·胡斯曼的信

关于饶勒斯的报告

我们接到了你7月24日关于可能召开伯尔尼国际代表大会的通知。

此后，好几位议员发电报告诉我们，他们希望能召开一次社会党国际局的特别会议。对此，我党执行局尚未作出任何决定，但党决定召开常务行政委员会会议，研究这一要求，以及由奥地利向塞尔维亚发出最后通牒后变得严重的国际形势。这次会议将于7月27日（星期一）下午5点举行，会议的情况届时我会告诉你的。

尽管只是为了提醒一下，但我还是要利用这个机会告诉你，饶勒斯公民几乎不可能在8月17日和18日分别到布吕恩和布拉格去。他的想

法是，这两个城市的群众大会应该在国际代表大会之后而不是之前举行。

至于帝国主义问题的报告，饶勒斯公民对我说，他的主要思想已归纳在他建议我们的全国代表大会提出的决议中了。这个决议已被代表大会多数通过。今天，他的思想已为国际的各国支部所了解，因此，他认为不必再以报告的形式提出。

随函附上决议全文。

谨代表全国委员会向你致意。

路易·迪布勒伊
1914年7月25日于巴黎

决 议

在预防和阻止战争、迫使各国政府求助于仲裁的各种方法中，大会认为，为全世界有关国家同时举行工人总罢工以及在人民中采取各种形式的行动和鼓动，是特别有效的。

第四委员会：酗酒

一、埃米尔·王德威尔得的报告

在这个报告中，我们不打算描述饮酒对工人阶级带来的巨大害处，它夺走了工人阶级相当大的一部分收入，使医院、监狱和精神病院充斥了酗酒者。它既损害了工人阶级的劳动力和战斗力，也影响了工人阶级创造的、几代人的集体价值。

按照社会党人目前的意见，这种描述是不必要的。没有人认为，社会民主党对酗酒问题会无动于衷，而且，社会党国际局一致同意将问题列入维也纳代表大会的议事日程中去,仅仅这一事实也可使我们不必再予强调。

虽然人们一致承认酗酒的害处,但是对于与此作斗争的方法,却产生了分歧。在代表大会上,我们再次遇到了"温和派"与"戒酒派"之争。

我个人的意见已经在1906年发表的一篇文章①中介绍过了。在回答我们另一位报告人——武尔姆同志——在美因茨代表大会上作的一次演讲时,我有机会阐明了支持彻底戒酒的社会党人的观点。

我们将在以后向大会提供新的事实和论据,以证实下列论点:

1. 酒精、甲醇酒精同吗啡或砒霜一样,是毒药。

2. 除非根据医嘱作为药品,对于酒精无法区别什么叫饮用过度,什么叫饮用适量:少喝,害处少;多喝,害处多。

3. 所有含酒精的饮料,包括葡萄酒、啤酒、苹果酒,都有不同程度的害处。它们的有害程度取决于酒精度数。在啤酒中,比利时的浓啤酒、英国的黑啤酒和乌特查酒酒精含量为6至9度;葡萄酒酒精含量为10至20度。在许多国家,增加了酒精度数后的葡萄酒和啤酒比烈性酒的害处更大。

4. 所谓在资本主义制度下,由于恶劣的劳动和生活条件,工人注定要喝酒的说法是不正确的。相反,愈是穷的人愈是不应该喝那些价钱既贵又没有任何营养价值而且还含有危险的毒素的饮料。

5. 的确,吃得差、住得差、在各方面待遇都很差的工人比其他人更容易依靠酒精的麻醉作用,忘记自己的痛苦和忧愁。因此,改善无产阶级的生活条件是消灭酗酒的最有效的方法之一。

6. 但是,除了这种间接行动外,还必须有具体的行动。经验告诉

---

① 《酗酒、宗教、艺术》,1906年巴黎版。——王德威尔得注

我们，只有那些起带头作用、用事实进行宣传的人亲自动手，这样的行动才会有真正的、持久的效果。这些人对别人既不要过分严厉，而自己又要彻底、严格地与一切含酒精的饮料（包括葡萄酒、啤酒和其他发酵的饮料）绝缘。

7. 我个人倾向于认为，进行这一直接行动的最合适的组织形式是独立圣殿骑士团。这个组织在政治上是中立的，它的共济会支部有完全的政治自由权。其中不少支部，从现在起已从属于社会党。

8. 参加社会党圣殿骑士团成员和其他主张彻底禁酒的社会党团体，除了参加它们总的禁酒行动外，应该给自己规定一项特殊任务：在党内组织宣传，做青年党员的工作，用事实说服其他同志：酒精的破坏和麻醉作用会损害无产阶级的战斗力，而且，到了一定程度，会使无产阶级缺乏持久的耐力。我们还要提醒一下，饮酒的开支会夺走工人的政治和经济组织的经费。

我们当然不要求大会以投票通过的办法对这些论点表示赞成或反对。我们也承认，其中有些论点会引起争论。虽然科学家们同意，大量酒精是危险的毒药，但是他们不会赞成克雷珀林、斯密斯、福雷尔和莱蒂宁的意见，说即使是少量饮用葡萄酒，不仅没有好处，而且还有害处。对于这个问题的看法要取决于今后的研究、试验，而不是依靠大会表决……不过，我们对工人和社会主义国际所要求的，亦即我们有权要求的，是明确表态赞成采取反酗酒的直接行动，并研究采取哪些最佳方法使这种行动有效。

实际上，长期以来，对这个问题的意见一直不明确。许多社会党人担心禁酒宣传会使无产阶级战士的注意力从更紧急、更重要的任务上转移开去。例如不久前在德国汉诺威和美因茨代表大会表示了这样的意见：反对酗酒，就像反对宗教一样，应该属于私事。幸而，今天相反的意见日渐占了上风。完全可以预料，维也纳代表大会将一致同意一个与十年前在德国社会民主党不来梅代表大会上通过的相似的议程：

"鉴于饮酒对工人阶级带来的巨大害处，以致它已成为实现我们目标的巨大障碍。大会认为，从发展我们运动的利益出发，完全有必要在工人阶级中反对饮酒过度。因此，大会要求所有党员，尤其是所有党报，保证作出比以往更大的努力，来引起工人注意酗酒的危险。"

然而，单纯宣传社会党采取反对酗酒直接行动的必要性是不够的。还必须找到组织这个行动的方法，以便使这个行动产生最大效果。

我们的禁酒宣传在论点和方法上，应该和资产阶级的禁酒团有所区别。我们没有像"蓝色十字架"和旧的"圣殿骑士团"的那些宗教考虑。我们不像大部分禁酒团那样，仅仅从健康和道德角度考虑问题。我们向无产阶级宣传对酗酒开战的方法是启发他们的阶级觉悟，向他们指出喝酒会减少收入和削弱体力，不喝酒他们会得到什么好处。此外，我们建议要着重在工人团体、合作社、互助会、工会内部去做工作。

我们的意见是，在同整个禁酒运动建立关系的同时，我们的禁酒小组应该由工人和社会党人组成。

此外，他们应该是彻底禁酒派——理由我们已在别处作了阐述，在本报告中也已指出。

关于这个问题，我们有过经验。

开始时，大家几乎都认为，宣传节制，建立戒酒会，这样的做法比较合情合理。戒酒会向会员们劝导饮酒不要过量，但不作禁止饮用烈性酒的规定。

正是在这种情况下，几年前我们在布鲁塞尔成立了我们第一个组织："社会党禁酒团"。它当时取得了成绩。可是，很快它就陷入了困境，其他大部分类似组织也如此。因为没有比"节制"这种灵活的说法更玄的了，想同饮酒妥协，那就使宣传完全失去了儆戒作用。

从那时起，我们并没有在那些障碍面前止步不前——这些障碍在一个把啤酒看得比水还重要的国家里仿佛是无法逾越的。我们前后建立了好几个社会党圣殿骑士团。开头是十分困难的，会员人数一直少得可怜。但是，用事实对他们进行宣传使人产生了深刻的印象，这些组织的前途现在有了保证。一般来讲，凡是研究过各国禁酒运动的人必然会通过事实承认：以彻底禁酒的态度进行宣传，其结果比用温和的态度来宣传禁酒要好得多。

当然，我们不想用这种方式把我们的偏好强加于人，反对与我们意见不同的人采用其他斗争办法去禁酒。

即使在承认了彻底禁酒的好处以后，我们有许多同志很不愿意接受圣殿骑士的仪式和誓词。

我们觉得，这里又要从经验的角度来看问题。

当我们在布鲁塞尔创建圣殿骑士团"平等第一"会时，好多朋友对我们说："我们准备戒酒，但我们不愿意加入圣殿骑士团。"

当我们把他们的顾忌告诉福雷尔时，这位骑士团的大首领对我们说："这很简单，你们在骑士团之外，另外再建一个社会党戒酒小组。不过，我要事先告诉你：过半年之后，你们这个小组就不会存在了，小组中的大部分成员将参加骑士团。"

事实正如福雷尔所预料的那样，戒酒小组没有在其成员之间建立足够的联系，不久就寿终正寝。相反，骑士团的友谊经过各种考验依然存在。

所以，我们一方面同意这样的意见，即比利时、法国、瑞士的经验可能不适合于其他国家，但我们仍然倾向于认为，就禁酒的直接行动来说，最适合的组织形式是独立圣殿骑士团。我们愿意在此介绍一些它的建团原则。

独立骑士团不同于旧的骑士团,它是从旧骑士团中分裂出来的。独立骑士团的基础是政治、哲学和宗教上的绝对中立。所以在禁酒的斗争中,它可以团结不同意见和不同信仰的人。既然骑士团是中立的,那么它的分会在我们上面已经提到的三个方面,就有完全的行动自由权。

所以,如布鲁塞尔"平等第一"那样的分会,其总部就在人民之家,而且从属于工人党,它还积极参加社会主义的一般宣传。

此外,大家都知道,参加圣殿骑士团的人必须作出两项保证:

1. 保证在个人的饮食中排除一切(即使是偶然也不允许)类似葡萄酒、苹果酒、啤酒及各种烧酒等饮料和甜酒,除非是医嘱或文化方面的需要。同时,也决不为了个人享受而吸毒,如吗啡、鸦片、大麻烟、可卡因、乙醚等。

2. 保证不购买、制造、销售、赠送任何含有酒精的饮料,不做出任何推动酿酒工业和贸易发展的行为。

这些保证(既可有时间性地遵守,也可一辈子遵守)对许多读者来说,显然是严格的。我们肯定不至于天真到会相信大批支持社会党的工人将在短期内就加入这样的团体,或加入建立在同样原则基础上的其他一些团体。但是,我们深信,社会党的党员、工人组织的领袖们如果能带头,以他们自己的榜样说明彻底戒酒——包括不喝发酵的饮料——是可能的,也是有益处的,那么,他们就为我们的事业作出了不可估量的贡献。

诚然,我们也不至于可笑到认为,喝一点啤酒或葡萄酒——即使天天如此——会给人带来多大的害处。

在我们的社会党人生涯中,我们肯定做了许多比这对健康有害不知多少倍的事情;至少我们在烟雾弥漫、充满有毒空气的会议室里度过许多不眠之夜。

从个人角度来将,坦率地说,我们看不出有节制地饮用啤酒或葡萄酒同彻底不喝含酒精的饮料两者有什么明显差别。

因此,我们主张彻底戒酒,主要是从那些饮酒过量的人的利益着想,而不是为了那些根本不喝酒的人;更多的是出于在社会上进行宣传的目的,而不是从个人的健康考虑。

不要让工人在听了不要喝烧酒的劝告后产生这样的想法:劝别人戒酒太容易了,可你们自己还在喝啤酒、葡萄酒或香槟酒。

我们知道——《前进报》编辑部从前曾经提到过,对于我们许多同志来讲,工作了漫长的一天之后,强迫自己只能喝茶、喝苏打水或汽水,这可能是一种牺牲。

可是,只有这样用事实进行宣传才能打动人心。同这方面不容争辩的好处相比,这一点点牺牲又算得了什么呢?

再说,也只需要戒酒几个月、几个星期,"酒量小的人"就能彻底戒酒,从而使个人得到好处。当然,不能否认,少量的酒对体力劳动来说也许是无害的,但是酒对大脑神经中枢、对脑力劳动来说,不管多少,都是有害的,都会起麻醉作用。

所以,我们还是要严于律己,宽以待人。在无产阶级广大群众特别在新一代中,我们要努力成立社会党戒酒小组,这些小组成员要成为他们的伙伴的生动榜样,他们要通过增强工作能力、组织活动和革命干劲,表明整个工人阶级一旦摆脱了酒的控制,可以保持其尊严和力量。

毫无疑问,我们虽然倾向于彻底戒酒小组,但还不至于排斥或蔑视其他小组的合作。它们尽管不赞成我们毫不留情的态度,但也很关心和我们一起同酗酒现象作斗争。我们相信,在扩大和加强少数彻底戒酒派的行动的同时,工人组织和社会党本身应该积极参加这场斗争,提供它们的报告去进行禁酒宣传,印发通知和小册子,使小组成员注意饮烈性酒的危险性,在工人和社会党人的住地取消烈性酒的销售,动员经常去那些地方的人喝茶、汽水、不含酒精的葡萄酒和啤酒,大力支持立法机构的努力，以限制或禁止（在某些国家）食用酒精的生产和销售。

议　程

鉴于酒精对工人阶级造成的巨大损害，它摧残工人阶级的身心健康，削弱其战斗力，每年耗去的开支至少相当于向工人阶级提取的战争预算。

大会认为，从工人和社会主义运动发展本身的利益出发，有关党完全有必要代表无产阶级的利益，组织反酗酒斗争：

1. 动员党员，特别是工人和社会党报纸，作出比过去更大的努力，向工人进行宣传，使他们注意酗酒的危险；

2. 在由有关组织和党控制的地方，继续停止出售含酒精度数高的饮料，或至少是烈性酒；

3. 成立宣传小组，其任务是专门在无产阶级的住地进行禁酒宣传；

4. 鼓励党员和小组通过强有力的事实和以身作则彻底戒酒来努力进行禁酒宣传；

5. 在立法领域内，反对形形色色的资本主义酗酒现象。

从限制销售量到彻底戒酒，每个国家所采取的措施自然都不相同，这要取决于禁酒宣传取得的效果。但是，无论在何处，工人党和社会党本身都应站在最前列，支持工人摆脱酒精生产者和销售者的统治。

二、埃马努埃尔·武尔姆的报告[①]提要

含于酒精饮料中的酒精一旦其度数和容量超过了人体所能接受的限

[①] 参看埃马努埃尔·武尔姆：《酒精问题和社会党——在1907年社会民主党埃森代表大会上的报告》，1908年柏林版；《酒精的危险，其根源和禁酒斗争》及《含酒精饮料及其税收》，1912年汉堡版。——武尔姆注

度，就和其他神经兴奋剂——如咖啡、茶和烟叶——一样有毒。

这个限度取决于个人和饮酒者生活的社会环境，而社会环境又反过来影响个人的酒量。

酒精的作用首先是刺激神经，使其兴奋，然后再使其麻醉、麻痹以至入睡。

酒精不能使大脑和身体产生新的力量。

愈是体力衰弱的人——可能由于年幼或由于遗传、疾病、营养不良或疲劳过度而造成的，含酒精饮料对他们的麻痹作用就愈是明显；他们愈不会喝酒，因此他们就愈需要控制酒量。

控制酒量的限度是因人而异的，对于每个人来说也要根据不同的时间、饮酒者的精神状态以及身体状况。

必须根据酒精对每个人的影响，或者通过控制酒量，或是彻底戒酒来避免危险。要做到这两条，主要条件是能够控制自己，而这又取决于生活条件。贫穷产生酗酒，而酗酒也产生贫穷。

酗酒是社会弊病的一种表现。

在资本主义生产方式下，酒的大量生产、资本家通过使人民大量消费酒来获取利润以及酒从健康和社会方面摧残群众的倾向，这一切使酗酒变成了群众性的现象，酗酒的灾难性后果与日俱增。人民愈是贫困，便愈是无力进行抵制。

一方面，酗酒成为发展工人运动的巨大障碍，同时，它使工人阶级无法去除贫困的根源。贫困使工人对本阶级的努力无动于衷，贫困成了掌握阶级的统治手段。

决　议

有鉴于此，大会认为：

如果不同时消灭群众经济和智力上的贫困，就不能免除酗酒的危险。

由于各国社会党即使在资本主义统治下也在为从经济和智力上保护工人而斗争，所以，他们也应该支持一切旨在反对酗酒的斗争。

为此，大会要求国家和市镇：首先采取一切措施，改善工人阶级的经济地位。

根据国际社会党历次代表大会的决议，制订一个有效的、国际和国内的劳动保护法。

废除一切造成食品涨价的间接税和垄断税，采取措施，取缔在房地产上的投机倒把活动。

恢复人民教育事业，特别是通过图书馆、阅览室、人民之家、青年之家以及由公共基金资助的文艺演出来普及消除酗酒危险的教育。

此外，修建可供所有政党使用的会议厅，为企业和公共建筑物（车间、铁路、公共大楼、兵营和演习场）建造餐厅和食堂，不提供含酒精饮料，但供应不含酒精、价格适中的饮料。

禁止向青少年出售含酒精饮料。

最后，大会宣布：

彻底或部分禁止出售含酒精饮料以克服饮酒带来的危险的这一措施，如果不辅以社会方面的措施，就会徒劳无功。因为禁止后，酒的消费就向不可控制的阶层发展。只有停止生产，对进口商品进行严格检查才能实施这种禁令。

通过税收或国家专营来控制含酒精饮料也无助于限制酒的过量消费，它只会加重贫困。

对酒醉事件的惩罚是不起作用的，它只是一条针对穷人的特殊法律，因为富人很容易不受其约束。

醉汉要送到医生领导的收容所去，同时，醉汉的亲属将得到足够的救济。

对酒醉后犯下的罪行和过失加重判刑的做法是不能被接受的。

同时，大会强烈要求工人、政治组织和工会组织加强关于饮酒危险和饮酒习惯的教育；

改变在开会时必须饮含酒精饮料的习惯，向会议参加者供应价格适中、不含酒精的饮料，必要时取消向旅馆老板交租金时必须喝酒的习惯；

彻底禁止在罢工或停工时饮用烧酒；

阻止任何人在不满18岁的青年人住地和开会时销售含酒精饮料。

除了由政治组织和工会组织采取行动反对酗酒外，大会也要求合作社采取行动，因为合作社能控制食品和工人住房的涨价，这样，就能使工人更能抵制酒的威胁。

节酒和戒酒的专门组织只有在和社会党保持密切关系的情况下才起作用。

此外，大会宣布：

那些反对酗酒、但不从经济和政治本身去挖掘其主要原因的资产阶级组织和中立组织，对工人来说是没有价值的。而且，它们会使工人同自己的阶级同志的政治和工会组织格格不入。

最后，大会宣布：

尽管不同国家的社会党和工会在反酗酒斗争中所走的道路和采取的方法不同——因为每个国家的政治社会条件是不同的，但是所有社会党人都一致同意，为了无产阶级的解放和社会主义的最终胜利，要把这场斗争坚决、彻底地进行下去。

第五委员会：俄国政治犯的情况

一、卡尔·李卜克内西的报告

俄国监狱的黑暗

在我们这个时代，那种随心所欲的、作为社会压迫手段的直接权力已经大部分被由法的力量、阶级立法和在司法机构及行政机构中行使阶级法律来"调节"的权力所代替。国家近年来的变化主要是由资产阶级的阶级斗争所造成的，国家竭力在人和组织方面实行"三权分立"。这样，它一方面在执法方面部分地制造了一种公正的表象；另一方面，总算把资产阶级置于司法的监督之下。司法人员具有形式上独立的外表，但这并没有因此而大大改变司法作为压迫工具的性质。即使是在最先进的国家里，判刑权仍然首先被掌握在并不独立的——即便是形式上——政府手里。

自然，在涉及那些同经济、政治斗争有直接关系或者本身就是其中一部分的案子时，立法、行政以及司法和执法机构极为露骨地暴露出它们的阶级性。

1905年10月以前，俄国是一个无法制的专制国家，它甚至连三权分立和司法独立的伪装都没有。1905年秋天以后的专制政府声称要以十月宣言①为原则。自从一系列粗暴的政变使第一届杜马被解散以后，连这些原则也被肢解、践踏和抛弃了。今天，俄国的那些"制宪"条

---

① 1905年10月17日的宣言是在那次总罢工以后由沙皇提出来的。他答应给予制宪权，召开立法杜马会议，给予结社、集会、思想和言论自由权。

例犹如在东方独裁统治的狂暴声中的讽刺漫画一般,正嘲弄着宪法的观念,而且它指出了令人无法容忍的沙皇制度下的恐怖的现实。这个恐怖制度依靠的是亚洲野蛮人的倒行逆施、落后群众的麻木不仁、宗教的狂热和鞭笞、"契尔诺尼克"① 的腐败以及那些肮脏的僧侣所宣扬的各种迷信;它依靠的是排犹分子和流氓、挑衅者和帝俄密探局的密探以及阿捷夫②之流。

"制宪前"沙皇制度用以镇压自由英雄的专制手段和残暴行径,对整个文明世界来说不啻是一种可怖的景象,就连最富于想象的人也难以反映其真实情况。每当用鲜血写就的烈士遗言、陀思妥耶夫斯基或肯楠的作品③不时地给西欧人民带来关于沙皇死囚室的新消息,他们无不为之战栗。然而,受到"制宪"制度残酷迫害的人还要多得多,他们的自由、健康和生命日复一日地被剥夺。我们姑且不说血流成河的俄国革命④,它是全世界的骄傲和希望。我们也不提借"讨伐"的名义通过纠集反革命哥萨克和亚洲野蛮人所犯下的屠杀和焚烧的罪行。几乎所有曾经燃烧过革命的星星之火的省份和政府,都连续几年受到战争的洗礼、军事或"加强保护"的制裁,从而受政府专制手段和军事势力的控制。大屠杀一个接一个。⑤ 当战争委员会和军事法庭中止它们刽子手的行当时,所谓的法院,那嗜血的沙皇手下的嗜血的法官和政府以几乎同样无情的手段继续干着那些勾当。必须对革命——被摧毁的人类的绝望和英

---

① 俄语:官员。

② 叶·菲·阿捷夫,社会革命党的领袖之一,1909 年被揭露是一名密探,这一事件在当时的社会舆论中引起极大反响。

③ 指乔治·肯楠的作品。在这些作品中,他描写了俄国监狱中政治犯的生活,其中最重要的著作为《西伯利亚和流放制度》,1891 年纽约版。

④ 指 1905 年革命。

⑤ 这些恐怖行为,国际曾经予以揭露。

勇的反抗——进行报复。

在第一届和第二届杜马提出抗议后，它们即在政变中被解散；① 在《维堡宣言》②后，在宣言上签名的人立即遭到了迫害，他们唯一的罪名是忠于宪法。在第二届杜马中的社会民主党人进行勇敢的斗争以后，紧接着就是密探们可耻的挑衅，这也是出现1907年6月16日赐予"宪法"以及这出卑劣的司法丑剧的原因。在这出丑剧中，有些人已经在沙皇刽子手的酷刑下丧生了。而那些幸存者，尽管欧洲著名知识分子一致呼吁，仍然在徒劳地等待对他们重新进行审判。③ 最近，人们不顾议会的强烈抗议，赤裸裸地侵犯议员的豁免权，三次搜查议会，企图将第四届杜马中为俄国自由战斗在第一线的最坚决的议员抓走。

一些地区还受到暴力的统治：今天的波兰尚处于强制性保护之下。尽管芬兰人民的英勇抵抗和全世界的愤怒抗议，芬兰的宪法还是遭到废除和践踏。沙皇政府对犹太人——这些值得同情、享有权利的俄国贱民——进行掠夺，通过颁布越来越烦琐的法令以及不断威胁他们的被官方默许的排犹运动，限制他们的自由。人们对犹太人进行荒唐无稽的指控，说他们从事宗教谋杀，并将他们大批逐出国门。在最近5年中，1250家报纸被取缔；仅对反对党报刊的罚款——其中大多是行政性罚

---

① 第一届杜马是在1906年夏被解散的，第二届杜马在1907年6月3日遭到了同样的命运。

② 1906年的《维堡宣言》抗议中止宪法所规定的权利，在宣言上签名的有100多名属于不同政治倾向的议员。

③ 这是指对第二届杜马中社会民主党议员的审判。在第二届杜马解散后，由65名议员组成的社会民主党议会党团成员被逮捕并被判处流放，借口是他们策划军事阴谋。1911年12月国际要求对此案重新审判。列宁把证明他们无罪的文件寄到了社会党国际局。他在一份很长的报告（见《列宁全集》中文第2版第20卷第381—385页。——编者注）中，阐述了这个事件，参看《列宁与卡米耶·胡斯曼通信集》第93页。

款——就达4386起，金额约达5000万卢布。

正当沙皇的帮凶们以其愚蠢无知的想法梦想着他们能够像征服者一样，把脚踩在俄国人民的脖子上的时候，革命志士虽然受到打击，但他们又以新的力量站了起来。尽管有形形色色的假改革，农民仍不失为一股具有潜在威胁的力量。工人阶级在革命中已完成了大量的工作。随着工业和商业的发展，这个阶级的力量有巨大的增长。革命精神在无产者中广为传播，无产者的战斗组织在不可阻挡地发展，甚至已扩大到了资产阶级的外围，并推动它们采取更坚定的反对党立场。

由于缺乏民主权利和经济保护，陷于贫困的俄国无产阶级不断掀起新的罢工运动。这些运动遭到哥萨克的鞭子、刺刀和枪弹的镇压。所有这些野蛮行径——其中最残忍的要数勒拿的屠杀①——只是更提高了革命的热情。

正是这样，现代俄国人民解放斗争以及遍布在整个大帝国的群众运动的基础愈来愈广泛；每天都有大批群众牺牲，而政府完全按照制宪前的做法，对群众不加审讯就判刑，即使他们行使的那一点点公民权是完全合法的。在这些牺牲者中，人数最多的是工会运动和社会主义运动的战士。正是为了这个原因，也是以人类和文明的良知——社会主义国际是它最崇高的代表——的名义，社会主义国际把关心那些在沙皇杀人的牢笼里、在流放地冰天雪地的荒原上渐渐死去的不幸者的境遇，作为自己神圣的义务。

据官方不完全统计：

从1906年至1910年，因"政治罪"被判处死刑的有3735人，也就是说，在一起政治案的审讯中，几乎有六分之一的被审讯者被判处死

---

① 1912年4月4日，宪兵向西伯利亚勒拿金矿的罢工工人开枪，死伤达数百人。这次屠杀震惊了欧洲公众舆论，他们的抗议又在俄国引起了巨大的反响。

刑。被处决的有3741人。

事实是，从1825年至1905年，即在革命前的80年间，俄国一共只有625名"政治犯"被判处死刑，而被处决的只有192人。对比之下，上述数字的残酷性一望即知。在制宪时代的头5年中，被判死刑的人数增加了180倍，被处决的人数增加了250倍！最近这几年，在德国被处决的人数平均每年15人左右。

从1906年至1910年，被司法机构判刑的政治犯达到37620人，其中8640人被流放——除了5735名死刑犯之外，4144人被监禁，1292名在禁闭营，而1858名在强制劳动营地。每个被判刑的人同时被剥夺了所有公民权。

所谓"强制劳动营地"是指，把孤立无援的犯人押送到荒无人烟的不毛之地，让他们在那里生活。这个方法同土耳其青年团对付君士坦丁堡旧城里的狗，使它们不再咬人的办法差不多。"营地"所在的地区是世界上最贫瘠、最寒冷的地方。在许多地方，一年中有好几个月在零下30度至50度。"流放犯"被迫在那里像野蛮人一样，用最原始的手段，在没有任何援助的情况下为自己能悲惨地生存下去而奋斗。在这些人中也有妇女和儿童。他们常常因为仅仅加入了社会民主党，所以就受这种罪。今天，这样的犯人有五六千人！

除了被司法机构判刑的犯人之外，还有大量被各级行政机构判处坐牢和流放的犯人。

根据官方估计，无视卫生最起码要求的监狱和拘留所——其中臭名昭彰的是谢连杜伊、阿卡杜伊、托博尔斯克、奥廖尔、雅罗斯拉夫尔和莫斯科（布提尔基）的监狱和拘留所，今天为14万名犯人提供"位子"，其实是经三四年以前增加了50%。1913年，约有22万名政治犯，有时甚至上升到25万名。在此期间，尽管刑事犯得到了大赦，但是政治犯的人数还在增长。犯人常常像牲口棚里的牲口一样挤在一起，有时只能轮流睡觉。被流放的犯人在大部分服刑期间日夜戴着脚镣，而且垫在铁镣下面的皮子还常常被取走，这样，铁就直接贴在肉上，锉掉、剜去了皮肉。

至于伙食方面，犯人每人每天平均伙食费为10戈比。毫无疑问，想用这些钱来吃饭，特别对于生活在如此不正常的外部和内部条件下的俄国犯人来说，是远远不够的。这笔少得可怜的金额中一大部分仍然落到俄国官僚这帮小偷的手中，而剩下的钱，则往往被用来提供一些劣质的食品，其烹饪技术之差，难以形容。

服装又破又脏，无论从哪方面讲都是不够穿的；最起码的清洁和卫生条件受到忽视。在如此恶劣的环境和气氛下，人居然还能够生存下去——哪怕只是几个星期——似乎令人难以置信。经常连气窗也不许打开，故意缩短散步的时间或者完全取消散步的权利。多数情况下，不许犯人参加劳动——在较好的生活条件下，不给失去自由的人以工作甚至会成为令人无法忍受的惩罚。只让犯人从事最艰苦、对身体最有害的劳动，如拣选羊毛。在多数情况下，政治犯的个人权利统统都被剥夺。

有鉴于此，犯人的健康状况当然十分糟糕。肺痨、痢疾、伤寒和坏血病夺走了许多人的生命。死亡率超出了限度，55%的死亡是肺痨引起的。

但是，罪行还不止于此。人们有计划地贬低犯人，特别是政治犯，将他们和刑事犯关在一起，经常让刑事犯任意对他们施以卑鄙的专制暴力行为——这些被称作"伊万"的刑事犯自然是赞成这样来管理监狱的。遭受粗暴的辱骂和侮辱是他们的家常便饭。从入狱一开始，他们就从早到晚遭到非人的待遇。他们不断受到野蛮的禁闭制度的威胁，而在这个制度中，黑牢和棍刑——司法大臣和警察头子现在仍认为是必不可少的——起着主要作用。中世纪的刑罚在许多监牢里依然使用。那些没有在瘟疫或卫兵（他们站在牢房的窗口外面，随时准备射击）的子弹下丧命的犯人，他们对事物的一切敏感和人类尊严都被窒息了。对于那些想从这地狱般的生活中解脱出来的不幸者来说，只能冒死越狱。所以，除了疾病造成的瘟疫以外，还增加了自杀这样的瘟疫。

在沙皇统治下的俄国，有利于犯人的法律和法规自然也是遭到蔑视的。

在陀思妥耶夫斯基时代，直至近期，被流放的政治犯在部分服刑完毕后，被派到监狱外去劳动，可是，根据现有规定，犯人在监狱内的时间要比过去多3倍。从前，一名犯人若被判15年徒刑，4年以后就可以到户外劳动；现在，他几乎就得在监狱的围墙内度过13年以后才能作为"强迫劳改犯"，遭受到前面已叙述过的恶劣待遇。而且，政府正在修改规定，使它更加严厉。

这样，对待一名政治犯和一名刑事犯的区别，至多就是对待前者的态度更恶劣罢了。对于沙皇制度下的囚徒来说，以前的情况就如"失去的天堂"一样。

为了改善这种情况，为了争取至少使法律得到遵守，为了引起公众舆论对俄国监牢里发生的罪行注意，犯人们越来越多地使用令人心酸的办法，如绝食和抗议性的自杀。然而，他们这样做很少获得成功，即使成功也是暂时的。有时，他们在绝望中奋起造反，但遭到残酷镇压。

从这些地狱里传来的可怖的声音唤醒了文明世界的注意。这是那些为拯救受践踏的俄国人民牺牲了自己全部力量和幸福的人们的哀鸣。这些哀鸣是向全人类发出的，但是，社会主义国际首先应该听到它。

俄国杜马曾几次关心政治犯和流放犯的情况，但徒劳无益；沙皇制度的罪恶工具肆无忌惮，不受外界影响。在西欧好几个国家，如意大利、瑞士和德国，这种情况已成为议员辩论的中心。迄今为止，这些抗议不幸还没有引起足够的反响。甚至克鲁泡特金、维拉·菲格涅尔①、普雷桑塞写文章,发表讲话,大声疾呼,也未能掀起震动整个文明世界的风暴。

西欧国家的一些公民在俄国牢狱里受到折磨,有的已经死去,但他们的政府甚至有些国家的议长还有脸站在嗜血成性的沙皇一边,抵制批评和抗议。德国法庭就是这样几次三番地争着为沙皇的罪行辩护的。

尽管以阿捷夫及其同伴为英雄的俄国秘密警察(奥克拉纳)从事军事间谍活动,但他们却可以带着那些社会渣滓堂而皇之地进入西欧国家。这些国家的政治警察和俄国的政治警察进行合作,以便监视那些居住在国外的俄国人,在他们中间寻衅闹事。德国的一些大学在俄国警察局一些助手的协助下,专门针对俄国大学生成立了政治警察部。德国大学对俄国大学生的人数有限制②,因此,对于这些渴望得到俄国所拒绝给予的文化知识的众多青年人来说,弥补他们受教育不足的可能性就更加有限了。臭名昭著的反无政府主义者国际公约③,与俄国签订的引渡协定,以及由这些国家主动,或是为了刻意奉承俄国皇帝而大规模驱逐俄国侨民,这些做法使得欧洲国家长期成为沙皇制度的帮凶。

在革命失败后的好几年里,沙皇作为这个制度的代表和同谋不敢远离俄国。但是,最近这几年,他依靠通常的安全措施,又可以到欧洲国家去了,并出席正式的、奢华的招待会。1913年,在霍亨索伦50寿诞时,以及最近这几周中,他收到了一位德国亲王热情地向他致意的电报。

也许,欧洲的形势过于纵容了沙皇的骄狂。以骑士精神捍卫人类作为其光荣传统,并创立了人权同盟,培育了我们已故的朋友普雷桑塞的

---

① 菲格涅尔(1852—1942),俄国革命活动家,女作家,民意党执行委员会委员。——编者注

② 关于这一问题,请参看博托·布拉赫曼的著作《俄国社会民主党人在柏林(1895—1914)》,1962年柏林版。

③ 指的是19世纪欧洲国家为镇压"无政府主义者"而签署的国际公约。

俄国人民,像卫星一样围绕在沙皇周围,把沙皇看做太阳。英国作为一个平民自由的传统国家碍于英俄友谊,不好随便表示态度,虽然德国是反对俄国的三国联盟中最强大的国家,但它受谨慎的外交政策的影响,对俄国鞭笞制历来表示同情,所以最终还是屈服于沙皇制度。

无产阶级的和平政策,特别是对法德、法英谅解的鼓励,全世界无产阶级与俄国无产阶级的团结,以及反对战争危险——沙皇已日益成为当之无愧的象征——的坚决斗争,在西欧各国内部反对反动政策的斗争,尤其是消灭德奥半专制主义的斗争,这一切对于消除当今沙皇野蛮罪行在西欧的存在条件,是最有效的方法。

对俄国解放运动,特别是对无产阶级斗争的鼓舞,可以拔除罗曼诺夫王朝暴君统治的根子,因为那根子就在俄国。

其他国家通过为外国人制定自由的法律——配之以保证,通过对俄国流亡者热情的欢迎,并通过驱逐俄国密探,至少可以减轻一部分俄国人民的身心痛苦,扩大他们的行动自由。

尤其是在国外,不是不可能在诸如俄国的司法、判刑以及政治犯和政治流放犯的境遇等方面采取某些行动的。关键是要让公众舆论了解情况,使公众舆论受到震动。应该在议会里批评欧洲的懦弱,应该要求那些犹豫不决的政府采取政治行动。因为,捍卫人类——被关在俄国囚室里的西欧国家的公民自不待言——的基本原则是全人类的义务。

为了提供食物、衣服、书籍、报刊和其他物品而需要的财政援助是帮助那些不幸的强制劳动犯求得生存的当务之急。

在许多西欧国家,成立了救援政治犯协会,它们自告奋勇,要求完成一部分上述任务。

决 议

国际社会党维也纳代表大会对那些为了人民解放,牺牲自己的健康、自由、财产，不惜流血献身的俄国自由英雄表示钦佩。大会坚信革命即将胜利，并向所有在俄国监牢里，在卡托尔加①和流放地受折磨的同志们致以兄弟般的敬礼。

毫不掩饰的俄国专制主义始终是国际反动派最强大的支柱，它的无耻和残酷的政策不断威胁着世界和平。世界各国无产阶级切身利益以及相互声援的义务使国际尤其应该承担责任，去竭尽全力鼓舞俄国的解放运动，并给予受害者以支援。

大会认为必须：

（1）要求国际无产阶级更加关心俄国形势，并进一步对俄国的解放斗争表示同情和声援；

（2）通过在议会内外发动群众性的抗议运动，来支持俄国人民为消除司法暴行和停止判刑、为争取政治犯和政治流放犯的合法大赦而进行的斗争，同时要求各国政府通过外交途径来反对这种情况；

（3）在下述问题上坚决表明自己的立场：废除与俄国达成的引渡协定，废除反无政府主义公约，驱逐那些卑鄙的俄国警察，在给俄国流亡者避难权方面放宽条件，停止对侨居国外的俄国公民的经常性的无理驱逐和迫害；

（4）通过报刊和召开所有文明国家广大群众参加的会议，宣传在俄国解放运动中牺牲的英雄；

（5）鼓励一切为从物质和道义上支持俄国政治犯和政治流放犯而作出的努力。

卡·李卜克内西

---

① 即劳改营。——编者注

附 件

一、警察局关于1914年6月29日德国社会民主党 执行委员会会议的记录

第三警察局第七分局

1914年7月7日9时23分呈送

(关于维也纳国际代表大会)

7月1日签字

1914年6月30日于柏林

1914年7月7日13时14分

机密

1914年6月29日执行委员会会议

会议在哈阿兹主持下召开。他一开始说,为了对于谋刺事件可能造成的后果进行讨论,必须召开这次会议。尽管我们没有任何理由对皇太子从政治舞台上消失感到悲伤,我们不仅应该担心奥地利和塞尔维亚之间的关系恶化,使各国人民再次遭到战争的威胁,而且也应该想到这次谋刺事件会影响奥地利政府对我们奥地利同志的态度。这样,就不能排除对国际代表大会的威胁。如果谋刺的确出自民族主义的目的——情况也确实如此,我们就必须有思想准备,准备奥地利政府给我们的国际代表大会制造麻烦。必须考虑到,除了塞尔维亚代表以外,其他巴尔干国家的代表也会招来麻烦。此外,这次谋刺事件无疑

也使国际局势更加紧张。他们迟早会阻止我们在代表大会上讨论帝国主义和我们对待战争问题的立场这两个最重要的题目。若是这样，大会将无法进行。采取秘密会议形式讨论这些问题是不可能的。如果我们想不使会议惨遭失败，我们就必须让奥地利同志保证代表大会的召开不会遇到障碍。如果他们不能向我们提供这一条件，我们最好还是想别的办法。

艾伯特认为哈阿兹的担心是没有根据的。奥地利肯定不会给巴尔干国家代表制造麻烦。我们的塞尔维亚同志是反对泛塞尔维亚骚乱的。这一点，奥地利政府也是知道的。艾伯特不认为发生谋刺事件后，国际局势就会复杂起来，奥地利和塞尔维亚之间的关系会更加紧张。诚然，这次事件是出自民族主义的动机；对奥地利来说，这意味着它应该改变政策。由此而给我们的代表大会设置障碍，奥地利政府中没有人想这样做。

巴泰尔斯赞成艾伯特的意见，如果我们认为哈阿兹的担心是有道理的，因而改变代表大会的会址或推迟会期，那我们就要遭到巨大的损失。其他国家也不能幸免。

普凡库赫说：哈阿兹的担忧是有道理的。谋刺事件的后果完全无法预测。然而，有一点是可以肯定的，那就是奥地利将开始出现一种对塞尔维亚态度更为强硬的倾向；不仅如此，而且会掀起一股强烈的反对我们党的新浪潮。这样，出席代表大会的许多代表将深受其害，而这些将干扰代表大会的工作。哈阿兹担心我们的主要问题得不到讨论，这种担心也是有道理的。巴塞尔和平大会后奥地利政府对我们的同志的态度充分说明了它的一贯做法。因此，我们不要存有幻想。如果奥地利同志能担保大会顺利举行，那敢情好。但如果他们不能保证，倒不如遭受小损失而不要等到所有准备工作都完成后，再来一个毫无结果的散去。

谢德曼认为,最好的办法是要求国际的书记处召开国际局会议。在会上,奥地利同志可以有机会进行解释,而其他同志也能和我们一起考虑是否需要改变举行大会的一些做法。谢德曼还认为,奥地利的局势,尤其是发生了谋刺事件之后,要求我们格外谨慎。

艾伯特仍然反驳普凡库赫和谢德曼的观点,而且要求拒绝他们的建议。他说,如果奥地利同志认为无法负起责任来,他们一定会通知国际局的。

齐茨夫人支持谢德曼的建议。

巴泰尔斯表示反对上述建议。他的看法基本上和艾伯特的观点一样。

会议接受了闭会的动议。

哈阿兹在闭幕词中要求通过谢德曼的建议。他的担忧不是凭空想象的。奥塞冲突的威胁已经发展到了相当程度,这已不是想象。我们必须睁开眼睛看一看。在奥地利的政治形势日趋紧张的情况下,如果我们听任我们的代表大会一片混乱,那是十足的愚蠢。因此,我们必须了解奥地利同志的想法以及整个国际局的意见。为此,请你们通过谢德曼的建议。

建议获得通过,艾伯特和巴泰尔斯投了反对票。

弥勒将把此决定通知国际书记处。

签字(**施瓦尔茨?**)

Cr. M

二、1914年7月23日奥地利德意志社会民主工党书记处致社会党国际局的备忘录

奥地利德意志社会民主工党
维也纳第4/5区魏恩蔡勒右街97号

1914年7月23日于维也纳

致布鲁塞尔社会党国际局

亲爱的同志们：

今天，执行委员会举行会议，以便针对当前的政治形势采取立场。除讨论当前进行反对战争威胁的抗议外，会议还讨论了战争威胁可能给维也纳国际代表大会的组织工作所带来的后果。

一旦战争危险加剧，对大会的威胁就更加严重。人们还不能预言同塞尔维亚的冲突会出现什么样的局面，但是，当前最明显的是紧张局势**将持续到8月中旬**。奥地利正处在战争的危险时期中，在奥地利召开这样一次代表大会是不可能的，因为我们不能保证政府和警察会像一个文明国家那样按常规行事。在上述情况下，一方面，代表们，特别是东方国家来的代表会冒被寻衅的风险，而且政府可能恢复久已不用的办法驱逐代表。比这更严重的困难是不让代表大会对外作任何宣传。尽管我们不认为政府会不顾法律，走到阻止大会举行的地步，但它很可能给各种公开集会特别是游行制造麻烦。发表在我们报刊上的大会报告可能被没收，从而严重影响对外宣传的效果，这会使我们犹豫不决。我们对奥地利没收巴塞尔宣言一事记忆犹新。

1914年7月21日《工人报》被没收可以看做是这方面的征兆。所有赞成举行罢工的段落,更重要的是,基尔·哈第和瓦扬的修正案以及代表大会通过的决议都被删去了。根据我们国家的法律,作为大会讨论基础的关于帝国主义的决议无法再印刷出版了。虽然还存在取消这种无理做法的可能性,但是应该考虑到。这种镇压奥地利新闻事业的特殊做法有可能影响大会的进程。而基尔·哈第和瓦扬修正案问题恰恰需要进行公开、深入、不受干扰的讨论。只有**当我们能够完全公开并毫无拘束地讨论**时,才有希望使参加大会的各国代表能在这个问题上达成妥协一致的看法。

所以,我们怀着十分为难的心情提请社会党国际局注意由于在发生了萨拉热窝谋刺事件后,战争气氛再次加浓而形成的、威胁着大会召开的危险。我们感到有责任及时将这些情况报告国际局,使国际局不至于在事情发生时措手不及,而有可能在更改会址问题上及时下决心,也可使它不必在会议临近举行的最后一刻再被迫放弃。

也不能完全排除这种可能性:同塞尔维亚的冲突在8月底之前彻底消除。然而我们还是认为这是不大可能的。因此,我们建议,国际局在8月份的第一周内作出决定,它是想在维也纳举行代表大会,还是觉得应该改变会址。我们希望到那个时候能够将奥地利对塞尔维亚的外交政策看得更清楚,同时也希望到那时候能看出是否具备在奥地利开会的起码条件。

代表大会的各项准备工作在加速进行,奥地利工人阶级也在热切地期待着国际到他们国家来开会。如果由于形势恶劣我们不得不放弃举行这次代表大会——这是国际成立五十周年的大会,它将给奥地利社会民主工党带来极大的荣誉,我们将为此感到十分惋惜。

当然,我们将继续竭尽全力做好各项准备工作,但我们觉得我们有责任及时让国际局了解威胁代表大会的各种危险。

毫无疑问，目前我们不会在公开场合去谈这些困难，我们要等国际局首先在内部研究会址问题，根据需要决定是否将会议挪到别处去开。

谨代表党的执行委员会向你们致以社会党人的敬礼。

弗里德里希·阿德勒

三、社会党国际局书记处1913年工作报告

社会党国际局的定期公报资料丰富，每隔较短时期就出版一次，而且它充分报道书记处和各国党的活动情况。有了它，我们几乎不必再起草报告，这样的报告肯定不会以新的材料为基础。

因此，我们认为，重复1912年11月17日各国反战示威的过程，登载有关1912年11月24日至25日巴塞尔非常代表大会——这次大会的影响很大——的细节（这些细节在《定期公报》第10号①上都能读到）以及详细列举各次和平集会的情况——这些集会的决议我们也已发表，都是多余的。

然而，我们认为有必要提出并明确一些问题：

正当巴尔干战争在激烈进行时——这场战争对于曾经在摩洛哥战争和意土战争时进行过反战鼓动工作的工人国际来说是继续并加强这一工作的机会，我们应瑞典同志——他们同丹麦小组的同志协调行动——的要求，曾经提醒参加各国议会联盟的各国社会党议会党团，注意由瑞士议会党团提议的关于裁军方面的行动——对于这个问题我们不能不予关心。其内容是贯彻1912年9月日内瓦会议的一项决议。决议规定各国

---

① 指《社会党国际局定期公报》第4年卷第10号第1—20页。（见本卷第9—121页。——编者注）

议会党团要利用各种机会,首先利用讨论预算的机会,敦促各国议会注意军备问题。

尽管社会党议会党团对于是否要参加各国议会联盟问题意见分歧,但从我们追求的目的出发,还是应该满足我们斯堪的纳维亚朋友的要求。

正如所预料的那样,巴尔干战争对那里的社会党产生了最严重的后果。我们的组织牺牲了一批干部,组织被解散,书刊被焚烧,财物被洗劫。处在严重困境中的这些政党求助于国际的支援。我们发了一个通知,为他们征款。尽管某些党没有出钱,有的党本该作更多贡献,但收到的款项仍很可观。

以下是10月15日的收款清单:

比利时工人党	500.00
根特工会中央委员会	50.00
前进合作社(根特)	50.00
匈牙利社会民主党	1000.00
瑞士社会民主党	2369.60
芬兰社会民主党	1500.00
芝加哥(美国)芬兰党组织	3354.05
工党(英国)	5000.00
意大利社会党	100.00
美国社会党	3093.68
瑞典社会民主党	2768.17
工联代表大会议会委员会(英国)	2456.50
美国匈牙利协会	139.05
总计	22381.05

我们将其中的款项交给：

保加利亚社会民主工党（宽广派）	2000.00
保加利亚社会民主党（紧密派）	2000.00
塞尔维亚社会民主党	4000.00
萨洛尼卡工人协会	<u>1000.00</u>
总计	9000.00

款项应有明确用途，也就是说，应该专门用于重建被破坏的组织，因此，我们在这些款项被派做其他用途之前，要求有关党给我们写一份详细报告，说明他们打算采取什么做法以恢复组织，从而合理使用国际给他们的款项。

我们至今尚未收到这些报告，不过，我们知道，敌对行动一结束后，人们便勇敢地着手工作，我们衷心希望我们的保加利亚朋友最终会懂得，为了消除造成软弱的根源——工人力量的分裂和分散——必须团结起来。

经过两年多的斗争，在用尽了一切方法仍归无效的情况下，比利时工人党为了争取废除多元选举制和采用直接选举制，进行了总罢工。

由于这一行动不仅需要付出巨大的精力，而且也需要大量资金，因此，为了支持比利时同志，我们国际局也呼吁各国党提供财政援助，呼吁各工会组织给予具体的支持。

各国党和工会组织都完成了他们的任务，经过了一场有50万人参加、为期12天的斗争之后，比利时同志复了工。他们的斗争证明，和平的总罢工根本不是什么乌托邦。

使我们的波斯尼亚和黑塞哥维那朋友深受其苦的紧急状态法，也引起了我们的注意。人们知道，二元君主政府以令人气愤的粗暴手段，解散了各种组织,将萨拉热窝人民之家改成了兵营,封存了档案,取缔了报纸,没收了党的所有财产!由于政府的政治和经济危机,我们那些遭到迫害的同志们根本不可能依靠自身的力量得到恢复。由于我们的干预,他们得到了一些钱,这使他们能够重新组织起来,继续进行他们长期坚持不懈的斗争。

今年8月,我们就基尔·哈第和瓦扬的修正案向各国的书记和代表发了一份通知。修正案是哥本哈根代表大会提交的,其中包括瑞典社会民主党给我们写来的报告。

这份报告——它可以被认为是一份典型报告——是迄今为止我们收到的最全面的报告。我们再次呼吁各国代表,请他们向他们的党强调,以便使我们能尽早收到同样的报告。我们特别支持以下这一点:各国党在起草报告之前,应该征求它们国家的总工会或有关的工会组织的意见,它们一般都派代表参加我们的国际代表大会。①

在中国,社会党人和民主派的一切努力在受到阻遏,甚至遭到失利,因为欧洲政府不断资助反动派。中国的政治形势已经通报给了各国党和部分议员,我们同时请他们在报刊上发起一个旨在制止借款的运动,因为这些借款的目的是要镇压年轻共和国的进步分子。

当我们一得到关于贝利斯案件②的消息后,我们立即向所有党发出呼吁,要求它们在报纸和会议上详细介绍这件丑闻。沙俄政府利用这个事件来挑动一些穷人去反对犹太人,目的在于使他忘记专制政权,并唆使人们去杀害俄罗斯最优秀的民主主义者。

---

① 在此报告中提到的通知目录可见乔·豪普特《第二国际》第332—337页。
② 贝利斯为居住在俄国的犹太人,被指控杀害了一名乌克兰少年祭神,对他的审判于1913年在基辅举行。由于证据不足以及国际舆论的强烈批评,他最终被无罪释放。——编者注

根据工会联合会和君士坦丁堡社会研究小组以及柏林"埃诺西斯"小组的要求，我们已经为使扎科斯公民免于反动派的起诉作了必要的工作。他是在沃洛斯被捕的，并有可能不经任何形式的审讯就被枪毙。

同样，我们一得到俄国海员工会书记阿达莫维奇同志在亚历山大被捕的消息后，就立即进行了干预，并请英国同志向他们的政府作必要的交涉。为了阻止将囚犯引渡，我们也掀起了一个强有力的运动。当得知英国政府不顾我们的一切努力，仍然决定将我们的同志交给俄国当局的时候，社会党国际局执行委员会代表全体工人阶级向英国外交大臣爱德华·格雷爵士发出一封抗议电。

在上海（中国）成立了一个社会党，可惜它分裂了，而两个组织都要求加入社会党国际局。我们把有关的程序告诉了他们，同时希望他们先联合起来。

我们也收到了独立的爱尔兰工党提出的加入国际的要求。我们向它提供了关于采取何种步骤的信息。

曾经提议把诺贝尔奖授予社会党国际局的瑞典社会党议会党团向我们宣布，下一次它还要重申其建议。

我们收到一项请求，其目的是征集资金，支持墨西哥革命运动。该运动的目标是土地和劳动工具的社会化。我们根据可靠的消息，决定对这一运动不进行干预，因为它的发起人和目的同人们向我们描述的完全不同。

四、1914年卡米耶·胡斯曼在伦敦的演说

……国际局的工作范围在近年来已变得十分宽广。

在1900年社会党国际局成立后的最初几年中，国际局仅仅被认为是一个传递消息的工具，它是一个没有专门职能的行政机构。

国际局的主要职责是收集免费书籍。所以，图书馆一直是微不足道的。在阿姆斯特丹代表大会上，各国成员党提出必须进行改革，任命一名新书记。这样就出现了新的一代。历次代表大会通过了决议，责成国际局进行干预并提出建议。在这些决议中，我们遇到了两项困难：团结问题和反军国主义问题。

关于军国主义，我们能以某种满意的心情说，我们的工作做得不错，有事实为证：我们差一点就要得到斯堪的纳维亚资本家阶级颁发的诺贝尔和平奖。我说"差一点"是因为该项大奖授给了一位社会党人拉封丹同志①。他本人还没有自负到会以为，人家仅仅根据他个人的工作给他发奖。之所以授奖是因为他是一名社会党人，而且因为对于政治上的敌人来说，他们很难摆脱他们的成见。我们可以说，在最近这三年中，只有国际社会党在世界各国——在巴尔干和意大利、在德国和英国——反对战争。社会党是拥护和平的主要力量，今后仍将如此。至于团结，我希望你们理解我们的行动。我们曾耐心等待，以图选择最好的时机。关于这个问题我不想多说。从现在起的最近几年内，你们会感到，在你们国家里，团结已经是个既成事实，所谓存在三个或三个以上社会党，只是我们的敌人制造出来的神话。

国际局没有忘记关于要建立国际的档案的巴黎代表大会决议。

我们在布鲁塞尔建造了一幢新的人民之家大楼，国际占了其中的第六层。我们有一个藏书达一万册的大图书馆以及一些图书馆工作人员。现在我们就要请求你们多捐助一些，以使我们的计划得以实行。德国党有100万党员，他们的捐款增加了一倍。我们希望拥有200万党员的英国党也这样做。

我不打算谈党的集体主义精神，我们将在维也纳散发报告。你们可

---

① 比利时社会党人参议员昂利·拉封丹。

以看到，对最近三年所完成的工作，我们有权感到自豪。社会党是在同我们的敌人的斗争中发展起来的。当资本家帮助我们并接受我们的纲领时，社会主义精神渗透到了现代社会之中。当资本家向我们进行斗争时，当他们求助于非法手段时，社会主义精神甚至在出现非法行为的地方，如在南非，也会增长。

请允许我结束这篇已经太长的演说，并代表国际局执委会和所有未能派代表来开会的各国党，祝贺你们党的生日。

请允许我表示，我们大家赞赏你们出色的工作，你们的宣传所取得的辉煌成果，你们的社会主义精神，以及你们高尚的理想。

我们在表示感谢时，不仅想到了领导人，也想到了这个国家各个地区的普通人，为了在地球上创造和谐和幸福的生活，他们做了最出色的工作。

图书在版编目（CIP）数据

第二国际第九次（巴塞尔）（非常）代表大会文献／童建挺主编．—北京：中央编译出版社，2017.10
（国际共产主义运动历史文献／王学东主编；26）
ISBN 978-7-5117-3389-4

Ⅰ.①第… Ⅱ.①童… Ⅲ.①第二国际－会议文献－汇编 Ⅳ.①D145

中国版本图书馆CIP数据核字（2017）第225289号

第二国际第九次（巴塞尔）（非常）代表大会文献

出 版 人：葛海彦
出版统筹：贾宇琰
责任编辑：苗永姝
责任印制：刘 慧
出版发行：中央编译出版社
地　　址：北京西城区车公庄大街乙5号鸿儒大厦B座（100044）
电　　话：（010）52612345（总编室）　　（010）52612335（编辑室）
　　　　　（010）52612316（发行部）　　（010）52612346（馆配部）
传　　真：（010）66515838
经　　销：全国新华书店
印　　刷：北京印刷一厂
开　　本：787毫米×1092毫米　1/16
字　　数：283千字
印　　张：22
版　　次：2017年10月第1版
印　　次：2017年10月第1次印刷
定　　价：150.00元

网　　址：www.cctphome.com　　邮　箱：cctp@cctphome.com
新浪微博：@中央编译出版社　　　　微　信：中央编译出版社(ID: cctphome)
淘宝店铺：中央编译出版社直销店(http://shop108367160.taobao.com)
　　　　　(010)55626985

本社常年法律顾问：北京市吴栾赵阎律师事务所律师　闫军　梁勤
凡有印装质量问题，本社负责调换，电话：(010) 55626985